国际投资仲裁中股东独立请求法律问题研究

A Study on the Legal Issues of Shareholders' Independent Claims in International Investment Arbitration

李建坤　著

中国社会科学出版社

图书在版编目(CIP)数据

国际投资仲裁中股东独立请求法律问题研究／李建坤著. -- 北京：中国社会科学出版社，2025.7.
ISBN 978-7-5227-5294-5

Ⅰ.D996.4

中国国家版本馆 CIP 数据核字第 20251TQ244 号

出 版 人	季为民	
责任编辑	郭如玥	
责任校对	王　龙	
责任印制	郝美娜	

出　　版	中国社会科学出版社	
社　　址	北京鼓楼西大街甲 158 号	
邮　　编	100720	
网　　址	http://www.csspw.cn	
发 行 部	010-84083685	
门 市 部	010-84029450	
经　　销	新华书店及其他书店	
印　　刷	北京君升印刷有限公司	
装　　订	廊坊市广阳区广增装订厂	
版　　次	2025 年 7 月第 1 版	
印　　次	2025 年 7 月第 1 次印刷	
开　　本	710×1000　1/16	
印　　张	21	
插　　页	2	
字　　数	293 千字	
定　　价	128.00 元	

凡购买中国社会科学出版社图书，如有质量问题请与本社营销中心联系调换
电话：010-84083683
版权所有　侵权必究

出 版 说 明

　　为进一步加大对哲学社会科学领域青年人才扶持力度，促进优秀青年学者更快更好成长，国家社科基金 2019 年起设立博士论文出版项目，重点资助学术基础扎实、具有创新意识和发展潜力的青年学者。每年评选一次。2022 年经组织申报、专家评审、社会公示，评选出第四批博士论文项目。按照"统一标识、统一封面、统一版式、统一标准"的总体要求，现予出版，以飨读者。

全国哲学社会科学工作办公室

2023 年

序　　言

本书的作者李建坤博士曾是我在武汉大学指导的博士研究生，在武大我们是师生关系。他在武大完成学业后北上中国政法大学国际法学院工作，我们又成为法大同事。他在其博士学位论文的基础上增删加工而成的这本专著即将付梓之际，嘱余作序，余欣然应允，写下这些文字，是为序。

建坤的这本专著主要研究国际投资仲裁中股东独立请求的法律问题。这个问题比较特殊，在国际投资仲裁中实际上已有不少股东独立请求仲裁的案件，但国际投资法对此缺少明确规定，学界对此关注和研究也不够，在认识上还存在较多分歧和争议。因此，对这个问题进行深入研究，其理论价值和实践意义自不待言。作者从国际投资仲裁中股东独立请求的界定、比较法视野下的股东独立索赔、股东独立仲裁请求的管辖权、股东独立仲裁请求的可受理性、股东独立仲裁请求的法律适用、股东独立仲裁请求的法律风险与应对等方面进行了逐一探讨，论题明确、论证充分、论述清晰，充分展现了这本专著鲜明的主张、丰富的内容、完整的体系、合理的结构和自洽的逻辑。

学术研究贵在创造和创新。尽管我们经常混用创造和创新这两个词，但二者其实是不同的，二者之间存在层次上的差异。创造，是从 0 到 1，从无到有的探索过程，也可以叫作原始创新，基础研究追求的就是创造。创新，则是在原有知识、技术、工艺等基础上的改革、改良、革新、升华，应用研究，特别是在工程、技术等领域的研究所取得的正向结果就是创新。在学术领域，创新不易，创造就更难了。在这里，我不得不提提这本专著的创新之处：一是从选题而言，这本专著是目前中文文献中较早针对国际投资仲裁中股东独立请求问题进行专门研究的著作。二是这本专著开拓性地对股东独立请求投资仲裁进行了准确、清晰的界定与分类，深度分析了股东因其条约权利直接被侵害而提起的"直接仲裁"请求和股东因其持股公司被东道国不法侵害遭受间接损失而提起的"间接仲裁"请求。三是这本专著对国际投资仲裁中股东独立请求问题的理论与实践、类型与判断、管辖权、可受理性、法律适用以及法律风险与应对等问题进行了全面深入的研究。四是这本专著针对国际投资仲裁中股东独立请求所引发的法律风险创造性地提出了应对建议，尤其是引入"自治性"规制和"程序法"规制，优化了国际投资仲裁改革方案，而且贴近实践、具有操作性。

  基于上述理由，我十分乐意向读者推荐这本专著。希望对这个话题感兴趣的读者能从中受益。当然，本书并不是十全十美的，世界上本来也没有十全十美的东西，细心阅读本书的读者一定会发现其中的青涩和不足。

  本书作者才刚刚踏入学术领域，其今后的学术之路可谓道阻且长、道阻且跻、道阻且右。愿作者把本书的出版作为新的起点，在学术长河中溯洄从之……我相信，所谓学术之花、学术之光、学术之美，一定会在水一方。

黄 进

2024 年 8 月 28 日于山城利川

主要创新点

第一,从选题上而言,目前中文文献中暂没有针对国际投资仲裁中股东独立请求问题进行研究的专著,期刊论文也十分少见。但该问题已经在国际上引发了较多的学术研究、官方研讨与改革倡议。作为双向国际投资大国,中国正积极参与国际投资仲裁改革,有关投资仲裁实践案例也在不断增加。尤其是跨国投资公司涉及复杂的股东及股权结构,研究其中的股东独立请求具有现实需要和前瞻意义。

第二,开拓性地对股东独立请求投资仲裁进行了准确、清晰的界定与分类,包括股东因其条约权利直接被侵害而提起的"直接仲裁";以及股东基于其持股公司遭受东道国不法侵害而遭受的间接损失,例如股份价值损失,从而提起的"间接仲裁"两大类独立请求。对其理论与实践、类型与判断、管辖权、可受理性、法律适用以及法律风险等问题进行了全面研究。尤其是提出和研究"可受理性"的问题,不同于已有的绝大部分仅以"管辖权"为视角对该问题的研究。而且充分论证了研究"可受理性"的法律依据、事实原因以及必要性和判断标准。

第三,进行了较全面的比较法研究,系统归纳国际法院有关案例和各国国内法对此问题的规定、实践和原则。通过比较法视野分析具有"混合性"的股东独立请求,更加全面和深刻地研究其在国际法和国内法层面的合法性问题,尤其是与各国公司法"非间接损失"原则的冲突与协调。基于此研究提出的意见建议也有助于切实协调国际投资法与国内法之间的关系。同时，本书结合经济学领域的相关知识，对股东损失的量化方法进行了一定研究。股东损失本身是一个复杂的经济问题，而且直接关系到案件的损害赔偿，有必要在法学领域提出合法、合理与公平的规则。

第四，针对国际投资仲裁中股东独立请求所引发的法律风险，例如其不仅缺乏条约法依据而且与公司法原则相冲突，可能带来无休止的索赔链、条约挑选、重复赔偿以及裁决不一致等问题，提出了创造性的应对建议。尤其是引入了"自治性"规制和"程序法"规制，丰富了对国际投资仲裁改革方案的意见建议，而且更加贴近实践，可操作性较强。同时，结合中国国内法、对外缔结的国际投资条约以及有关的实践案例，提出了中国关于国际投资仲裁中股东独立请求问题的应有立场和完善建议。

摘　　要

　　国际投资仲裁中已有较多股东独立请求仲裁的案件，而国际投资法体系对此缺少明确规定，而且股东独立请求仲裁与一般国际法以及国内法的普遍规定相矛盾。股东独立投资仲裁请求是指股东独立以自己的名义请求仲裁并且可以由自己直接获得损害赔偿的投资争端解决方式。根据股东权利或者利益遭受侵害或损失的方式不同，可以分为股东直接仲裁和股东间接仲裁。股东直接仲裁的主要依据是条约直接赋予的股东权利，在学术研究和实践中争议较少；而股东间接仲裁是股东以其持股公司遭受东道国直接侵害进而导致其股份价值间接损失为依据，独立提起的仲裁请求，在学术研究和实践中存在较多法律问题和争议，与一般法律原则、习惯国际法以及国内法原则与规定存在较多矛盾。

　　全书围绕此核心问题展开，除绪论和结论外共分为六章。绪论部分是对该问题的背景与研究意义、国内外研究现状以及研究方法等内容进行梳理，以对该问题进行宏观的界定。

　　第一章从国际投资仲裁制度中股东独立请求的界定入手，研究分析国际投资法和投资仲裁制度保护的"股份投资"与"股东投资者"。通过对该问题的研究进一步界定股东独立请求仲裁的内涵与类型，强调直接仲裁与间接仲裁之间的区别。重点落脚在直接或间接股东、多数或少数股东与投资条约中仲裁条款的关系，得出了实践中部分仲裁庭倾向于忽略这些不同类型股东及其股份投资的差异性，支持其得到条约保护的结论。当然，这一结论在实践中不是绝对的。

同时，结合经济学领域的相关知识，对股东损失的量化方法进行了一定的研究。

第二章从比较法的视野研究了普通法系和大陆法系主要国家的国内法关于股东独立索赔的规定，其核心是"非间接损失"原则，即不支持股东间接损失索赔的司法救济或者仅在极其特殊且符合明确法律规定的情况下予以支持。同时，国际法院实践案例与习惯国际法规则同样不支持股东对间接损失的索赔，国际法院的相关案例确认了一系列的裁判原则。所以，无论是国内法还是一般国际法（General International Law）层面，关于股东对间接损失的司法索赔都持否认态度，这一点和国际投资仲裁实践中的做法截然相反。这也是研究股东独立请求仲裁尤其是间接仲裁的原因之一。此外，对于比较法中可能构成股东"独立诉因"的例外情形也进行了分析，但是即使可以成立，在国内法中也难以支撑股东当然地提起间接损失索赔诉求。

第三章结合前两章凸显的法律矛盾，研究了国际投资仲裁中股东独立仲裁请求的管辖权问题。众所周知，管辖权问题是国际投资仲裁机制的首要法律问题，对管辖权问题的分析首先需要从最具代表性的《关于解决国家与其他国家国民之间投资争端公约》（以下简称《ICSID 公约》）入手。该公约规定仲裁庭管辖的争议应当"直接由投资产生"，通过对这一规定的研究认为，股份投资有关争议可以纳入此范围。但是，对于"股份价值的间接损失"是否属于股份投资的"权利侵害"则是有争议的。更进一步而言，管辖权争议主要包括属人和属事管辖权问题。在股东独立仲裁请求中，则是指股东投资者地位与仲裁申请人资格之间的法律关系，以及股东的仲裁请求权与其持股公司的仲裁请求权之间的联系与区别。在实践中，尽管部分仲裁庭认为对股东独立仲裁请求——包括直接和间接仲裁——享有管辖权，但是也的确存在较多法律问题和争议。而且，相关仲裁实践也并未发展成为习惯国际法规则。

第四章研究了股东独立仲裁请求的可受理性问题，这是在国际投资仲裁实践中常常被忽略的问题之一，但其重要性并不亚于管辖权问题。尽管对"可受理性"确切和普遍接受的定义尚未达成一致，但其已经是国际法中的既有概念。可受理性问题源于股东间接仲裁请求的"实质"，而不是基于仲裁的"程序性要求"，并与管辖权问题、实体问题相区分。股东独立投资仲裁请求与非国际性索赔之间的潜在重叠，导致部分股东的独立请求不具有可受理性。投资仲裁庭对可受理性问题的分析有其必要性，而且也是投资仲裁庭的固有权力。

第五章研究了股东独立仲裁请求的法律适用问题。国际投资仲裁制度一直被描述为"混合"制度，涉及受国际法管辖的国家间条约关系，以及受国内法管辖的私主体间的民商事关系。股东独立仲裁请求中的间接仲裁由于涉及国内法多方主体的权利利益关系，应当适用国内法以及一般国际法。这不仅与股东间接仲裁的"混合"性质有关，而且也与投资仲裁的准据法规定有关。国际投资条约或国际争议解决机制中纳入了国内法的原则或规则，并不代表国内法"决定"了国际法的内容，也并不违反国际法与国内法的适用规则。股东独立仲裁中的法律适用首先应当依据条约规定的法律选择条款进行选择和适用，而由于投资主体与东道国密不可分的法律关系，对条约没有规定的问题应当通过适用国际法基本原则或习惯国际法规则以及国内法的规定加以解决。

第六章研究了股东独立请求的法律风险，并且提出了具体的应对策略。投资仲裁庭对股东独立请求尤其是间接仲裁请求的广泛支持，不仅缺乏法律上明确的依据，而且可能带来无休止的索赔链、条约选购、难以结案、重复赔偿以及裁决不一致等问题。同时，对于相关主体而言，可能导致东道国难以预测仲裁案件、公司权益和公司债权人利益的侵害、公司法和公司治理的扭曲、股东差别待遇等问题，进一步损害国际投资的效率与国际投资仲裁机制的可持续发展。为应对上述问题，其一，公司与其股东之间可以通过"自治性"的规制防范风险，通过制定"弃权条款"排除股东基于间接损失提出仲裁请求，将向投资仲裁庭提出仲裁请求的权利保留给公司。其二，程序法的规制是指在国际投资法体系中引入宽泛概念的既判力原则，不要求传统的"三重因素一致"标准，通过"相关联"的标准防止多重索赔以及重复赔偿等问题。其三，投资仲裁机制可以通过确立股东索赔的"派生仲裁制度"和仲裁案件的"协调机制"规制上述法律问题，防范相关法律风险。其四，在一般国际法的规制方法中，理论上可以修改和协调投资条约的规定，但是在实践中难度较大。此外，部分投资仲裁实践中已经提出的创新机制，尽管目前尚未能从根本上解决股东间接仲裁的法律矛盾，但是从目前的国际投资政策层面来考虑，可以一方面通过这些机制防范法律风险、解决具体的争议事项；另一方面应当尽快从理论上规制股东独立仲裁请求，允许一定条件下的间接仲裁，重视和保障国际投资仲裁机制的法理性与公平性。

结论部分一方面是对上述研究的总结提炼，提出关于股东独立仲裁请求法律规制的具体建议；另一方面是重点对涉及中国的法律问题进行研究分析并提出完善建议。股东间接仲裁同样与《中华人民共和国公司法》（2018年修正）的规定背道而驰，而且已有的涉华投资仲裁案例实践中也出现了股东间接仲裁请求。2008年中国和墨西哥签署的双边投资条约明确规定，少数、非控股股东可以提出直接损失或损害的索赔，即股东直接仲裁，但不能提出间接损失索赔。中国在参与国际投资仲裁的过程中应当主动成为规则的引领者，尤其是对股东间接仲裁这一存在较多法律争议的制度，更应该通过国内法的发展以及国际投资条约的规定参与该问题的研究。

关键词：国际投资仲裁；股份投资；股东投资者；独立请求；间接仲裁

Abstract

There have been many shareholders' independent claims in international investment arbitration, whereas there is no clear provision or regulation in the international investment law system, and the shareholders' independent right of claim contradicts the principles or rules of general international law and the general provisions of domestic law. Shareholders' independent right of claim refers to the right that shareholders can independently use their own name, exercise their own right of arbitration claim and directly obtain damages. According to the different ways in which the rights or interests of shareholders are infringed, it can be divided into direct claim and indirect claim. The main basis of shareholder direct claim is the shareholders' right directly conferred by the treaty, which is less controversial in academic research and practice, while the shareholder indirect claim is based on the fact that the shareholders' holding company is directly infringed by the host country, resulting in the indirect loss of the value of their shares. There are many legal problems and disputes in academic research and practice, and there are also many contradictions with the general principles of law, customary international law and domestic law.

This thesis revolves around this core issue and is divided into six chapters in addition to the introduction and conclusion. The introduction part is to sort out the background and research significance of the issue, the current research situation at home and abroad and research methods, in order to define the issue grandly.

Chapter One starts with the definition of shareholders' independent claims in the international investment arbitration system, studies and analyzes the "share investment" and "shareholder investor" protected by international investment law and investment arbitration system. Through the study of this issue, the connotation and categories of shareholders' independent claims are further defined, and the differences between direct claims and indirect claims are emphasized. Focusing on the relationship between direct or indirect shareholders, majority or minority shareholders and the arbitration clause in the investment treaty, it is concluded that some of the arbitration tribunals in practice, but not absolutely, tend to ignore the differences between these different types of shareholders and their share investments, and widely support the conclusion that they are protected by treaties. At the same time, combined with the relevant knowledge in the field of economics, the quantitative method of shareholder loss is studied.

Chapter Two studies the provisions on shareholders' independent claims in the domestic laws of representative common law and civil law countries from the perspective of comparative law, and the core is the principle of "Non-Reflective Loss". That is, the claim for reflective or indirect loss of shareholders is not supported at all or only supported in very exceptional circumstances and in accordance with the clear legal provisions. At the same time, the principles of general international law and the rules of customary international law do not support shareholders' claims for indirect loss, and a series of adjudication principles have been confirmed in the relevant cases of the International Court of Justice. Therefore, both domestic law and general international law deny shareholders' judicial claims for indirect loss, which is diametrically opposed to the practice of international investment arbitration. This is also one of the reasons for the study of shareholder independent investment arbitration, especially indirect claim. In addition, the exceptions that may constitute the "independent cause of action" of shareholders in the comparative law are also analyzed, but even if the exceptions can be established, it is still difficult to support shareholders' claim for indirect loss in domestic law.

Combined with the legal contradictions highlighted in the first two chapters, Chapter Three studies the jurisdiction of shareholders' independent arbitration claims in international investment arbitration. As we all know, the issue of jurisdiction is the primary core legal issue of the international investment arbitration mechanism. The analysis of the issue of jurisdiction needs to start with the most representative ICSID Convention. The jurisdiction clause of the Convention stipulates that disputes under the jurisdiction of the arbitration tribunal should be "directly arising from investment". Through the research and analysis of this provision, it is concluded that disputes related to share investment can be included in this scope. However, it is disputed whether the "indirect loss of share value" belongs to the "right infringement" of share investment. Furthermore, jurisdiction disputes mainly include *Ratione Personae* and *Ratione Materia* issues. In shareholders' independent arbitration claims, it refers to the legal relationship between the shareholders' standing and the standing of arbitration applicants, as well as the connection and difference between the claims of shareholders and the claims of shareholding companies. Although in practice, some arbitration tribunals believe that they have jurisdiction over shareholders' independent arbitration claims, including direct and indirect claim, there are indeed many legal issues and disputes. Moreover, this arbitration practice has not developed into a rule of customary international law.

Chapter Four studies the admissibility of shareholders' independent arbitration claims, which is one of the issues often ignored in the practice of international investment arbitration, but its importance is no less than the issue of jurisdiction. Although no agreement has been reached on the exact and generally accepted definition of admissibility, it is already an established concept in international law. The issue of admissibility is based on the "substance" of the shareholders' indirect claim, rather than the "procedural requirements", and is distinguished from jurisdiction issues and substantive issues. The potential overlap between shareholders' independent investment arbitration claims and non-international claims renders some kind of shareholders' independent claims inadmissible. It is necessary for the investment arbitration tribunal to analyze the issue of admissibility, and it is also the inherent power of the investment arbitration tribunal.

Chapter Five studies the applicable law in shareholder independent arbitration claims. The international investment arbitration system has always been described as a "hybrid" system, which involves treaties between nations governed by public international law and private entities governed by domestic law. As indirect claims in shareholders' independent arbitration involve multi-party rights and interests in the subject of domestic law, domestic law and general international law should be applied. This is not only related to the "hybrid" nature of shareholder indirect claims, but also related to the provisions of the applicable law of investment treaties. The incorporation of the principles or rules of domestic law into international investment treaties or international dispute settlement mechanisms does not mean that domestic law "determines" the content of international law, nor does it violate the applicable rules of international law and domestic law. The applicable law in shareholder independent arbitration claims should first be selected and applied according to the legal choice clauses stipulated in the treaty, and because of the inseparable legal relationship between the investment subjects and the host country, the problems that are not provided for in the treaty should be resolved through the application of the principles of general international law or the rules of customary international law as well as the provisions of domestic law.

Chapter Six studies the legal risk of shareholder independent arbitration claims and puts forward specific countermeasures. The broad support of the investment arbitration tribunal for shareholder independent arbitration claims, especially indirect claim, not only lacks a clear legal basis, but also may lead to endless chain of claims, treaty shopping, difficulty in closing cases, double recovery and inconsistent awards. At the same time, for the relevant subjects, it may make it difficult for the host country to predict arbitration cases, the infringement of corporate rights and interests and the interests of corporate creditors, the distortion of company law and corporate governance, and the differential treatment of shareholders. Further it may damage the efficiency of international investment and the sustainable development of the international investment arbitration mechanism. In order to deal with the above problems, the company and its shareholders can guard against risks through the regulation of "private order" and formulate a "waiver clause" to exclude shareholders from filing arbitration claims based on indirect loss. The right to submit a claim to the investment arbitration tribunal will be reserved to the company. The regulation of procedural law can introduce the principle of *res judicata* of broad concept into the system of international investment law, which does not require the traditional standard of "triple identity test", and prevents multiple claims and double recovery through the standard of "relevance". The investment arbitration mechanism can regulate the above legal issues by establishing the "derivative arbitration system" of shareholders' claims and the "coordination mechanism" of arbitration cases, so as to prevent the relevant legal risks. In the regulation methods of general international law, the provisions of investment treaties can be modified and coordinated in theory, but it is difficult in practice. In addition, this chapter also studies some innovative mechanisms that have been proposed in the practice of investment arbitration. Although the legal contradiction of shareholder indirect claim has not been fundamentally resolved, from the perspective of the current international investment policy, on the one hand, these mechanisms can be used to prevent legal risks and resolve specific disputes, on the other hand, shareholders' independent arbitration claims should be regulated as soon as possible to allow indirect claim under certain conditions. Attach importance to and guarantee the legal principle and fairness of the international investment arbitration mechanism.

The conclusion part, on the one hand, summarizes and refines the above research, and puts forward specific suggestions on the legal regulation of shareholder independent arbitration claims, on the other hand, focuses on the research and analysis of legal issues related to China, and puts forward suggestions. Shareholder indirect claim also runs counter to the provisions of China's Company Law (2018 Amendment), and there are shareholder indirect claim requests in the practice of existing China-related investment arbitration cases. The bilateral investment treaty signed by China and Mexico in 2008 clearly stipulates that minority and non-controlling shareholders can file claims for direct loss or damage, that is, shareholders' direct claim, but not indirect loss claims. China should take the initiatives to become the leader of the rules in the process of participating in international investment arbitration, especially the system of shareholder indirect claim, which has a relatively large number of legal disputes. China should participate and lead in the reform of this mechanism through the development of domestic law and the provisions of international investment treaties.

Key words: International Investment Arbitration; Share Investment; Shareholder Investor; Independent Claim; Indirect Arbitration

目 录

绪 论 …………………………………………………………（1）
  一 问题的提出与研究意义 ………………………………（1）
  二 国内外研究综述 ………………………………………（9）
  三 研究方法 ………………………………………………（21）

第一章 国际投资仲裁中股东独立请求的界定 ……………（24）
  第一节 国际投资仲裁中的投资与股份 …………………（25）
    一 国际投资仲裁制度的发展与特点 …………………（25）
    二 国际投资仲裁制度保护的投资与股份 ……………（27）
    三 受条约保护的股份投资类型与识别 ………………（35）
  第二节 国际投资仲裁中的投资者与股东 ………………（41）
    一 投资者与股东的界定 ………………………………（41）
    二 投资法中股东权利与公司权利的区分 ……………（43）
    三 间接股东的持股方式与权利保护 …………………（46）
  第三节 股东独立仲裁请求的类型与判断 ………………（52）
    一 直接侵害与间接损失 ………………………………（53）
    二 直接仲裁与间接仲裁 ………………………………（54）
    三 股东间接仲裁与股份的可转让性 …………………（59）
    四 股东损失的量化方法 ………………………………（62）
  本章小结 ……………………………………………………（68）

第二章　比较法视野下的股东独立索赔 (71)
第一节　国内法中的"非间接损失"原则 (72)
一　普通法系国家国内法的原则与例外 (73)
二　大陆法系国家国内法的原则与例外 (78)
第二节　一般国际法中的股东独立索赔 (84)
一　国际法基本原则与习惯国际法规则 (85)
二　国际法院案例实践中的股东独立索赔 (87)
第三节　股东具有独立诉因的情形 (96)
一　公司无法索赔 (96)
二　公司已完成索赔 (98)
三　公司无意起诉 (99)
四　股东已低价出售其股份 (99)
本章小结 (100)

第三章　股东独立仲裁请求的管辖权 (103)
第一节　争议"直接因投资而产生"的界定 (104)
第二节　属人管辖权与属事管辖权主要争议 (106)
一　股东的投资者地位与仲裁申请人资格之辨 (106)
二　股东与公司仲裁请求权的区别 (115)
三　基于股份价值损失的间接仲裁请求 (119)
第三节　股东请求仲裁管辖主要援引的实体待遇条款 (130)
一　征收 (131)
二　公平公正待遇 (132)
第四节　管辖权规则与习惯国际法规则的关系 (135)
一　缺乏持续统一的国家实践 (137)
二　缺乏"法律确信" (138)
本章小结 (140)

第四章　股东独立仲裁请求的可受理性 …………………（143）
第一节　可受理性的界定 ………………………………（144）
一　可受理性的定义 ……………………………………（145）
二　可受理异议与管辖权异议、实体抗辩理由的辨析 …………………………………………………（149）
第二节　可受理性问题与投资仲裁庭的权力 …………（153）
一　仲裁庭的固有权力 …………………………………（153）
二　仲裁庭的权力与当事人意思自治 …………………（156）
三　可受理性决定的可复审性 …………………………（158）
第三节　可受理性分析的必要性与判断标准 …………（159）
一　可受理性分析的必要性 ……………………………（160）
二　可受理性的判断标准 ………………………………（162）
三　股东间接仲裁请求的可受理性问题 ………………（166）
第四节　不具有可受理性的股东间接仲裁请求 ………（173）
一　当地公司的独立法人资格及其影响 ………………（173）
二　投资条约制度对股份的保护程度 …………………（175）
第五节　具有可受理性的股东间接仲裁请求的特殊情形 ……………………………………………（181）
一　当地公司遭受"拒绝司法" ………………………（181）
二　当地公司解散或者丧失了提出索赔的法律资格 …………………………………………………（183）
三　违反国内法中股东代表诉讼制度 …………………（185）
本章小结 ……………………………………………………（187）

第五章　股东独立仲裁请求的法律适用 …………………（193）
第一节　股东独立仲裁请求的法律适用条款 …………（195）
一　界定 …………………………………………………（195）
二　国际投资条约中的法律适用条款 …………………（197）
第二节　管辖权问题与实体问题的法律适用 …………（199）

一　《ICSID 公约》第 42 条的适用 …………………（199）
　　二　国内法在管辖权问题中的适用 …………………（202）
　　三　国内法在实体问题中的适用 ……………………（204）
　第三节　可受理性问题的法律适用 ……………………（210）
　本章小结 …………………………………………………（216）

第六章　股东独立仲裁请求的法律风险与应对 …………（218）
　第一节　无休止的索赔链问题 …………………………（218）
　　一　东道国难以预测股东独立仲裁请求 …………（218）
　　二　加剧"条约挑选" ………………………………（223）
　　三　难以结案与效率低下 …………………………（225）
　第二节　重复赔偿与裁决不一致 ………………………（226）
　　一　重复赔偿的产生与对司法经济的影响 ………（226）
　　二　裁决不一致的风险 ……………………………（232）
　第三节　对公司债权人的影响 …………………………（235）
　　一　债权人面临的风险 ……………………………（235）
　　二　债权人基于间接损失请求仲裁 ………………（236）
　第四节　公平性与效率问题 ……………………………（238）
　　一　国内外股东的差别待遇 ………………………（238）
　　二　对公司法与公司治理的扭曲 …………………（241）
　　三　影响国际投资效率 ……………………………（243）
　第五节　股东独立仲裁请求的风险应对 ………………（243）
　　一　自治性的规制 …………………………………（244）
　　二　程序性法律原则的再调整 ……………………（247）
　　三　投资保护条约与仲裁规则的制度改革 ………（253）
　　四　一般国际法的规制 ……………………………（260）

结论与展望 …………………………………………………（263）
　一　股东独立请求仲裁对中国的启示 …………………（263）

二　股东独立请求仲裁的机制构建 …………………………（269）

参考文献 ……………………………………………………（277）

索　引 ………………………………………………………（293）

后　记 ………………………………………………………（301）

Contents

Introduction ·· (1)
  1 Background and Significance of the Research ················ (1)
  2 Review of the Related Domestic and International
     Research ··· (9)
  3 Research Methodology ·· (21)

**Chapter I Definition of Shareholders' Independent Claims
in International Investment Arbitration** ············ (24)
  Section 1 Investment and Shares in International Investment
           Arbitration ··· (25)
    1 Development and Characteristics of the International
       Investment Arbitration System ··································· (25)
    2 Investment and Shares Protected by the International
       Investment Arbitration System ··································· (27)
    3 Types and Qualification of Share Investment Protected
       by Treaties ·· (35)
  Section 2 Investors and Shareholders in International Investment
           Arbitration ··· (41)
    1 Definition of Investors and Shareholders ···················· (41)
    2 Distinction between Shareholder Rights and Company
       Rights under Investment Law ··································· (43)

  3 Indirect Shareholders' Holding Methods and Rights Protection ································· (46)

 Section 3 Types and Determination of Shareholders' Independent Claims ································· (52)

  1 Direct Harm and Indirect Loss ································· (53)

  2 Direct Arbitration and Indirect Arbitration ················ (54)

  3 Shareholders' Indirect Arbitration and the Transferability of Shares ································· (59)

  4 Quantification of Shareholders' Losses ······················ (62)

 Summary of This Chapter ································· (68)

Chapter II Shareholders' Independent Claims from Comparative Law Perspective ······················ (71)

 Section 1 The "Non-Reflective Loss" Principle in Domestic Law ································· (72)

  1 Principles and Exceptions in Common Law System ·········· (73)

  2 Principles and Exceptions in Civil Law System ············ (78)

 Section 2 Shareholders' Independent Claims in General International Law ································· (84)

  1 Basic Principles of International Law and Customary International Law Rules ································· (85)

  2 Case Law Practices of the International Court of Justice on Shareholders' Independent Claims ······················ (87)

 Section 3 Circumstances in Which Shareholders may Own the Independent Cause of Action ······················ (96)

  1 Company's Inability to Claim ································· (96)

  2 Company has Already Filed and Completed a Claim ········ (98)

  3 Company has No Intent to Claim ······························ (99)

  4 Shareholder has Sold Their Shares at an Unfair Low

Price ··· (99)
Summary of This Chapter ··· (100)

Chapter III Jurisdiction Over Shareholder's Independent Claims in International Investment Arbitration

··· (103)

Section 1 Definition of Disputes Arising Directly from Investment ··· (104)

Section 2 Disputes Over Personal Jurisdiction and Subject-Matter Jurisdiction ··· (106)

1 Distinction between Shareholders' Investor Status and Arbitration Applicant Qualification ····························· (106)

2 Distinction between Shareholders' and Company's Arbitration Claims ··· (115)

3 Indirect Arbitration Claims Based on Loss of Share Value ·· (119)

Section 3 Substantive Treatment Provisions Frequently invoked in Shareholders' Claims ······················· (130)

1 Expropriation ··· (131)
2 Fair and Equitable Treatment ································· (132)

Section 4 Relationship Between Jurisdictional Rules and Customary International Law Rules ···················· (135)

1 Lack of Consistent State Practice ····························· (137)
2 Lack of Legal Certainty ··· (138)

Summary of This Chapter ··· (140)

Chapter IV Admissibility of Shareholders' Independent Claims in International Investment Arbitration

··· (143)

Section 1　Definition and Scope of Admissibility …………… (144)
　1　Definition of Admissibility ……………………………… (145)
　2　Distinction Among Admissibility Objections, Jurisdictional Objections and Substantive Defenses ……………………… (149)
Section 2　Admissibility Issues and the Powers of Investment Arbitration Tribunals ……………………………… (153)
　1　Inherent Power of Tribunal ……………………………… (153)
　2　Tribunal's Power and Party Autonomy ………………… (156)
　3　Reviewability of Admissibility Decisions ……………… (158)
Section 3　Necessity and Criteria for Admissibility Decisions ………………………………………………… (159)
　1　Necessity of Admissibility Decisions …………………… (160)
　2　Criteria for Determining Admissibility ………………… (162)
　3　Admissibility of Shareholders' Indirect Claims ………… (166)
Section 4　Situations Where Shareholders' Indirect Claims Are Not Admissible …………………………………… (173)
　1　Independent Legal Status of Local Company and Its Impact ……………………………………………………… (173)
　2　Degree of Protection of Shares under Investment Treaties ……………………………………………………… (175)
Section 5　Special Circumstances in Which Shareholders' Indirect Claims Are Admissible ……………………… (181)
　1　Local Company Subject to Denial of Justice …………… (181)
　2　Local Company Dissolved or Lost Legal Standing to File Claims ………………………………………………………… (183)
　3　Violation of Domestic Shareholder Derivative Action System ………………………………………………………… (185)
Summary of This Chapter …………………………………………… (187)

Chapter V Applicable Law of Shareholders' Independent Claims in Investment Arbitration (193)

Section 1 Applicable Law Provisions in Shareholders' Independent Claims. (195)
  1 Definition (195)
  2 Applicable Law Provisions in International Investment Treaties (197)

Section 2 Applicable Law of Jurisdictional and Substantive Issues (199)
  1 Application of Article 42 of the ICSID Convention (199)
  2 Application of Domestic Law in Jurisdictional Issues (202)
  3 Application of Domestic Law in Substantive Issues (204)

Section 3 Applicable Law of Admissibility Issues (210)

Summary of This Chapter (216)

Chapter VI Legal Risks and Management of Shareholders' Independent Claims in International Investment Arbitration (218)

Section 1 Issues of Endless Claim Chains (218)
  1 Host Countries' Difficulty in Predicting Shareholder's Independent Claims (218)
  2 Exacerbation of Treaty Shopping (223)
  3 Difficulty in Cases Resolution and Inefficiency (225)

Section 2 Double Recovery and Inconsistent Awards (226)
  1 Generation of Double Recovery and Its Impact on Judicial Economy (226)
  2 Risks of Inconsistent Awards (232)

Section 3 Impact on Company Creditors (235)
  1 Risks Encountered by Creditors (235)

  2 Creditor's Request for Arbitration Based on Indirect Losses ……… (236)

 Section 4 Issues of Fairness and Efficiency …………… (238)

  1 Differential Treatment of Domestic and Foreign Shareholders …………………………………………… (238)

  2 Distortion of Company Law and Corporate Governance … (241)

  3 Impact on International Investment Efficiency ………… (243)

 Section 5 RiskManagement to Shareholders' Independent Claims ……………………………………………………… (243)

  1 Autonomous Regulation ………………………………… (244)

  2 Re-adjustment of Procedural Legal Principles ………… (247)

  3 Systemic Reforms in Investment Treaties and Arbitration Rules ……………………………………………………… (253)

  4 Regulation under General International Law …………… (260)

Conclusion and Outlook ……………………………………………… (263)

  1 Insights from Shareholders' Independent Claims for China ……………………………………………………… (263)

  2 Innovation of the Rules and Mechanism of Shareholders' Independent Claims ……………………………………… (269)

References …………………………………………………………… (277)

Index ………………………………………………………………… (293)

Postscript …………………………………………………………… (301)

绪　　论

一　问题的提出与研究意义

国际投资仲裁机制发展至今，国内外对其中的投资保护问题已有较多学术研究，但却少有关于投资公司股东独立请求仲裁相关法律问题的深入研究，尤其是中文学术研究中几乎忽略了这一十分重要、具体且复杂的法律问题。联合国国际贸易法委员会（UNCITRAL）第三工作组曾于2020年7月公开对该问题召开专题研讨会。①

不同于国际商事仲裁中争议双方主体平等的特点，国际投资仲裁中的主体包含了私人主体和国家主体。国际投资法中保护的"投资者"既包括自然人又包括公司法人，绝大多数情况下是有关公司投资者权利义务的保护。股东在人格属性上可能既是自然人又是法人，但是其作为投资公司的股东时，投资主体首先是该公司法人。公司股东可能以两种不同方式受到损害，第一类是其作为股东投资者的权利可能会受到"直接"侵害（例如股份被没收、征收等），导致其提出直接索赔；第二类是基于东道国对其持股公司的侵害而"间接"地侵害了股东的权利或利益，从而导致所谓的"间接损失"。② 尽管东道国

---

① See UNCITRAL Webinar on *Shareholder Claims and Reflective Loss*, https://uncitral.un.org/en/shareholderclaimswebinar，访问日期：2021年2月15日。

② 也有观点表述为"反射性损失"（reflective loss），本书统一称之为"间接损失"。一方面是与"直接侵害"和"直接仲裁"相对应，另一方面也是便于更加直观地理解。

政府的措施可能会损害公司的整体价值,例如导致公司股份价值贬值。但股东是否属于投资仲裁中的投资者首先取决于投资条约的规定,当投资条约没有规定或规定不明确时,其自身负有证明责任,而仲裁庭则应当承担裁判义务并且作出有充分法律依据的结论。

如果投资条约直接规定了股东的条约权利,股东也据此提出仲裁请求,一般而言,此类仲裁请求的诉权来源是清晰的,这种基于条约明确赋予的权利的仲裁请求可以称之为"直接仲裁"。但是,近年来投资仲裁庭在实践中经常允许股东独立基于间接损失提出仲裁请求要求损害索赔,即"间接仲裁"。[①] 然而,国内法和习惯国际法等领域一贯适用"非间接损失"的既定原则。国际投资法体系没有阐明股东权利与公司权利、股东权利与股东利益的区别,因此需要援引国内法中的相关概念。但是,支持股东间接仲裁的投资仲裁庭往往仅基于投资条约中"投资"的定义包括"股份"便为其裁决辩护,而没有对相关条约规定深入分析,更忽略"非间接损失原则"保障仲裁程序效率以及保护债权人等其他利益攸关方的法律与政策影响。国内法和习惯国际法中旨在禁止股东对间接损失索赔的法律与政策原则应当适用于投资者与国家之间的仲裁。

但是,基于投资仲裁公法与私法、国际法与国内法"混合"的特殊性,这些法律和政策可以考虑与国际投资法领域的具体规则相平衡,而不应该是目前部分仲裁实践直接忽略这些法律或政策,"一味地"扩大对投资者和投资的保护范围。长远而言,这不仅不利于保护外国投资者和国家利益,更有可能导致各个国家对投资仲裁机制的质疑与抵触。

晚近绝大多数投资条约都规定了国际投资仲裁的争议解决方式,其内涵之一便是投资者保护。但是,目前对于"投资者"的研究相对宽泛,结合实践相对不足,对一直存在而且会长期存在的"股东"

[①] See Lukas Vanhonnaeker, *Shareholders' Claims for Reflective Loss in International Investment Law*, Cambridge University Press, 2020, p. i.

研究较少，忽略了其在国际投资仲裁中权利义务的特殊性。尤其是当投资仲裁中对股东的保护与国内法、一般法律原则以及习惯国际法规则相矛盾时，正视并积极解决这一问题才能真正更好地促进国际投资仲裁机制可持续发展。

股东之所以称为股东，法律依据仍是国内法，是国内法所承认的公司股份的所有者。然而，投资仲裁庭支持股东间接仲裁请求的依据往往是国际投资条约中的宽泛规定，但避免公开考虑支持此类索赔可能带来的后果。相关投资仲裁庭既没有深入剖析条约规定，也没有详细解释国际投资法背离国内法、一般法律原则或者习惯国际法规则的根本原因，更缺乏对这种背离是如何可以在投资仲裁中进行的详细论证。从已知的股东独立仲裁请求的裁决中可以清楚地看出，国际投资法体系需要一个原则性框架规范股东的独立仲裁请求，尤其是股东基于间接损失的仲裁请求。

在实践中经常出现这样的疑问：当一家投资公司遭受第三方（主要为投资东道国政府行为）的侵害，导致其股东的持股股份相应的经济价值受到影响时，该公司股东能否自行对第三方提出索赔？如果允许的话，有何法律依据？从部分国际投资仲裁实践来看，仲裁庭依据对投资协定的解释认可了股东间接索赔请求权，而且对提起仲裁请求的股东层级不加限制。也就是说，如果投资者 A 拥有公司 B 的股份，而公司 B 拥有公司 C 的股份，那么投资者 A 是否可以基于东道国对公司 C 造成的损害提出索赔？仲裁庭认可间接索赔的依据和要件是什么？《ICSID 公约》和国际投资条约是否允许间接索赔？会产生哪些法律问题？从习惯国际法的角度来看，国际法院援引了国内法中公司权利与股东权利，股东权利与股东利益相区分的概念，并据此在判决中做出了区分，通常情况下不允许股东对间接损失进行索赔。基于此，国际投资仲裁机制中股东的间接索赔请求与习惯国际法的观点和有关裁判是否又相矛盾？

到目前为止，相关投资仲裁裁决没有提出任何特定的且经得起考验的法律理由来解释股东对间接损失请求仲裁的法律地位。有关裁决仅限于狭隘地解决具体的个案,而没有分析证明背离国内公司法原则、一般法律原则和习惯国际法的决定是合理的、可预测的,并且是能够保证裁决公平的。而且,股东基于间接损失的独立仲裁请求可能带来无休止的索赔链、条约选购、难以结案、重复赔偿以及裁决不一致等问题。同时,对于其他相关主体而言,可能导致东道国难以预测仲裁案件、公司权益和公司债权人利益的侵害、公司法和公司治理的扭曲、股东差别待遇等问题,从而进一步损害国际投资的效率和国际投资仲裁机制的可持续发展。

针对上述法律问题,本书的研究目的是厘清与解决国际投资仲裁中股东独立请求的合法性争议,通过比较法视野下的股东独立索赔,股东独立仲裁请求的管辖权、可受理性以及法律适用等问题对国际投资仲裁中股东独立请求进行分析与研究。就研究意义而言,主要有以下三个方面。

第一,理论、制度和实践层面。考虑到股东基于间接损失提出仲裁请求的案件数量大幅上升,有必要及时进行原则性、程序性和实质性改革,为股东独立仲裁请求提供了一个可行的、有充分法律依据的以及与国内法、一般法律原则、习惯国际法相协调的法律框架。

尽管股东独立请求仲裁的问题很复杂,在公法与私法、国内法与国际法、法律与政策以及个人与国家等相互交融的边界上不断发展变化,但是国际投资的发展却从未停止。无论未来全球化趋势如何,国际投资领域的争议解决机制都必不可少。假设全球化进一步深度发展,也就意味着国际投资的流动不断增加,潜在的投资争议自然也会增加。假设逆全球化趋势加大,那么对于现下如此庞大的国际投资总量而言,也就意味着急剧增加的争议和对争议解决机制的需求。对此问题从理论、制度和实践层面的全方位研究不仅是重要和必要的,而且提出的问题、建议与结论有助于国际投资仲裁制度的进一步改革,协调和制定相关程序规则、实体规范和原则性框架,促进其可持续发展。

更重要的是，对股东独立仲裁请求的研究将使国际投资法的发展与实际情况接轨，并通过提高效率、公平性、可预测性和法律确定性来完善这一法律领域，从而支撑其合法性，减少相关风险。进一步而言，这不仅涉及国际投资法本身的改革，更是与国内法以及一般国际法尤其是习惯国际法规则的发展紧密相关。此外，股东独立请求仲裁还会极大地影响现代公司治理结构，从公司的自治性层面而言，对此问题的研究也极为重要。

第二，中国国际法治建设与发展的需要。据联合国贸易和发展会议（UNCTAD）发布的2020年《世界投资报告》，中国在2018年和2019年无论是投资输出量还是输入量都位居第二。① 而且，早在2016年的《世界投资报告》中UNCTAD就指出，中国在较长的一段时间内将同时拥有资本输入大国与资本输出大国的双重身份。② 中国在国际投资中的重要地位不言而喻。同时，截至本书收稿时公开的涉及中国（以下简称"涉华"）的投资仲裁案件已有15起，而且仅在2020年就有4起案件（详见下表）。

涉华国际投资仲裁案例列表（截至2021年3月）③

	申请人	被申请人	仲裁机构	案号	现状
中国投资者原告	谢业深（Tza Yap Shum，香港）	秘鲁	ICSID	ARB/07/6	2011年实体裁决
	黑龙江国际经济和技术合作有限公司等	蒙古国	PCA	No. 2010-20	2017年裁决无管辖权
	菲利普·莫里斯（Philip Morris Asia，香港）	澳大利亚	PCA	No. 2012-12	2015年裁决无管辖权
	澳门世能公司	老挝	PCA	No. 2013-13	2017年新加坡上诉法院复审裁决
	澳门世能公司	老挝	ICSID	ADHOC/17/1	待决（Pending）

① See UNCTAD *World Investment Report* 2020, pp. 12 & 15.
② See UNCTAD *World Investment Report* 2016, p. 27.
③ 澳门世能案首先是在PCA申请仲裁裁决，由于其裁决于2017年在新加坡上诉法院复审被撤销，故又在ICSID提请临时仲裁裁决，此处不再将其视为一般程序的仲裁案件。

续表

	申请人	被申请人	仲裁机构	案号	现状
中国投资者原告	中国平安保险集团	比利时	ICSID	ARB/12/29	2015 年裁决无管辖权
	北京城建	也门	ICSID	ARB/14/30	2017 年作出管辖权裁定，和解结案
	渣打（香港）银行	坦桑尼亚电力供应公司	ICSID	ARB/10/20	2016 年裁决有管辖权，并对实体问题作出判决
	渣打（香港）银行	坦桑尼亚	ICSID	ARB/15/41	2019 年裁决有管辖权，并对实体问题作出判决
	闵冯珍（Fengzhen Min）	韩国	ICSID	ARB/20/26	待决
中国政府被告	Ekran Berhad（马来西亚）	中国	ICSID	ARB/11/15	和解
	Ansung Housing Co., Ltd.（韩国）	中国	ICSID	ARB/14/25	2017 年裁决无管辖权
	Hela Schwarz GmbH（德国）	中国	ICSID	ARB/17/19	待决
	Jason Yu Song（英国）	中国	PCA	No. 2019-39	待决
	Macro Trading（日本）	中国	ICSID	ARB/20/22	待决
	Goh Chin Soon（新加坡）	中国	ICSID	ARB/20/34	待决

中国投资者和政府在通过国际投资促进全球化发展的同时，必然会存在投资者与东道国之间的矛盾或争端。中国对外签订的双边投资条约已至少 134 项，尤其是自 1998 年中国与巴巴多斯投资条约签订以来，中国几乎将投资仲裁的事项从"征收补偿额争端"扩张至"与投资有关的任何争端"，几乎全盘接受了国际投资仲裁管辖。在中国双向投资大国的身份之下，更应该注重平衡投资者和东道国的利益保护，细化、深入对"股东投资者"的研究。

无论在大陆法系还是英美法系的国内法理论和规范中，通常情况下都适用"非间接损失"原则。公司股东原则上无权基于针对公司的行为提出独立索赔。在现代公司法中的公司独立人格制度之下，公司法律人格也独立于股东。公司是具备独立法人地位的企业组织，区别于其股东的独立人格。公司具有独立的权利能力和行为能力，依法独立享有民事权利、承担民事义务,而股东一般仅承担有限责任原则。股东在履行完出资义务后仅以出资额为限承担有限责任,而公司法人对公司的债务承担无限责任。在这种制度下,在公司存续的前提下,只有公司才有权提起救济索赔,股东不享有也无权行使间接请求权。只要导致公司损害的行为没有直接侵犯股东的权利,股东就无权以自己的名义提出索赔。当公司获得了救济赔偿,股东也因此获得了相应的利益补偿。而且"公司的权利"不等于"股东的权利"。公司的权利是在投资方面享受东道国法律保护和优惠措施等方面的权利,而股东的权利一般情况下包括分红权、表决权、选择管理权、出席股东会议权、股份自由转让以及分享剩余资产的权利等。

以我国《公司法》(2018年修正)为例,其第20条规定了公司股东应当依法行使股东权利,而不得滥用公司法人独立地位和股东有限责任。[①] 根据该条款可知,我国国内法同样认为公司与股东的法律人格是相独立的,第三人对公司的侵害应当由公司寻求救济。由于股东的间接损失作为股东投资的自然经济风险实际上包含在公司的损失之内,所以只要公司得到了救济,股东的损失也自然可以获得补偿。所以,中国目前的公司法理论同样坚持了"非间接损失"原则。因此,结合中国的国际投资地位和所涉投资仲裁案件,中国的国际法治发展应当包含国际投资法尤其是投资争端解决的法律进步。而且,中国国内法的完善也不应当只局限于服务国内的经济民生社会发展等方面,有必要进一步协调相关国际规则和国际法治精神,突出中国在国际法治建设中的重要作用。

第三,国际投资争端解决机制改革的需要与趋势。2019年10月,联合国国际贸易法委员会(UNCITRAL)第三工作组(投资者与国家间争端解决机制改革)通过第38届会议对股东索赔与间接损

---

① 参见《中华人民共和国公司法》(2018年修正)第20条。

失（也称为"反射性损失"）作出说明，① 指出在拥有较完善公司法制度的国家，国内法院通常驳回股东对间接损失的索赔——主要是出于与一致性、可预测性、避免重复追偿和司法节支有关的政策原因。国内法院往往允许股东就其遭受的直接侵害提起诉讼，但不允许就其遭受的间接损失提起诉讼，只有直接遭受侵害的公司才可提起索赔。对于被告和公司利益相关者（包括债权人和其他股东）来说，单一的公司追索损害赔偿被认为更有效率和更加公平。很少有股东在国内法院向政府提出间接损失的索赔，相关案例也通常都被驳回了，理由是只有公司可以提出索赔。股东遭受直接侵害和间接损失之间的区别，以及一般禁止股东基于间接损失的索赔，也在很多情况下得到了国际法院及其案件的重申。相反，许多现有投资条约被仲裁庭解释为允许所涵盖的股东对其持股的公司所遭受的侵害提出索赔。

鉴于国内公司法和其他法律制度一般禁止间接损失的索赔，接受股东对间接损失提出的索赔以及投资仲裁庭的宽容做法可以被认为具有特殊性。这种独特的做法可能会对追回公司损失产生"各自为政"的效应。而且这种效应会被不断地放大，因为在公司所有权链中处于较高位置的间接股东通常也被允许收回间接损失。各国政府也已在相关投资争端案件中对间接损失索赔提出疑问。

UNCITRAL第三工作组明确指出，对于间接损失索赔及其应对所引起的问题不能孤立地考虑。相反，工作组已确定其为需要改革的重要事项。本书也针对UNCITRAL关切的问题进行研究，包括股东基于间接损失请求仲裁可能导致案件数量增加与多重程序，对投资争端解决程序费用和延续时间的影响，缺乏一致的结果和解释，重复赔偿，过高的损害赔偿，对国内公司法和公司治理的扭曲等问题。

---

① See UNCITRAL *Working Group* Ⅲ *Thirty-eighth Session*, A/CN.9/WG.Ⅲ/WP.170, pp.2-3.

总而言之，本书所研究的问题复杂且意义重大，结合投资条约规定与实践、习惯国际法、国内法规定以及一般法律原则来厘清股东独立仲裁的法律问题，通过比较法和多种法律、经济以及政策的研究方法提升研究的广度与深度。最终，旨在构建起更经得起法律检验的股东独立仲裁请求规则，确保国际投资法体系在实现国际投资保护的同时，不会损害不是其直接受益主体的合法利益，并最终损害公平正义。

二　国内外研究综述

专门研究国际投资仲裁中股东独立请求问题的文献资料主要来源于外文文献，最早可追溯至15年前。中文文献中的专门研究较少且基本在近10年之内，论文类文献10余篇，著作或者教材类的文献几乎没有专门对该问题的分析与研究。当然，从更宽泛的角度而言，与股东权利保护相关的研究在数量上更多，时间跨度也更久远。目前中文文献的研究不够全面，在比较法、习惯国际法与国际投资条约中的股东独立仲裁请求的冲突方面有一定研究，但是缺少对股东独立请求仲裁的法理学思考、界定、理论证成和运行规则等内容进行研究。总体来看，目前对于国际投资仲裁中股东独立请求法律问题的研究有以下几个方面。

（一）关于股东独立请求仲裁中"投资与股份""股份与股权""投资者与股东"的研究

1965年国际投资争端解决中心（ICSID）成立，开始了将投资者与东道国的投资争端提交国际投资仲裁庭解决的方式，然而《ICSID公约》并未阐明"投资"的具体含义。在投资仲裁机制中，投资者有权依据相关的投资条约提出索赔请求，但没有直接规定股东有权基于间接损失独立请求仲裁。因此，股东间接仲裁需要解决股东是否属于国际投资法中的投资者、股权是否包括股份价值，股权以及股份是否属于投资等问题。

中文文献中，梁丹妮、邱泽在《国际投资仲裁中股东行使间接求偿权问题研究》中认为，如果国际投资协定将股权纳入保护范围中，股东可以援引该协定提起间接索赔。① 王稀在《国际投资仲裁中股东诉权问题研究》中认为，从措辞来看，"拥有"或"控制"本身在程度上存在差别。按照通常意义理解，"拥有"更多的是从所有权的意义上对公司股权的掌控，但"控制"究竟是指占有股权的多少，还是从参与公司管理的程度而言？股东享有诉权的另一个要件是该股东应该"直接或间接"拥有或控制东道国公司。之所以区分直接和间接的方式，主要是因为参与投资的公司其结构较为复杂，特别是有些公司存在多层控股。② 徐树在《国际投资者仲裁庭管辖权扩张的路径、成因及应对》中提出，"投资"作为一个法律概念应当具有区别于"贸易""金融"等其他法律概念的特征，例如具有资产投入、持续经营、预期收益、风险承担等特征。③

外文文献中，Gabriel Bottini 指出，"投资"在《ICSID 公约》中的含义是客观存在的，缔约国之间的任何特别约定不会导致其内涵和外延被扩大或限缩。④ 但是，Farouk Yala 认为，"投资"的概念并没有一个普遍接受的定义，它随着新的投资形式的出现和发展而不断演变。⑤ R. Dolzer 指出，"投资"包括财产、利益和权利，这是投资的经典公式。⑥ Christoph H. Schreue 也认为，国际投资领域由于对

---

① 参见梁丹妮、邱泽《国际投资仲裁中股东行使间接求偿权问题研究》，《国际贸易法论丛》2015 年第 6 卷。

② 参见王稀《国际投资仲裁中股东诉权问题研究》，《世界贸易组织动态与研究》2013 年第 5 期。

③ 参见徐树《国际投资仲裁庭管辖权扩张的路径、成因及应对》，《清华法学》2017 年第 3 期。

④ See Gabriel Bottini, "Indirect Claims under the ICSID Convention", *University of Pennsylvania Journal of International Law*, Volume 29 Issue 3, 2007.

⑤ See Farouk Yala, "The Notion of 'Investment' in ICSID Case Law: A Drifting Jurisdictional Requirement? Some 'Un-conventional' Thoughts on Salini", *Journal of International Arbitration*, Volume 22, 2005, p. 125.

⑥ R. Dolzer & Debra P. Steger, "The Notion of Investment in Recent Practice", in Steve Charnovitz, Law in the *Service of Human Dignify*: *Essays in Honour of Florentino Feliciano*, 2005.

"投资"一词缺乏统一的定义从而可能导致更多的有关争议。他提出了"投资"应当具备的基本特征,而且其观点和理论在许多国际投资仲裁实践案例中不断被采纳,成为在国际投资仲裁理论研究和仲裁实践中解释"投资"定义时具有影响力的"萨利尼标准"。

随着新一代双边投资条约的生效,Vera Korzun 认为,目前已经明确将投资保护扩展到有价证券投资和间接投资(如股票,债券,关于技术援助、知识产权转让和联合营销安排的协议)。[①] Christoph H. Schreuer 也认为,国际投资法理论中对于"股份属于受条约保护的一种投资形式"几乎没有异议。[②] 如果认为股份受到条约保护,进一步而言,具体规则应当如何?Stanimir A. Alexandrov 认为,目前的投资仲裁实践在原则上认为,如果投资条约中仅将"股份"定义为一种涵盖的资产(covered asset)而没有进一步说明,那么原则上不应区分多数股份与少数股份。[③] Julien Chaisse 指出,在投资仲裁实践中,大部分仲裁庭的确依据投资条约将"股份"纳入受保护的投资事项,从而裁判对股东基于股份损失提起的仲裁请求享有管辖权。[④]

关于股东在国际投资仲裁中的法律地位研究,Eda Cosar Demirkol 提出,参考不同国家的法律制度,国际投资法体系和投资

[①] See Vera Korzun, "Shareholder Claims for Reflective Loss: How International Investment Law Changes Corporate Law and Governance", *University of Pennsylvania Journal of International Law*, Volume 40 Issue 1, 2018.

[②] See Christoph Schreuer, "Shareholder Protection in International Investment law", in Pierre Marie Dupuy and others, *Common Values in International Law: Essays in Honor of Christian Tomuschat*, NP Engel, 2006, p. 601 & 618.

[③] See Stanimir A. Alexandrov, "The 'Baby Boom' of Treaty-Based Arbitrations and the Jurisdiction of ICSID Tribunals: Shareholders as 'investors' and Jurisdiction Ratione Temporis", *The Law & Practice of International Courts and Tribunals*, Volume 4 Issue 1, 2005, p. 395.

[④] See Julien Chaisse and Lisa Zhuoyue Li, "Shareholder Protection Reloaded: Redesigning the Matrix of Shareholder Claims for Reflective Loss", *Stanford Journal of International Law*, Volume 52 Issue 1, 2016, p. 63.

条约可以为股东提供的条约权利主要包括以下六项：（1）收取股息的权利；（2）出席股东大会和投票的权利；（3）转让股份的权利；（4）反对更改一类股份所附权利的权利（如果股份分为几类）；（5）对董事提起诉讼的权利；（6）清算时参与资产分配的权利。① Christoph H. Schreuer 指出，尽管目前理论上强调外国投资者拥有当地公司的控股权是有关法律地位的前提条件，但在投资仲裁实践中，少数股权同样也受到了国际投资仲裁机制的保护，享有少数股权的股东也被接受为适格的仲裁申请人，并根据条约获得了保护。②

David Gaukrodger 提出，股东可能受到的损害大体上包括两种，第一种是投资东道国可能会"直接侵害"股东作为投资者的权利，包括出席股东大会并进行表决的权利，在清算时分享公司剩余资产的权利，以及特定类别的所有者持有的股份可能会被没收；第二种则是公司股东可能遭受东道国对其持股公司的损害从而造成的"间接损失"。③ Jimmy Skjold 也进一步指出，股东"直接仲裁"取决于条约规定中股东作为投资者直接享有的权利，实践中几乎没有争议，发生的案例也较少；相反，股东"间接仲裁"从理论到实践都有较多争议。④

---

① See Eda Cosar Demirkol, "Admissibility of Claims for Reflective Loss Raised by the Shareholders in Local Companies in Investment Treaty Arbitration", *ICSID Review - Foreign Investment Law Journal*, Volume 30, No. 2, 2015, pp. 391–413.

② See Christoph Schreuer, "Shareholder Protection in International Investment Law", *Transnational Dispute Management*, Volume 3, 2005.

③ See David Gaukrodger, "Investment Treaties as Corporate Law: Shareholder Claims and Issues of Consistency", *A Preliminary Framework for Policy Analysis*, OECD Working Papers on International Investment 2013/03, p. 13.

④ See Jimmy Skjold, "'Missing Links' in Investment Arbitration: Quantification of Damages to Foreign Shareholders", *The Journal of World Investment & Trade*, Volume 14, 2013, p. 439.

（二）关于股东独立请求仲裁的法律依据研究

中国法学界从 20 世纪 80 年代中后期开始对国际投资争端解决开展规范研究，例如姚梅镇教授的《国际投资法》等著作对国际投资法的研究奠定了基础。韩德培教授主编的《国际私法》对于 ICSID 也有较为详尽的论述。从 20 世纪 90 年代开始，中国的改革开放进一步推进，随着中国加入 WTO，中国早期的海外投资者所面临的经济形势和法律发展也在不断变化。但此时在学术界，由于还没有较多的实践案例，相关的法律问题暂时也没有凸显，关于国际投资的理论和学术著作也就相对较少。

随着中国与他国的投资条约数量剧增，法学领域对国际投资条约发展的关注也大量增加。比如卢进勇教授和余劲松教授等人合著的《国际投资条约与协定新论》、陈安教授的《国际投资法的新发展与中国双边投资条约的新实践》等。余劲松先生编写的《国际投资法》教材也已经多次修订，对国际投资仲裁机制进行了较系统的研究，成为国内法律院校和学生学习的重要著作，影响力较大。进入 21 世纪以来，学者对投资仲裁机制进行了更为深入的研究。陈安教授在其著作《国际投资争端仲裁——"解决投资争端国际中心"机制研究》中对国际投资争端仲裁的理论和案例进行了系统研究，尤其是对 ICSID 仲裁庭管辖权的基本理论做了详细的阐述，指出了取得管辖权的三个基本要件包括：第一，该国际投资争端应当是"直接基于国际投资"引发的；第二，一方当事人必须是《ICSID 公约》的缔约国，同时另一方当事人应当是《ICSID 公约》的另一缔约国国民；第三，双方当事人必须通过书面同意的方式将双方的投资争端提交"中心"管辖。

在早期的国际法院实践中，寻求外交保护是外国投资者进行救济的主要途径。国际法的实质正义学派认为，国际法调整的主体是国家，而公司和股东只能是国际法的客体。因此，国际法（主要指国际公法）拒绝公司或股东在国际层面的法律地位，从而国际法层面的公司和股东保护大多通过外交保护的途径进行。

在传统的习惯国际法理论中，国内外学者均认为股东没有行使间接索赔权的法律依据。正如巴塞罗那公司案，国际法院依据普遍的国际法基本原则，认为公司与股东的法律地位是相互独立的，股东只能就自身权利受到的损害提出索赔，无权因公司遭受损害导致的间接损失提出索赔请求。之后的 Diallo 案中，国际法院再次确认援引国内公司法的内容，认可公司的独立法律人格。只有当股东的直接权利遭受损害时，股东才有权索赔。对此，Christoph H. Schreuer 对习惯国际法下的股东保护的问题的重要性做了充分说明，认为国际投资条约是股东行使请求权的直接法律依据与基础。[1]

在国际投资仲裁研究中，股东的投资遭受间接损失时是否直接具有请求权以维护其自身权利是一个具有争议的问题。从国外的研究成果来看，欧美国家的学者十分关注股东权利保护的问题。对于股东间接索赔权的法律依据问题，中国学者梁丹妮、邱泽认为，"股东"和"股权"通常被纳入国际投资协定的保护范围中，当股权受到东道国政府侵害时，股东即有权行使间接索赔权向东道国政府索赔。[2] 国外学者 Gabriel Bottini 认为国际投资协定中保护股权，并不必然保护股份价值，因为这属于"投资的特定风险"。[3]

Campbell McLachlan 认为，大量国际投资条约中给予股东在间接利益受损时进行索赔的权利，因此股东间接索赔权的内容已经由"特别法"逐渐成为一项可以普遍适用的国际法规则。[4] 相反，Andreas Lowenfeld 则认为，国家与投资者之间的争端解决不是由任

---

[1] See Christoph Schreuer, "Shareholder Protection in International Investment Law", *Transnational Dispute Management*, Volume 3, 2005.

[2] 参见梁丹妮、邱泽《国际投资仲裁中股东行使间接求偿权问题研究》，《国际贸易法论丛》2015 年第 6 卷。

[3] See Gabriel Bottini, "The Admissibility of Shareholder Claims: Standing, Cause of Action, and Damages", University of Cambridge, Dissertation for the degree of Doctor of Philosophy, 2017.

[4] See Campbell McLachlan, Laurence Shore, and Matthew Weiniger, *International Investment Arbitration Substantive Principles* (2nd edition), Oxford University Press, 2017.

何投资条约所赋予的,将争端提交独立的仲裁机构处理只是通常原则。①

中文文献中也有一些学术论文对此问题有所涉及,索妮在《国际投资仲裁中股东间接索赔权问题研究》中认为,一些条约的条文明确授予股东在特殊条件下的间接索赔。② 例如,《北美自由贸易协议》(NAFTA)第 1117 条规定了控股股东的间接索赔,但是要受到第 1135 条的约束,即规定给予的任何补偿不会支付给股东,而是支付给其代表的公司。美国 2004 年双边投资条约(BIT)范本授权股东代表他们所控制的公司提出债权,但条件是其应当根据任何一方的法律将申请人和企业在任何行政法庭、法院,或其他争端解决程序发起或继续的权利提交书面豁免,并且赔偿损失的款项应支付给企业。可见,一些国际协定虽然在特定情况下允许了股东间接索赔,但也设置了诸如利益拒绝等规定。

梁丹妮、邱泽认为,在习惯国际法框架下,股东有权针对自己权利受损提出索赔请求。③ 这个观点具有理论上的合理性,并得到了国际法院以及仲裁庭的实践检验,但在习惯国际法框架下,股东利益损失只能通过外交保护间接得到救济。国际法院巴塞罗那公司案、Diallo 案以及国际法委员会《外交保护草案》认为,必须将对股东直接权利的损害与因为公司受损导致股东股份损失的情况区分开来。因此,股东无权对这些利益损失直接提出间接索赔。在现代国际投资条约框架下,股东因为直接权利受损而以自己名义提出索赔的权利同样得到了确认。同样,在国际仲裁实践中,多数仲裁庭事实上认可了股东以其在公司中的股份价值减少而提出索赔的权利,由于

---

① See Andreas Lowenfeld, *International Litigation and Arbitration* (3rd edition), West Academic Publishing, 2005.

② 参见索妮《国际投资仲裁中股东间接索赔权问题研究》,硕士学位论文,华东政法大学,2018 年。

③ 参见梁丹妮、邱泽《国际投资仲裁中股东行使间接求偿权问题研究》,《国际贸易法论丛》2015 年第 6 卷。

多数投资条约没有 NAFTA 第 1116 条和第 1117 条的制度规范，使得承认股东间接索赔将会导致一定的风险。为此，有必要进行反思并构建国际投资条约框架下的股东保护制度。

Vera Korzun 指出，国际投资条约中对公司保护缺乏统一的标准，这意味着这些条约并不能成为一项有关股东国际法保护的习惯国际法规则的形成提供物质要素，这些条约规定仅仅代表缔约双方之间的合意。① 同时，尽管全球已有超过三千余份国际投资条约，但是其中有多少包含股东权利的规定以及实践中是否达成统一都无从而论，就算是这些投资条约和实践达成了统一，这个数目也不足以证明其广泛性和代表性。

更具有代表性的观点是 Zachary Douglas 认为股东间接仲裁请求的法律问题核心在于"可受理性"，而不是"管辖权"问题。Douglas 在界定可受理性时提出了较具有代表性的观点。一方面提到了国际投资法中管辖权取决于是否存在外国投资和对仲裁机制的"同意"；另一方面指出，可受理性问题处理的是仲裁请求从实体层面是否"适合"被审理。② 可受理性问题实际上涉及仲裁庭管辖权的行使和每一项仲裁请求的具体问题。Gabriel Bottini 也指出，投资仲裁庭普遍认为可受理性与管辖权"是国际法上的两个截然不同的法律概念"。③

从国内法视角来看，各国法律体系例如普通法系的美国、加拿大、英国、澳大利亚，以及大陆法系的德国、法国和荷兰通常都采

---

① See Vera Korzun, "Shareholder Claims for Reflective Loss: How International Investment Law Changes Corporate Law and Governance", *University of Pennsylvania Journal of International Law*, Volume 40 Issue 1, 2018.

② See Zachary Douglas, *The International Law of Investment Claims*, Cambridge University Press, 2009, p. 146, para. 306.

③ See Gabriel Bottini, "The Admissibility of Shareholder Claims: Standing, Cause of Action, and Damages", University of Cambridge, Dissertation for the degree of Doctor of Philosophy, 2017, p. 39.

用"非间接损失"原则,股东一般无法针对间接损失要求损害赔偿。通常,只有公司才能起诉以弥补损失,同样的原则和方法也应当适用于一般国际法。David Gaukrodger 指出,针对导致的"间接损失"只能由直接进行投资的投资者(大多数为公司)提出索赔,这种解决方案对于包括债权人和所有股东在内的公司利益相关者而言,效率更高、更公平。①

总结这些观点,部分专家学者认为股东在国际投资仲裁中行使间接索赔权的现象较为普遍,因此股东请求权正成为普遍的习惯国际法规则,甚至在国际投资仲裁不需要援引相应的国际投资条约就可行使。但是,也有观点认为,在国际投资仲裁中,即使股东请求权的行使成为常见的现象,但是这并不代表这种常见现象是一项新的习惯国际法规则,该现象并不满足成为习惯国际法规则的物质要素(持续一致的国家实践)和心理要素(法律确信)。

(三)关于股东独立请求仲裁引发的争议与风险研究

Susan D. Franck 在其著作中对国际投资仲裁的合法性危机进行了深入的理论研究,并且提出了应对此危机的具体方案和策略,提出了国际投资仲裁机制尤其是 ICSID 的改革方向和完善建议。② Christoph H. Schreue 认为,国际投资领域由于对"投资"一词缺乏统一的定义从而可能导致更多的争议,提出了"投资"应当具备的基本特征,一般认为投资应当包括出资、一定期限的合同履约、参与交易风险等。结合《ICSID 公约》序言,"对投资东道国经济发展的贡献"可以作为界定"投资"的附加条件。

以 Albert Jan van den Berg 为代表的许多知名学者对国际投资争端解决机制中投资者利益与东道国权利保护失衡的问题进行了深入

---

① See David Gaukrodger, *Investment Treaties as Corporate Law: Shareholder Claims and Issues of Consistency*, OECD Working Papers on International Investment 2013/03, pp. 9-10.

② See Susan D. Franck, "The Legitimacy Crisis in Investment Treaty Arbitration: Privatizing Public International Law through Inconsistent Decisions", *Fordham Law Review*, Volume 73, 2017.

分析。早在 1987 年，国际法学家 Albert Jan van den Berg 就对《承认及执行外国仲裁裁决公约》(《纽约公约》) 和 ICSID 下裁决执行制度进行了比较分析。Christoph Schreuer 和 Doulas Zachary 均认为，股东行使间接索赔权会产生平行仲裁、多重索赔的结果，在一定程度上增加了东道国的诉累。

国内学者对于国际投资仲裁中股东权利保护方面的研究，也有独特的见解。以姚梅镇、陈安、余劲松等教授为代表，对于国际投资仲裁机制的发展、内容及其影响进行了较为全面的论述。余劲松教授在《国际投资条约仲裁中投资者与东道国权益保护平衡问题研究》中表明，防范和限制对外投资者保护范围的过度扩张，需要采取措施合理平衡投资者权利保护与东道国利益之间的关系。[①] 梁丹妮、邱泽在《国际投资仲裁中股东行使间接求偿权问题研究》中阐明，股东间接索赔权的滥用不仅会导致条约选购、平行仲裁等问题，也会消解国际投资仲裁机制的正当性，因此东道国政府应当在国际投资协定缔约实践中积极采取应对措施。为了消除股东间接索赔权的弊端，应在国际投资协定中对股东行使间接索赔权设置限制，包括设置弃权条款、利益拒绝条款、合并审理条款和联合解释条款等。[②] 魏艳茹在《国际投资争端解决中的股东代表仲裁条款研究》中提出，通过股东代表仲裁的方式为外国投资者创设一种派生求偿权，让外国股东代表东道国企业提起仲裁大大加重了东道国的条约义务，存在致命的设计缺陷，中国应持拒绝态度。[③]

投资仲裁庭对股东独立仲裁请求尤其是间接仲裁的支持，不仅缺乏法律上明确的依据，而且可能带来无休止的索赔链、条约选购、

---

① 参见余劲松《国际投资条约仲裁中投资者与东道国权益保护平衡问题研究》，《中国法学》2011 年第 2 期。

② 参见梁丹妮、邱泽《国际投资仲裁中股东行使间接求偿权问题研究》，《国际贸易法论丛》2015 年第 6 卷。

③ 参见魏艳茹《国际投资争端解决中的股东代表仲裁条款研究》，《国际经济法学刊》2007 年第 4 期。

难以结案、重复赔偿以及裁决不一致等问题。David Gaukrodger 指出，公认的观点是，大多数在进行股份投资前已有的国家法律或政策，不受投资仲裁机制的挑战。①

Joseph D'Agostino 指出，在国际投资条约仲裁制度过去数十年的发展中，股东申请人对东道国政府提起的仲裁案件数量成倍增加，潜在的索赔人拥有了越来越多选择仲裁庭的机会。而这些机会也越来越多地被认为对东道国不公平，尤其是面临发达国家投资者索赔的发展中国家。② Valasek 和 Patrick Dumberry 指出，国际投资仲裁程序本身就需要高昂的法律费用，而由于股东间接仲裁中需要高成本的专家证据来判断不同股东的利益占比以及遭受了多少间接损失，这自然也会进一步增加相关的法律费用。而且，股东仲裁的可受理性问题将进一步增加仲裁裁决不一致的可能性。③

同时，Reinier Kraakman 指出，国际投资仲裁机制允许股东间接仲裁可能会损害公司债权人利益，除非被申请国家被迫重复支付损害赔偿。④ Gus Van Harten 指出，国际投资条约为外国投资者提供了仲裁索赔的国际法机会，但是这些机会被拒绝赋予东道国的国内投资者。与此同时，外国投资者还可能通过他们所投资的当地公司提起国内诉讼的方式来获得赔偿，但是这些外国投资者对于自己的母国政府而言实际上并不享有这样的权利。也就是说外国投资者至少

---

① See David Gaukrodger, *Investment Treaties as Corporate Law: Shareholder Claims and Issues of Consistency. A Preliminary Framework for Policy Analysis*, OECD Working Papers on International Investment 2013/03, p. 32.

② See Joseph D'Agostino, "Rescuing International Investment Arbitration: Introducing Derivative Actions, Class Actions and Compulsory Joinder", *Virginia Law Review*, Volume 98 Issue 1, 2012, p. 148.

③ See Valasek & Patrick Dumberry, "Developments in the Legal Standing of Shareholders and Holding Corporations in Investor-State Disputes", *ICSID Review-Foreign Investment Law Journal*, 2011, p. 73.

④ See Reinier Kraakman and others, *The Anatomy of Corporate Law: A Comparative and Functional Approach*, Oxford Scholarship Online, March 2017, p. 2.

在以上三个方面享有了一定的"特权"。而且，这些主要的投资输出国政府相较于投资输入国而言，面临着更少的条约仲裁案件，也能更好地应对有关案件。①

总结目前已有的国内外学者关于国际投资仲裁制度下股东行使请求权引起的主要法律争议与风险的研究，主要可以归纳为以下三点。

第一，股东提起仲裁请求与公司基于独立法律人格提起仲裁请求之辨析。在国内法理论、规范与实践中，股东通常不享有也无权行使间接索赔权。在公司独立人格制度中，公司法律人格独立于股东，在公司存在的前提下，只有公司有权提起救济，股东无权行使间接索赔。这也是国际法院巴塞罗那公司车案所持有的观点。一般情形下，当公司获得了损害赔偿，股东也因此获得了相应的利益。但是公司的权利显然不等于股东权利。但是也存在一定的例外情形，例如公司在法律上已经不存在、没有能力或不愿提起诉讼等情形发生时，在某些司法管辖区内股东也可能有权提起间接索赔。然而，在国际投资仲裁实践中，部分仲裁庭实践承认了股东有权行使间接请求权，而不受上述情况的限制。这也与一些投资条约的规定相违背，例如《德国—阿根廷双边投资条约》中规定，只有公司在被征收或国有化时，才允许由股东进行间接索赔，而且设置了相关限制条件和损害赔偿规则。

第二，国际投资仲裁与习惯国际法下股东权利之差异。通过国际法院的相关案例实践可知，公司的权利遭受侵犯时，公司国籍国有权通过外交保护途径行使索赔权，股东国籍国无权行使该权利，即使该侵害行为对股东的股份价值造成了损失。而当东道国的不法行为直接对股东的股权造成侵害时，股东的国籍国有权通过外交保护的途径寻求救济。因此，在习惯国际法下，股东无权行使间接索

---

① See Gus Van Harten, *Investment Treaty Arbitration and Public Law*, Oxford Scholarship Online, January 2009, p. 4.

赔请求权；但在国际投资仲裁实践中，投资条约对此问题并没有明确规定，然而部分股东主张依据投资条约进行间接索赔。

第三，国际投资仲裁制度下股东权利与义务失衡。国际投资仲裁制度下股东独立请求，尤其是基于间接损失的仲裁请求，引起的另一个争议是股东特定投资的权利与义务关系。权利与义务应当是统一的，Dolores Bentolila 指出，如果允许股东实质上行使当地公司的权利，是否应当要求股东遵守当地公司在投资方面的义务？如果股东能针对当地公司所遭受的损失提出索赔，股东是否应该对公司所遭受的损害承担责任？[①] Gabriel Bottini 指出，股东是否可以仅接受赔偿而不承担公司债务的义务？因此，赋予股东行使间接索赔的权利，而不要求其遵守相应的义务，会造成股东权利与义务失衡的现象。[②]

总而言之，国际投资仲裁案件仍在不断增多，国内外对于国际投资仲裁的理论研究也有一定基础，本书在已有的研究的基础之上，更深入、更前沿和切合实际发展地进行研究，以期对此问题的研究发展作出一定贡献。

三 研究方法

（一）历史考察与文献分析法

本书通过历史考察，以国际投资仲裁中相关概念的界定与发展为切入点，研究国际投资仲裁从诞生至今围绕"投资"与"股份"，"投资者"与"股东"的主要法律争议。在分析国际投资仲裁历史背景与发展前景的基础上，研究股东独立请求仲裁的问题。同时，本书研究所参考的文献详尽、新颖。

[①] See Dolores Bentolila, "Shareholders' Action to Claim for Indirect Damages in ICSID Arbitration", *Trade Law and Development*, Volume II, 2010.

[②] See Gabriel Bottini, "Indirect Claims under the ICSID Convention", *University of Pennsylvania Journal of International Law*, Volume 29 Issue 3, 2007.

（二）比较法学研究方法

本书不仅探析了国际投资仲裁的法学理论、法律依据与基本制度，还比较分析了更为广泛的国际争议解决制度以及国内法的规定与实践，通过其联系与区别更好地理解国际投资仲裁的特点，提出股东独立请求仲裁特殊的法律问题所在。

（三）文本法学研究方法

研究国际投资仲裁的法理与实践，必定涉及大量的投资条约、投资法、国际公约等法律文本。对这些文本的注释和解读构成了研究该法律问题的起点和关键。在文本研究中，将综合运用文义解释和目的解释的方法，对国内外投资法律规定作出解释。

（四）案例研究法

大量国际投资仲裁案例提供了丰富和重要的研究资料。本书几乎在每一节中都通过典型案例对有关观点进行分析论证，尤其是研究仲裁理论与实践的分歧或者不一致。案例研究中，解读仲裁庭的裁决并且对相关或相似案例进行比较研究，能够更全面、清晰地认识本书研究的核心法律问题。

（五）数据研究分析法

本书对股东独立请求仲裁的案件、对涉及股东仲裁请求权的投资条约都进行了较全面的统计与研究，散见于各个章节。通过对大量投资条约以及中国对外缔结的投资条约的研究与分类，有助于以此为依据提出我国对国际投资仲裁中股东请求权的应有立场和措施。

（六）经济学与法经济学研究方法

股东独立索赔的基础是存在股东损失，而对于损失的分析在纯粹的法学研究领域难以具象化。因此，本书通过经济学与法经济学的研究方法，进一步地深入对股东损失的分析与量化，从而使核心法律问题的研究更加具体。

（七）政治学研究方法

国际投资仲裁不仅代表着国际法领域争议解决方式的演变，更是各国政策考量不断发展的表现之一。投资仲裁庭管辖权的主要依据是国家间缔结的投资条约，也就是国家权力的授权与让渡。随着各国的经济实力、政治影响力以及全球发展的不断变化，加之国内政策的调整，国际投资仲裁的研究也应加强对政治学以及公共政策等问题的研究。

第 一 章

国际投资仲裁中股东独立请求的界定

国际投资仲裁是解决投资者与投资东道国之间投资争议的主要方式。[①] 但是投资仲裁制度对于投资者和投资争议等核心概念一直存在争议。无论是投资仲裁制度的理论研究，还是投资仲裁案例实践中都缺乏对"股东独立仲裁请求"[②] 明确、一致的界定。而该问题直接影响了投资仲裁机制中适格申请人与被申请人的范围、投资仲裁的规则、仲裁庭的管辖权与可受理性问题、投资者与国家之间权利义务的界定、股东与直接投资主体之间权利义务的冲突和协调、非受投资仲裁机制保护的第三方主体的权利与利益保护，以及国际投资仲裁机制的可持续发展等问题。

本章将首先从投资与股份的界定入手，判断股份是否属于受投资条约保护的投资形式之一。其次，界定投资者与股东之间的关系，对股东投资者进一步分类并分析其条约法上的特点。最后，结合股份与股东在国际投资法下的地位和法律关系，分析股东独立仲裁请求的基本类型与权利内涵。

---

① See Christoph Schreuer, *The Future of Investment Arbitration*, p. 1. available at: https://www.univie.ac.at/intlaw/pdf/98_futureinvestmentarbitr.pdf，最后访问日期：2020年1月18日。

② 亦称独立诉权，结合仲裁法律制度以及不同国家的规定，独立请求的表述更为准确。

第一节 国际投资仲裁中的投资与股份

一 国际投资仲裁制度的发展与特点

国际投资仲裁制度是以投资条约为基础，以解决投资争议为目的的争端解决机制，也称为投资条约仲裁制度。各国签署的国际性、区域性以及双边的投资保护协定（International Investment Agreement，以下简称"IIA"）、有关的国际投资仲裁机制公约、各国国内法关于国际投资仲裁的规定等法律规定与仲裁机制共同构成了国际投资仲裁制度。

在各类IIAs中最为重要的，也是最常成为国际投资仲裁案件基础条约的是国家之间签订的双边投资条约（Bilateral Investment Agreement，以下简称"BIT"）。在国际投资仲裁机制中，最有影响力的国际投资仲裁机构包括国际投资争议解决中心（International Center for the Settlement of Investment Disputes，以下简称"ICSID"）、常设仲裁法院（Permanent Court of Arbitration，以下简称"PCA"）、斯德哥尔摩商会仲裁院（Arbitration Institute of the Stockholm Chamber of Commerce，以下简称"SCC"）、国际商会国际仲裁院（International Chamber of Commerce, International Court of Arbitration，以下简称"ICC仲裁院"）以及新加坡国际仲裁中心（Singapore International Arbitration Center，以下简称"SIAC"）等。

在国际投资仲裁案件中，案件申请人即投资者一般分为自然人和法人。关于自然人是否符合国际投资仲裁机制中规定的主体要求，其判断标准主要基于自然人的国籍。但是，法人投资者的判断更为复杂，另一个法人主体可能本身就是该法人投资者的股东，甚至可以完全控制该法人投资者，或者可以拥有其大部分股份，也可以仅拥有少数股份。但是当只有其中一个主体符合要求时是否仍是适格申请人？同时，自然人股东也可以实质上控制或不控制该法人主体，而且这不一定与多数股权的界定相同,此时的股东是否和法人主体一样享有在投资仲裁机制中的权利,成为投资仲裁案件的独立申请人?

原则上,投资东道国的国内法界定了国际投资享有的实体待遇。因此,投资东道国根据其期望的导向制定适用于投资的规章制度。"投资待遇"的概念一般是指国际法和国内法中,关于国际投资从形成到结束的一系列原则和规则。[1] 投资待遇的标准可以区分为管理外国投资在东道国所有方面的"一般待遇标准",以及涉及外国投资特定方面的"具体待遇标准"。[2]

各个国家缔结投资条约的主要原因之一是保护它们在海外的投资以及吸引国际投资。"投资保护"的法律概念一般是指国内法和国际法中旨在防止或抑制对国际投资的产生或存续产生影响的原则和规则。[3] 投资保护制度与"主权制度"密切相关,投资东道国国内法的规则和原则往往涵盖了征收和国有化等相关问题。因此,为了更好地保护国际投资,国际投资条约的作用就显得尤为重要。

总体而言,投资条约中的投资保护条款旨在保护投资的转移,以及不被征收、不受战争和内乱的影响。条约中的投资争议解决条款有助于确保条约赋予的待遇和保护标准具有约束力并得到有效执行,最核心的内容即是规定了投资者与东道国之间争议解决的投资仲裁条款。在详细分析股东独立投资仲裁问题之前,本书认为应当

---

[1] See Julien Chaisse, *Greek Debt Restructuring, Abaclat v. Argentina and Investment Treaty Commitments: The Impact of International Investment Agreements on the Greek Default*, *International Economic Law after the Global Crisis-A Tale of Fragmented Discipline*, Cambridge University Press, 2015, p.306.

[2] See Julien Chaisse and Lisa Zhuoyue Li, "Shareholder Protection Reloaded: Redesigning the Matrix of Shareholder Claims for Reflective Loss", *Stanford Journal of International Law*, Volume 52 Issue 1, 2016, p.61.

[3] See Julien Chaisse and Lisa Zhuoyue Li, "Shareholder Protection Reloaded: Redesigning the Matrix of Shareholder Claims for Reflective Loss", *Stanford Journal of International Law*, Volume 52 Issue 1, 2016, p.61.

需要对大多数学术研究中忽略的投资条约中的"磋商条款"进行一定的释明，该条款不仅对投资争议解决具有积极作用，也是研究股东独立投资仲裁中关于投资条约缔约国问题的法律依据之一。

"磋商条款"一般是指每一缔约方均应应要求，与另一缔约方磋商，就条约的某一方面或特定的法律与政策进行协商或解释。[①] 中国、丹麦、芬兰、荷兰、挪威和美国缔结的双边投资条约大多都规定了磋商条款。[②] 一方面，就磋商条款的作用而言，第一，它规定了缔约国面对与条约相关的问题时进行磋商的义务。通过磋商条款有助于辨析所谓的"问题"是否存在实质性冲突，防止可能升级为投资争议的情况。第二，磋商条款增加了当事人之间"友好"解决争议的可能性，减少走向司法救济的情况，对各个国家和投资者都是更佳的选择。而且，这也是某些国家（例如中国）重要的文化偏好。第三，在部分条约中，磋商条款可以作为监督和执行条约的一种方式。

但是另一方面，由于磋商方式本身有一定的"私密性"，在实践层面究竟发挥了多大的作用难以判断。不过从理论上而言，这并不能否定磋商条款在投资条约中的积极影响。面对走向国际投资仲裁机制的投资争议，投资者和缔约国则应该在积极援引投资条约中的投资仲裁规定、保护国际投资合法利益的同时，也应当尊重和维护国家的主权利益。

二 国际投资仲裁制度保护的投资与股份

（一）条约保护的投资

国际投资仲裁制度的核心之一是国际投资条约，国际投资条约的核心又在于"保护投资"。但是国际投资条约保护的"投资"范

[①] 例如《中华人民共和国政府和加拿大政府关于促进和相互保护投资的协定》第17、18条。

[②] See Julien Chaisse and Lisa Zhuoyue Li, "Shareholder Protection Reloaded: Redesigning the Matrix of Shareholder Claims for Reflective Loss", *Stanford Journal of International Law*, Volume 52 Issue 1, 2016, p.62.

围随着时代的发展和国家规定的不同,也在不断演变。这也是国际投资仲裁制度被质疑缺乏"一致性"的原因之一。

IIAs 中"投资"一词通常是通过一个非详尽的受保护资产清单来定义,既包括诸如"其他任何出于商业目的取得或使用的有形或无形、可移动或不可移动的财产和相关财产权利"等一般性概念,又包括"企业中的股份、股票和其他形式的参股"等具体列举内容。① 因此,"投资"的概念并没有一个普遍接受的定义,它随着新的投资形式的出现和发展而不断演变。② 在国际投资仲裁机制中,投资条约对"投资"的定义至关重要。但是,由于投资的概念在投资仲裁机制中的核心地位,影响着特定时期的法律权利和有关主体的经济利益,因此国际条约中对投资的定义存在较大差异。③

根据条约的不同目的和宗旨,这些差异可以分为两大类:第一类以资本的跨境流动为目标,通常以限制性术语定义投资,并认为对企业的外国控制是这类定义的一个基本要素。第二类以保护投资为目标,倾向于使用基于资产的广泛和全面的投资定义,不仅涵盖跨境资本,还包括其他类型的商业资产。而且大部分投资条约都遵循第二类的定义方法。④ "投资"作为一个法律概念应当具有区别于"贸易""金融"等其他法律概念,例如具有资产投入、持续经营、预期收益、风险承担等特征。⑤

---

① 参见《中华人民共和国政府和加拿大政府关于促进和相互保护投资协定》第 1 条,生效时间为 2014 年。
② See Farouk Yala, "The Notion of 'Investment' in ICSID Case Law: A Drifting Jurisdictional Requirement? Some 'Un-conventional' Thoughts on Salini", *Journal of International Arbitration*, Volume 22, 2005, p. 125.
③ See Angelos Dimopolous, *EU Foreign Investment Law*, Oxford University Press, 2011, p. 21.
④ See Noah Rubins, *The Notion of Investment in International Investment Arbitration*, Arbitration Foreign Investment Disputes, Norbert Horn, 2004, pp. 283, 291-292.
⑤ 参见徐树《国际投资者仲裁庭管辖权扩张的路径、成因及应对》,《清华法学》2017 年第 3 期。

投资条约无论对投资采取哪种定义方式，都很难提供一份详尽的受保护的投资或资产清单。造成这种现象的原因有以下几点，第一，大多数条约起草者认识到起草一份全面清单的难度。第二，缔约国政府刻意保留投资的定义，以便吸收未来可能出现的新的投资形式。第三，宽泛的投资定义减少或避免了在未来重新谈判条约的需要。这类整体上较宽泛投资定义的法律效果可以将不同元素包含在内，例如其可以涵盖股份或股票等，从而为股东根据投资条约寻求投资仲裁保护提供了法律依据。

（二）国际投资条约保护的投资与股份

绝大多数国际投资明确保护投资利益（interests）和权利（rights），以及直接或者间接（即通过中间主体）对受保护资产享有的权利。尽管如此，大多数观点认为国内法与投资保护有关，至少与IIAs中"财产权利"的界定有关。因此，同一资产及其相应的财产性权利可能基于国际投资制度和国内法同时获得保护，然而这两种法律制度显然是不同的，尽管两者在法律适用上可以结合，但是在权利内容上的差异自然会引发矛盾。这种现象并不是国际投资制度所特有的，国际人权法同样也保护类似的财产性权利。[①] 一般来说，相关资产所设立的所在地会提供国内法律制度的保护，国际法主体[②]可以同时根据国内法和国际法享有权利，这些权利也可以同时指向同一资产，这一现象本身并不构成争议和问题。然而，国际投资法体系有三个独特的方面。

第一，投资者对于在国内法中属于不同主体的资产或权利，享有的"受国际投资条约保护的间接利益或权利"的概念，一般不会

[①] See Universal Declaration of Human Rights, Article (hereinafter referred to as Art.) 17; European Convention on Human Rights (ECHR), Protocol No. 1, Art. 1; American Convention on Human Rights, Art. 21; African Charter on Human and Peoples' Rights, Art. 14.

[②] 关于投资者是否属于国际法主体一直是国际法学界讨论且尚未达成共识的问题之一，本书仅从国际投资法律关系的角度确认投资者的主体地位。

出现在其他国际法领域。① 这不仅涉及国内法和国际规则之间的互动与潜在冲突，而且还涉及不同主体对同一资产的"重叠"利益或权利，这里很明显存在相互冲突的债权以及平行诉讼的可能性。

第二，特别是对于股东而言，有观点认为在国际投资法中"股东保护不仅限于其股份所有权，它还扩展到公司的资产"，② 认为"股东在公司资产中享有受保护的权益"。③

第三，鉴于国际投资仲裁实践对间接利益的保护，可能会形成一个拥有较多权属层级关系的公司链，也因此可能有不止一个实体能够就同一个影响当地公司资产并造成损害的措施提出索赔。④ 所以，国际投资法中的"权利重叠"不仅来自国内法和国际法，还可能源于能够保护公司链相同或不同层级上多个实体的不同的国际投资条约。

由于国际投资条约对间接资产利益提供保护，而且不论这些资产利益在国内法上的权属，从而为它们创造了潜在的诉因。从这个意义上说，"投资"的概念似乎是对"财产"的一种特别宽泛的表述，部分 BIT 中对"投资"的界定既包括权利和利益，也包括所有权和控制权的概念；即使对于在国内法中属于"拥有"而不是"控制"的资产而言也是如此。⑤

---

① See Jorun Baumgartner, *Treaty Shopping in International Investment Law*, Oxford University Press, 2016, p. 48.

② See Rudolf Dolzer and Christoph Schreuer, *Principles of International Investment Law* (2nd edition), Oxford University Press, 2012, p. 59.

③ See Stanimir A. Alexandrov, "The 'Baby Boom' of Treaty-Based Arbitrations and the Jurisdiction of ICSID Tribunals: Shareholders as 'Investors' and Jurisdiction Ratione Temporis", *The Law & Practice of International Courts and Tribunals*, Volume 4 Issue 1, 2005, p. 45.

④ See Emmanuel Gaillard, "Abuse of Process in International Arbitration", *ICSID Review-Foreign Investment Law Journal*, Volume 32, 2017, p. 17.

⑤ See Canada-Trinidad and Tobago BIT, Art. I. f. vi: "investment" means any kind of asset owned or controlled either directly, or indirectly through an investor of a third State including rights, conferred by law or under contract.

国际投资法中，"间接利益"的概念，加上股份作为受保护投资的地位，赋予了股东对公司资产可强制执行的依据，从而大大增加了不同主体根据国内法和可适用的国际投资条约对同一资产享有的共同的、广泛性的权利。[①] 因此，在国际投资法制度中，享有索赔资格的主体也会成倍增加。然而，无论有多少额外的主体被授予对一项资产的权利，受保护的资产本身实际上都保持不变。而且根据国内法规则，每项资产通常都有一个明确的所有者。在股东对间接损失要求索赔的情况下，该资产的所有者不同于要求损害赔偿的股东主体，这些不同主体之间的权利冲突则是国际投资仲裁制度中股东独立仲裁请求引发的主要法律争议之一。

总而言之，将国际投资条约的保护范围扩大到"股份和股东"的类似规定可以在大多数已知的国际投资条约中找到。联合国贸易和发展会议国际投资协定研究项目（UNCTAD IIA Mapping Project）对此问题曾做过专门研究，该项目在分析了 2577 个国际投资协定之后发现，只有 25 个投资条约将股份投资排除在其保护范围之外。[②] 虽然该项目尚未涵盖所有已知的国际投资条约，但已经可以清楚地看到，大多数现代投资条约明确规定——或者至少不排除——保护对公司股份的投资。而且，这一点结合 ICSID 的仲裁实践也得到了广泛而且统一的印证。

（三）国际投资仲裁机制保护的投资与股份

《ICSID 公约》第 25 条明确规定了 ICSID 仲裁管辖适用于缔约国（或缔约国向中心指定的该国的任何组成部分或机构）和另一缔约国国民之间"直接因投资"而产生并经双方书面同意提交给中心的任

[①] See Gabriel Bottini, "The Admissibility of Shareholder Claims: Standing, Cause of Action, and Damages", University of Cambridge, Dissertation for the degree of Doctor of Philosophy, 2017, p. 7.

[②] See generally UNCTAD, *IIA Mapping Project*, *Investment Policy Hub*, available at: http://investmentpolicyhub.unctad.org/IIA/mappedContent，最后访问日期：2020 年 8 月 2 日。

何法律争端,[①] 但是该公约本身并没有对"投资"进行定义。

经过多年的投资仲裁案例实践,ICSID 仲裁庭提出了一些他们认为符合《ICSID 公约》所保护的"投资"的特征。最有影响力的是在 Salini v. Morocco 案中确立的、目前已经成为类似于成文法的标准。该案仲裁庭述及:一般认为投资应当包括出资、一定期限的合同履约、参与交易风险等。结合《ICSID 公约》序言,"对投资东道国经济发展的贡献"可以作为界定"投资"的附加条件。[②] 该案确立的标准通常被称为"萨利尼标准"(Salini Test)。

尽管国际投资仲裁并无先例制度,但"萨利尼标准"为仲裁庭在不同案件中决定管辖的"投资"争议提供了十分重要的参考。在具体的案例实践中,有的仲裁庭在执行中比较严格,有的则会适当修改,特别是修改"对东道国经济发展的贡献"这一附加条件。

同时,《ICSID 公约》也没有直接提及"股份"的概念,通过"萨利尼标准"也无法判断其一定包含了股份。而且,如果完全参照"萨利尼标准"还有可能排除对股份投资的保护。因为股份投资一般不能使投资者即股东对公司享有控制权,除非这种情况下涉及控股股东或大股东。此外,除了投资于实际股份的金额外,也不涉及和投资东道国之间的风险分担。最后,股份投资可以是短期的,所以也不能保证该投资受到"萨利尼标准"的保护。

因此,投资仲裁机制在实践中仍然是以案件涉及的国际投资条约为裁判依据。新一代双边投资条约中,将投资保护扩展到有价证券投资和间接投资(例如股票,债券,关于技术援助、知识产权转

[①] See ICSID Convention Art. 25 (1): The jurisdiction of the Centre shall extend to any legal dispute arising directly out of an investment, between a Contracting State (or any constituent subdivision or agency of a Contracting State designated to the Centre by that State) and a national of another Contracting State, which the parties to the dispute consent in writing to submit to the Centre.

[②] See Salini Construttori S. P. A and Italstrade S. P. A v. Kingdom of Morocco, ICSID Case No. ARB/00/4, Decision on Jurisdiction, 23 July 2001, para. 52.

让和联合营销安排的协议）。① 一个典型的例子是美国 BIT 范本第 1 条，它将"投资"定义为：投资者直接或间接、拥有或控制的具有投资特征的资产，包括对资本或其他资源的承诺、对收益或利润的预期或承担风险等特征。该条还提供了投资形式的非排他性清单，包括：（1）企业；（2）参股企业的股份、股票和其他形式的股权；（3）债券、信用债券、其他债务工具和贷款。

1997 年 ICSID 仲裁庭作出裁决的 AMT v. Zaire 案在管辖权裁决阶段适用的基础条约是美国与扎伊尔共和国之间签订的双边投资条约（以下简称《美扎 BIT》）。② 根据《美扎 BIT》的规定，"投资"包括"公司或股份、公司的其他权益或在公司资产中的权益"③。该案的申请人 AMT 是一家美国公司，对扎伊尔共和国的一家本地注册公司 SINZA 享有 94%的股权，而扎伊尔共和国未能保护 SINZA 的财产免受扎伊尔武装部队成员的掠夺，造成公司的财产损失。被申请人扎伊尔共和国认为，该争议确实是与在本国注册成立的公司有关，但是申请人 AMT 仅仅是该公司的多数股东，因此，AMT 并未以自己的名义进行直接投资。但是，该案的仲裁庭拒绝了被申请国家的抗辩，并指出根据《美扎 BIT》，AMT 的投资包括对扎伊尔本地公司 SINZA 的股权参与。④

更为知名的还有 2001 年 ICSID 仲裁庭裁决的 CME v. Czech Re-

---

① See Vera Korzun, "Shareholder Claims for Reflective Loss: How International Investment Law Changes Corporate Law and Governance", *University of Pennsylvania Journal of International Law*, Volume 40 Issue 1, 2018.

② See AMT v. Zaire, ICSID Case No. ARB/93/1 Award, ICSID Reports, Volume 5, 1997, p. 11.

③ See Treaty Between The United States of America and the Republic of Zaire Concerning The Reciprocal Encouragement and Protection of Investment, Art. I (c) "Investment" means every kind of investment, owned or controlled directly or indirectly, including equity, debt, and service and investment contract.

④ See AMT v. Zaire, ICSID Case No. ARB/93/1, Award, 21 February 1997, paras. 3.13-3.15, 4.05, 5.07-5.16, 5.24-5.25.

public 案。① 该案涉及荷兰与捷克共和国之间签定的双边投资条约（以下简称《荷捷 BIT》），《荷捷 BIT》中对"投资"的定义包括"公司或合营企业的股份、债券和其他各种权益（interests）及其产生的权利（rights）"。② 该案中，申请人荷兰公司 CME 对捷克共和国当地注册公司 CNTS 持有 99%的股权，仲裁请求是基于捷克当局未能保护 CNTS 避免失去使用电视许可证的行为。而被申请人捷克共和国认为，CME 未能证实其已在捷克共和国投资了资产。③ 该案仲裁庭驳回了捷克共和国的这一论点，认为申请人所持有的股权符合《荷捷 BIT》第 1（a）条下的投资。第 1（a）条规定，投资一词应当包括直接或通过第三国的投资者投资的各种资产。"投资"包括但不限于在公司和合营企业中的股份、其他各种权益及其产生的权利、金钱和其他资产的所有权以及任何具有经济价值的行为。④

该案之所以尤为知名，是因为该案的申请人荷兰公司 CME 实际上是由美国国民 Ronald Lauder 控制，他也是对捷克公司 CNTS 进行投资的最终受益者。而在 CME 对捷克提起仲裁请求之前六个月，Ronald Lauder 已经基于美国和捷克共和国之间签订的双边投资条约（以下简称《美捷 BIT》）对捷克政府提起了仲裁请求。这两个仲裁案例实际上源于相同的事实基础，涉及相同的索赔请求，然而裁决

---

① See CME Czech Republic B. V. (The Netherlands) v. The Czech Republic, Partial Award, 13 September 2001.

② See Agreement on encouragement and reciprocal protection of investments between the Kingdom of the Netherlands and the Czech and Slovak Federal Republic, Art. 1 (a) (ii) shares, bonds and other kinds of interests in companies and joint ventures, as well as rights derived therefrom.

③ See CME Czech Republic B. V. (The Netherlands) v. The Czech Republic, Partial Award, 13 September 2001, paras. 291–293.

④ See CME Czech Republic B. V. (The Netherlands) v. The Czech Republic, Partial Award, 13 September 2001, paras. 375.

却不一致。① 所以，CME 案更多地被质疑和批评为"平行诉讼"，增加了投资仲裁裁决不一致等问题。

国际投资仲裁机制理论上提供了解决平行诉讼和裁决不一致问题的方案，例如投资仲裁中提出了"待决原则"（lis pendens）和"既判力原则"（res judicata）来避免上述问题。但是这两个原则并不适用于"股东基于间接损失"提出的仲裁请求。因为这些原则的适用需要通过仲裁案件当事人的"三重身份测试"，分别为（1）两个案件的当事人必须是同一当事人；（2）仲裁依据和诉因必须相同，即当事人是基于相同的权利义务关系；（3）当事人必须请求相同的救济措施。② 然而，当股东和公司提起不同的仲裁程序时，即使股东是公司的控股股东，但是因为公司和股东本身是不同的法律实体，也会被视为不同的当事人。此外，如果对间接损失的索赔是股东独立的诉因，逻辑上，这两个仲裁程序也无法满足第二个身份测试的要求；事实上，这也是 CME 案和 Lauder 案中发生的情况，股东基于间接损失独立提起并被管辖的仲裁请求。这也是国际投资仲裁机制中独立请求仲裁问题的缘由之一。

三　受条约保护的股份投资类型与识别

国际投资法理论中对于"股份可以成为受条约保护的一种投资形式"几乎没有异议。③ 投资者通常通过持股等方式参与其他公司

---

① See Susan D. Franck, "The Legitimacy Crisis in Investment Treaty Arbitration: Privatizing Public International Law through Inconsistent Decisions", *Fordham Law Review*, Volume 73, 2017, p. 152.

② See Julien Chaisse and Lisa Zhuoyue Li, "Shareholder Protection Reloaded: Redesigning the Matrix of Shareholder Claims for Reflective Loss", *Stanford Journal of International Law*, Volume 52 Issue 1, 2016, p. 51.

③ See Christoph Schreuer, "Shareholder Protection in International Investment law", in Pierre Marie Dupuy and others, *Common Values in International Law: Essays in Honor of Christian Tomuschat*, NP Engel, 2006, pp. 601 & 618.

进行投资，股东可以完全拥有当地公司股份，也可以拥有其大部分或少部分股份。如果投资者的母国与投资东道国签订了 BIT，那么投资条约将为适格投资者提供条约保护。如果投资东道国违反了 BIT 中对投资者所规定的实质性保护待遇，则投资者可以行使条约所规定的争议解决权利寻求损害赔偿，最典型的即是通过国际投资仲裁机制寻求救济。

一般而言，国际投资法中"投资"的界定基于不同条约规定而有所不同，其范围总体上呈不断扩张的趋势，包括多种类型的资产和权益。① 以中国晚近对外签署的《中华人民共和国政府和加拿大政府关于促进和相互保护投资的协定》（以下简称《中加 BIT》）为例，其"投资"的定义明确规定了"企业中的股份、股票和其他形式的参股"②。在 BITs 的一般措辞下，股份通常被视为"投资"，股东也享有投资东道国对外国投资的保护以及条约保护的权利。

因此，在东道国注册成立的当地公司中持有股份也可以构成受到条约保护的投资。③ 这一规则在国际投资仲裁实践中也得到了支持，例如早在 1997 年裁决的 AMT v. Zaire（扎伊尔）案中，被申请国家扎伊尔对仲裁庭的管辖权提出异议，认为申请人 AMT（美国籍）只是通过持有股份参与了扎伊尔的本国公司，因此不符合外国投资者的地位。④ 该案仲裁庭拒绝了这一异议，认为对当地公司的股份投资符合美国和扎伊尔签订的 BIT 中规定的投资保护内容。⑤

---

① See *Redfern and Hunter on International Arbitration* (5th edition), Oxford University Press, 2009, p. 475.

② 参见《中华人民共和国政府和加拿大政府关于促进和相互保护投资的协定》第 1 条第 1 款。

③ See Dolores Bentolila, "Shareholders' Action to Claim for Indirect Damages in ICSID Arbitration", *Trade Law and Development*, Volume II, 2010, p. 94.

④ See American Manufacturing & Trading Inc. v. Republic of Zaire, ICSID Case No. ARB/193/1, Award, 21 February 1997, para. 3.

⑤ See American Manufacturing & Trading Inc. v. Republic of Zaire, ICSID Case No. ARB/193/1, Award, 21 February 1997, para. 15.

在国际投资仲裁实践中，仲裁庭裁判的核心法律依据是具体的条约规定，而各个国家也有自由谈判其条约条款的权力。如果有关投资条约文本中，并没有将"股份"列入受保护的投资形式清单；或者，某国在缔约时纳入了严格的限制条件或门槛，要求外国投资在得到任何保护之前必须经东道国批准，那么股份是否属于受条约保护的投资形式就需要根据不同的"股份类型"具体分析。

在公司法中以持股比例为标准可以分为"控股或多数股份"与"少数股份"；以持股方式为标准可以分为"直接持股"（即为"直接股东"）与"间接持股"（即为"间接股东"）。这两种"股份"的分类方式也直接影响着"股东"的分类和地位，此处首先是对"多数或少数"股份作为投资时的相关法律问题进行分析，后文将再对"直接或间接"股东所涉问题进行分析。

（一）控股或多数股份

正如前文所述，投资仲裁案例中普遍认为，当投资条约将股份纳入其保护范围，股东通过国际投资仲裁机制解决由该股东产生的任何争议时，该股东在投资仲裁庭中就具有仲裁申请人资格。理论上，对于股东仲裁请求资格的持股要求应当取决于条约规定的方式。然而，一般而言，条约仅限于规定"投资包括股份或者其他形式的参与"。在这种情况下，受到投资条约保护的股份需要满足多数或者少数股份的要求吗？还是要求达到控股的程度？对直接还是间接持股是否有要求？

以 ICSID 有关机制为例，对于控股或多数股份而言，《ICSID 公约》第 25 条第 2 款第 2 项已经明确规定，缔约国的法人实体如果是由外国控制（foreign control），可以被视为另一个 ICSID 缔约国的投资者。[①] 尽管

---

① See ICSID Convention Art. 25 (2) (b): any juridical person which had the nationality of a Contracting State other than the State party to the dispute on the date on which the parties consented to submit such dispute to conciliation or arbitration and any juridical person which had the nationality of the Contracting State party to the dispute on that date and which, because（转下页）

关于"外国控制"的判断标准也是国际投资仲裁制度中存在争议的问题，但是控股或多数股权是已经成为共识的标准之一。主要争议则是在于"少数股份"或者并没有达到"外国控制"标准的股份是否能受到国际投资仲裁机制的保护。

（二）少数股份是否可以作为"受保护的投资"？

国际投资保护条约几乎不会对"少数股份或股东"的保护做出专门规定，但是仲裁庭在实践中大多认可他们为适格的仲裁申请人。[1] 例如在 Lanco v. Argentina（阿根廷）案中，美国籍申请人持有阿根廷当地公司 18.3% 的股份，仲裁庭认为美国与阿根廷签署的双边投资条约（以下简称《美阿 BIT》）中对投资的定义"非常广泛，并具有多种含义"，认为外国股东不需要达到"控制当地公司"的程度即可以受到该 BIT 的保护。[2] 在 GAMI v. Mexico（墨西哥）案中，申请人 GAMI 在墨西哥当地公司中持有 14.18% 的股份，仲裁庭认为 GAMI 是少数股东这一事实，并没有影响其"投资者"的地位。[3]

目前的投资仲裁实践在原则上认为，如果投资条约中仅将"股份"定义为一种涵盖的资产（covered asset）而没有进一步说明，那么原则上不应区分多数股份与少数股份。[4]

在一系列涉及股东独立请求的投资仲裁案件中，被申请国家认

（接上页）of foreign control, the parties have agreed should be treated as a national of another Contracting State for the purposes of this Convention.

[1] See Rudolf Dolzer and Christoph Schreuer, *Principles of International Investment Law*, Oxford University Press, 2008, p. 58.

[2] See Lanco International Inc. v. The Argentine Republic, ICSID Case No. ARB/97/6, Decision on Jurisdiction, 8 December 1998, para 10.

[3] See GAMI Investments, Inc. v. The United Mexican States, UNCITRAL, Award, 15 November 2004, para. 37.

[4] See Stanimir A. Alexandrov, "The 'Baby Boom' of Treaty-Based Arbitrations and the Jurisdiction of ICSID Tribunals: Shareholders as 'Investors' and Jurisdiction Ratione Temporis", *The Law & Practice of International Courts and Tribunals*, Volume 4 Issue 1, 2005, p. 395.

为只有多数股东或控股股东才能提出索赔，但是 ICSID 仲裁庭在实践中往往拒绝这样做。例如，Vivendi v. Argentina 案中，ICSID 撤销委员会直接指出就本案管辖权问题而言，不需要区分多数股东和少数股东。① 再以 Lanco v. Argentina 案为例，ICSID 仲裁庭明确承认少数股东提出索赔的权利。认为由于美国和阿根廷之间的双边投资条约没有规定股份投资者必须控制公司的行政管理，即多数股份。因此，Lanco 持有 18.3% 的股份这一事实足以证明其属于《美阿 BIT》中规定的投资者。

上述结论在 CMS v. Argentina 案、Enron v. Argentina 案、Champion Trading v. Argentina 案以及 APPL v. Sir Lanka 案中得到了进一步证实。② 这些案例表明，根据 ICSID 的案例实践，国际投资法中没有要求股东必须拥有控制权或多数股权才能就违反 BIT 的行为提出仲裁请求。这些股东的仲裁请求是基于一项独立的"条约权利"，而不是因为他被等同于当地公司才享有的。

一般情况下普遍认为，少数股东由于无法在公司中行使控制权，而不得不接受大股东做出的决定。但是，确定股东是否拥有公司"控制权"的关键点在于其拥有的"表决权"，而不是股份的多少。根据国际货币基金组织（International Monetary Fund）的定义，不论实际拥有的股份是多少，公司"控制权"的关键在于股东拥有公司 50% 以上的"表决权"。③ 中国《公司法》（2018 年修正）第 42 条也规定，股东会议由股东按照出资比例行使表决权；但是，公司章程"另有规定"的除外。④ 因此，公司可以通过章程自行决定表决

---

① See Vivendi Universal S. A. v. Argentine Republic, ICSID Case No. ARB/97/3, Decision on Annulment, July 3, 2002, para. 50.

② See Dolores Bentolila, "Shareholders' Action to Claim for Indirect Damages in ICSID Arbitration", *Trade Law and Development*, Volume Ⅱ, 2010, p. 114.

③ See International Monetary Fund, *Balance of Payments and International Investment Position Manual* (6th edition), International Monetary Fund, 2009, p. 101.

④ 参见《中华人民共和国公司法》（2018 年修正）第 42 条。

权的分配。鉴于公司控制权主要取决于表决权在股东之间的分配方式，所以"多数股东和少数股东"之间的区别似乎更像是"人为的"，① 而非国际投资仲裁机制本身的要求。而且，前文也已经论述了，《ICSID 公约》第 25 条关于"外国控制"的规定，也只是提到了"foreign control"这一术语本身，并没有进一步规定股东或者股份对该规定的影响。

总而言之，投资条约仲裁实践中倾向于既保护多数股份和多数股东，又保护少数股份和少数股东。② 大多数仲裁实践中既没有设定"最低股份的门槛"，也没有要求股东在公司中拥有"控股权"以获得条约保护的资格或地位。③ 但是，投资条约的缔约国也有权通过条约文本的具体措辞，或者约定特定的履行投资保护义务的条件等方式规定例外情况，限制或约束对股份和股东的条约保护。

在投资仲裁实践中，大部分仲裁庭也的确依据投资条约将"股份"纳入受保护的投资事项，从而判断对股东基于股份损失提起的仲裁请求享有管辖权。④ 如果股东是直接基于条约保护的规定（例如保护股东投资者的股份），东道国的不法行为直接侵害了股东的条约权利（例如没收股东股份），那么股东对其损失的索赔是允许的。但是，对于"股份损失"而言，需要厘清究竟是由于东道国直接的不法侵害，还是由于其他原因造成的。如果东道国的不法行为是针

---

① See Christoph Schreuer and others, *The ICSID Convention: A Commentary* (2nd edition), Cambridge University Press, 2009, p. 323.

② See Jimmy Skjold, "'Missing Links' in Investment Arbitration: Quantification of Damages to Foreign Shareholders", *The Journal of World Investment & Trade*, Volume 14, 2013, p. 438.

③ See Joseph D'Agostino, "Rescuing International Investment Arbitration: Introducing Derivative Actions, Class Actions and Compulsory Joinder", *Virginia Law Review*, Volume 98 Issue 1, 2012, pp. 177 & 188.

④ See Julien Chaisse and Lisa Zhuoyue Li, "Shareholder Protection Reloaded: Redesigning the Matrix of Shareholder Claims for Reflective Loss", *Stanford Journal of International Law*, Volume 52 Issue 1, 2016, p. 63.

对"公司"做出的，并没有直接侵害股东的条约权利，股东的"股份损失"则只是间接性的、经济价值上的损失，并不是股份的条约权利受到侵害。

那么，这类股东基于股份经济价值的间接损失而提起的投资仲裁请求，是否符合投资仲裁机制的管辖权？如果符合，是否仍然需要考虑其他法律问题？例如从一般国际法、国内法规定、可受理性问题以及适用法层面对该问题如何分析，结论如何？面对大部分持支持观点的仲裁实践，如何平衡和协调其在理论上的问题？这类股东间接仲裁还会带来哪些法律风险，以及应当如何解决这些风险？

第二节 国际投资仲裁中的投资者与股东

一 投资者与股东的界定

《ICSID 公约》第 25 条第 1 款规定，仲裁庭的管辖权适用于缔约国和"另一缔约国国民"，[①] 即规定了"国籍要求"。但是由于国际投资的复杂关系，对于"国籍"的认定并非一件容易的事。由于各国法律规定的区别，无论是对"自然人"国籍或者是"法人"实体国籍的认定都有不同的标准，例如对于自然人国籍认定就有出生地主义和双系血统主义等不同法律规定，且中国法律不承认中国公民具有双重国籍；对于"法人"国籍认定则有成立地标准、住所地标准、资本控制标准、设立人标准、准据法标准和复合标准等。

关于"自然人"主体的界定，《ICSID 公约》第 25 条第 2 款第 1 项规定，自然人主体需要在该东道国和投资者"同意仲裁之日"以

---

① See ICSID Convention Art. 25（1）: The jurisdiction of the Centre shall extend to any legal dispute arising directly out of an investment, between a Contracting State (or any constituent subdivision or agency of a Contracting State designated to the Centre by that State) and a national of another Contracting State, which the parties to the dispute consent in writing to submit to the Centre. When the parties have given their consent, no party may withdraw its consent unilaterally.

及"仲裁登记之日"具有 ICSID 缔约国的"国籍"。[①] 该条规定的核心是"国籍要求"和两个"时间点"要求,并没有对股东是否属于自然人主体做出规定。如果股份是受到条约保护的投资形式,那么持有股份的自然人股东自然也属于投资者。进一步而言,该自然人股东至少会受到其母国所签订的投资条约的保护。

而《ICSID 公约》对于"法人"投资者的规定更为宽泛,第 25 条第 2 款第 2 项规定:"在争端双方同意将争端交付调解或仲裁之日,具有争端一方的国家以外的某一缔约国国籍的任何法人,以及在上述日期具有争端一方缔约国国籍的任何法人,而该法人因受外国控制,双方同意为了本公约的目的,应看作另一缔约国国民。"该项中的"法人"投资者只需要在单一时间点满足国籍要求,即投资争议的当事方同意 ICSID 公约仲裁时满足国籍要求即可。

而且,对于投资东道国的当地公司,还规定了其因受"外国控制"而属于投资者的例外情形。实际上,国际投资通常是通过在东道国注册成立的公司进行的,当地公司可能是外国投资者为了进行特定投资成立的,或者外国投资者通过收购现有公司的股份等方式进行的。部分国家甚至要求建立当地公司作为外国投资的先决条件。[②]

因此,国际投资仲裁请求中的申请人必须符合其国籍要求,不得是东道国的国民,但是"外国控制"的情况除外。为了能够依靠条约来保护投资,投资者必须具有与东道国签订了投资条约的缔约

[①] See ICSID Convention Art. 25 (2) (a): any natural person who had the nationality of a Contracting State other than the State party to the dispute on the date on which the parties consented to submit such dispute to conciliation or arbitration as well as on the date on which the request was registered pursuant to paragraph (3) Article 28 or paragraph (3) of Article 36, but does not include any person who on either date also had the nationality of the Contracting State party to the dispute.

[②] See Christoph Schreuer, *The Future of Investment Arbitration*, pp. 4–5. available at: https://www.univie.ac.at/intlaw/pdf/98_futureinvestmentarbitr.pdf, 最后访问日期: 2020 年 1 月 14 日。

国国籍。在这种情况下，如果公司的所有者或股东都符合必要的国籍要求，则理论上都可以提起条约仲裁，当地公司还可以选择国内法的救济程序。但是问题在于，如果是基于相同的案件事实，不同仲裁程序之间必然存在重叠与矛盾，[1] 可能造成重复赔偿等问题。所以，即使股东属于投资者，是否可以在任何情况下独立请求仲裁？

二 投资法中股东权利与公司权利的区分

"股东"的概念与"公司"密不可分，但是公司是国内法而非国际法的产物。因此，股东享有的股东权利应当受公司注册成立所在国家的法律约束，而且，国际投资法中也没有对股东权利的明确规定。参考不同国家的法律制度，国际投资法中可以为股东提供的条约权利主要包括以下六项：（1）收取股息的权利；（2）出席股东大会和投票的权利；（3）转让股份的权利；（4）反对更改一类股份所附权利的权利（如果股份分为几类）；（5）对董事提起诉讼的权利；（6）清算时参与资产分配的权利。[2]

国际投资法体系中，股东对于直接侵害其条约权利的行为提起仲裁请求是没有异议的。但是对于直接侵害公司权利而导致股东受到间接损失的行为，股东是否依然有权独立提起仲裁请求则有较大争议。这也是研究的核心问题之一，此处对该问题中涉及的股东权利与公司权利进行有效区分。

首先，在公司独立人格制度中，公司法律人格独立于股东。公司是具备独立法人地位的企业组织，享有区别于其股东的独立人格。公司具有独立的权利能力和行为能力，依法独立享有民事权利、承担民事义务。

---

[1] See Yuval Shany, *The Competing Jurisdictions of International Courts and Tribunals*, Oxford University Press, 2003, p. 7.

[2] See Eda Cosar Demirkol, "Admissibility of Claims for Reflective Loss Raised by the Shareholders in Local Companies in Investment Treaty Arbitration", *ICSID Review - Foreign Investment Law Journal*, Volume 30, No. 2, 2015, pp. 391–413.

其次，在国际投资法体系中，"公司的权利"也不等于"股东的权利"。公司的条约权利，是指其作为"投资实体"在东道国享有的与投资保护相关的法律权利；而股东的条约权利主要是前文所总结的六项。

最后，一般而言股东仅承担有限责任，而公司法人对公司的债务承担无限责任。股东在履行完出资义务后仅以出资额为限承担有限责任。在这种制度下，国内法一般规定①当公司遭受侵害时，只要公司存续，起诉权应当赋予公司，而不是公司的股东，所以这种诉讼应当以公司本身的名义进行。只要导致公司遭受损害的行为没有侵犯股东的法定权利，股东就无权以自己的名义提出索赔。同理，当公司获得了利益，股东也因此获得了相应的利益。

但是在国际投资仲裁制度，或者至少是在投资仲裁"实践"中，仲裁庭对于股东独立针对侵害公司的行为提起仲裁请求的现象并不少。主要依据是认为如果一家公司因第三方（在国际投资仲裁实践中即为投资东道国）的行为而遭受损害，股东可能会遭受其股份价值缩水或贬值的经济后果。因此，国际投资仲裁中"股东"的权利与利益保护与国内法中"当地公司"的权利与利益保护存在"同一资产权益并存"的现象。而且这是在具备较完善的公司法体系的国家中几乎都会存在的问题，后文也将从比较法的角度进一步研究，当股东遭受的损失仅仅是基于公司损失的反映时，是否可以独立主张索赔。

国际投资仲裁机制保护在投资东道国注册成立的公司的"外国控制"股东，这不仅是《ICSID公约》明确规定的内容，同时也可以被视为国际法上"刺破公司面纱"从而寻找真正投资者的一种方式。尽管目前理论上强调外国投资者拥有当地公司的控股权这一前提条件，但在投资仲裁实践中，少数股权同样也受到了国际投资仲

---

① 有关国内法的特殊规定，例如股东代表诉讼制度等将在后文进一步具体分析，此处不展开。

裁机制的保护，享有少数股权的股东也已被接受为适格的仲裁申请人，并根据条约获得了保护。①

在 AAPL v. Sri Lanka 案中，管辖权裁决是基于英国与斯里兰卡之间的双边投资条约（以下简称《英斯 BIT》）。《英斯 BIT》中对投资的定义包括"公司的股份、股票、债券或其财产权益"。② 该案申请人 AAPL 是斯里兰卡公司 Serendib 的少数股东，索赔理由是斯里兰卡安全部队摧毁了 Serendib 的财产，导致 AAPL 的股权作为一种投资受到侵害。该案仲裁庭仅对 AAPL 索赔的补偿款额作出裁决，认为 AAPL 自 1985 年以来在斯里兰卡进行的"无可争议的投资"是以收购 Serendib 的股份的形式进行的，后者已根据国内公司法在斯里兰卡注册成立。因此，《英斯 BIT》的保护不直接涉及 Serendib 的有形资产或无形资产，对外国投资者的国际法保护范围包括在 Serendib 中的股权价值。③ 因此，该案仲裁庭对于申请人 AAPL"少数股权"作为投资，以及 AAPL 的投资者身份均没有提出质疑。

在 LANCO v. Argentina 案中，管辖权裁决同样涉及《美阿 BIT》的保护范围。LANCO 的索赔是基于对一家财团的少数股权参与，该财团与阿根廷政府签订《特许经营协议》经营港口设施。投资者声称阿根廷通过给予竞争对手更优惠的待遇损害了其投资。阿根廷认为，LANCO 不受《美阿 BIT》的保护，因为它仅拥有当地财团约 18.3% 的股份。该案仲裁庭拒绝了这一管辖权异议，在裁决中引用了《美阿 BIT》对"投资"的定义后指出："关于股东权益，《美阿

---

① See Christoph Schreuer, "Shareholder Protection in International Investment Law", *Transnational Dispute Management*, Volume 3, 2005.

② See Agreement between the Government of the United Kingdom of Great Britain and Northern Ireland and the Government of the Democratic Socialist Republic of Sri Lanka for the Promotion and Protection of Investments, Art. 1 (a): shares, stock and debentures of companies or interests in the property of such companies.

③ See AAPL v. Sri Lanka, ICSID Case No. ARB/87/3, Award, 27 June 1990, para. 95.

BIT》没有任何规定表明投资者股权必须控制公司管理或达到多数股权，因此，LANCO 在当地财团中拥有 18.3% 的股权这一事实可以让仲裁庭得出这样的结论，即 LANCO 的少数股权受到《美阿 BIT》的保护，LANCO 也属于条约中所指的投资者。"[1]

在 CMS v. Argentina 案中，管辖权裁决也是基于《美阿 BIT》。该案申请人 CMS 拥有 TGN（在阿根廷注册成立的公司）29.42% 的股份，索赔理由是阿根廷暂停了 TGN 天然气运输的税收方案。阿根廷辩称，CMS 作为 TGN 的少数股东，不能通过其少数股权参与阿根廷当地公司就可以索赔任何间接损害赔偿。[2] 仲裁庭驳回阿根廷的论点并指出"现行国际法并不禁止股东独立于公司从而主张权利的概念，即使这些股东是少数股东或非控股股东也不例外。事实上，并没有要求股东必须控制一家公司或持有其多数股权才符合投资的资格要求"[3]。

总而言之，无论是控股或多数股东还是少数股东，在国际投资仲裁实践中，只要满足基础条约的要求（例如，股东国籍国与东道国之间含有投资仲裁程序约定的 BIT），股东均可以受到投资条约的保护。不过，更复杂的情况是国际投资中涉及间接股东的情形。因为对于"直接股东"而言，很容易就能判断其是否满足投资条约的国籍要求和时间要求，而对于"间接股东"而言，这些条件的判断则更为复杂。

三 间接股东的持股方式与权利保护

在国际投资仲裁实践中，申请人可能不是受投资东道国影响的

---

[1] See LANCO v. Argentina, ICSID Case No. ARB/97/6, Decision on Jurisdiction, 8 December 1998, para. 10.

[2] See CMS Gas Transmission Company v. Republic of Argentina, ICSID Case No. ARB/01/8, Decision on Jurisdiction, 17 July 2003, para. 36-37.

[3] See CMS Gas Transmission Company v. Republic of Argentina, ICSID Case No. ARB/01/8, Decision on Jurisdiction, 17 July 2003, para. 48-51.

公司的直接股东。也就是说，如果投资者 A（间接股东）拥有公司 B（中间股东）的股份，而公司 B 拥有公司 C（直接投资者且受到投资东道国不法侵害）的股份，那么投资者 A 是否可以基于东道国对公司 C 造成的损害独立提起仲裁请求？

在这种情况下，有几个变量是需要考量的。一是控股、多数、少数或非控股股东的问题。前文已经对国际投资仲裁机制中"股份"作为投资的情况进行了分析，结论是控股或多数以及少数股份投资都可以受到投资条约保护，股份的多少并不影响其权利本身。如果存在两层或两层以上的少数股东，东道国对公司采取不利行动的经济后果仍然可以追溯。但是，股东寻求法律救济的过程变得越来越复杂，尤其是在不同层级的竞争性股东寻求平行或冲突救济的情况下，不同救济间的协调与平衡问题。

二是"中间股东"（即前例中的 B）的注册所在国家或地区，它可能是申请人的母国、投资东道国或第三国。对此，可以根据有关案例进行一定的归纳分析，但是目前实践中已有的案例很难穷尽将来可能出现的全部可能性。

（1）间接股东通过中间人在投资者母国持股

在 Siemens v. Argentina 案中，阿根廷政府反对仲裁庭管辖的理由是申请人西门子（Siemens）未持有 SITS（为进行投资而在阿根廷注册成立的公司）的股份。同时，SITS 是由另一家德国公司 SNI 控股，这意味着西门子与该投资之间没有直接关系。但是申请人西门子指出，它不仅全资拥有 SNI，而且后者已完全整合（entirely integrated）到西门子中。[①]

该案中间接股东 A 是德国西门子，中间人 B 是德国公司 SNI，直接执行投资的公司 C 是 SITS，而 SITS 又是由 B 即德国公司 SNI 控股，所以投资者 SITS 可以视为 B 国国民。换句话说，该案实际上就

[①] See Siemens A. G. v. Argentine Republic, ICSID Case No. ARB/02/8, Decision on Jurisdiction, 3 August 2004, para. 35.

是间接股东 A（德国）通过中间人 B（德国）在投资者 C 的母国（德国）持股。

该案仲裁庭在分析了基础条约德国与阿根廷之间的双边投资协定（以下简称《德阿 BIT》）之后拒绝了阿根廷政府的主张。《德阿 BIT》没有明确提及"直接或间接"投资的概念，并指出"股份、参与权以及其他形式参与公司的权利"都属于投资的范围。① 所以仲裁庭认为，《德阿 BIT》对"投资"的规定仅指股东持有的股份受条约保护，并没有要求投资与公司的最终所有者之间不存在中间公司。② 因此，仲裁庭支持了西门子基于此"间接关系"独立提出的仲裁请求。

（2）间接股东通过中间人在投资东道国持股

与上文西门子案同期作出管辖权裁决的 Enron v. Argentina 案，③ 情况则更加复杂。该案的基础条约是《美阿 BIT》，涉及阿根廷各省对天然气运输公司征收的过多税款。该案涉及较多"中间人"，仲裁庭在裁决书中对申请人 Enron 在受影响的阿根廷公司 TGS 中的间接股权进行了如下分析。

该案申请人 Enron 参与了阿根廷天然气运输公司（TGS）的私有化，该公司是阿根廷南部各省生产和运输天然气的主要网络之一。Enron 拥有 CIESA（一家在阿根廷注册的公司）50%的股份，而 CIESA 通过拥有 TGS 公司 55.3%的股份来控制 TGS。同时，申请人 Enron 是通过 EPCA 和 EACH 两家全资公司参与了 CIESA。申请人 Enron 还通过 EPCA、EACH 和 ECIL（由申请人控制的其他公司）拥有了 EDIDESCA 公司 75.93%的股份，而 EDIDESCA 则是另一

---

① See Siemens A. G. v. Argentine Republic, ICSID Case No. ARB/02/8, Decision on Jurisdiction, 3 August 2004, para. 59.

② See Siemens A. G. v. Argentine Republic, ICSID Case No. ARB/02/8, Decision on Jurisdiction, 3 August 2004, para. 76.

③ See Enron Corporation and Ponderosa Assets, L. P. v. Argentine Republic, ICSID Case No. ARB/01/3, Decision on Jurisdiction, 14 January 2004.

家持有 TGS 公司 10% 股份的阿根廷公司；并且他们还通过 EPCA 获得了 TGS 公司 0.02% 的股份。总体来说，投资额占 TGS 的 35.263%。①

从该说明中可以明显看出，该案申请人 Enron 在受影响的当地公司 TGS 中的股权不仅是间接的，而且还涉及许多其他当地注册的公司和多层所有权。仲裁庭审视了《美阿 BIT》的投资定义，发现并未排除少数股东或非控股股东的索赔权。② 仲裁庭指出，坚持股东可以独立于有关公司提出主张的概念，与国际法或《ICSID 公约》没有任何抵触，即使这些股东不是公司的多数或控股股东。③ 因此，受东道国影响的公司中的非多数或控股股东，根据该条约声称其权利受到侵犯时，仲裁庭是可以受理的。④

但与此同时，仲裁庭也考虑了将这一原则适用于"间接股东"的影响，特别是在涉及多个中间公司的情况下。仲裁庭指出，申请人 Enron 对参与 CIESA 的多家公司进行了投资，但是对 TGS 的投资却很少。也就是说，他们投资了一系列当地注册的公司，这些公司又对 TGS 进行了投资。阿根廷共和国对以下事实提出了适当关注：如果少数股东可以独立于受影响的公司直接提出索赔，那么这可能会引发无休止的"索赔链"，因为任何股东都可以对一家投资于另一家公司的公司进行投资，并且可以在"索赔链"的末端对影响目标公司的措施直接享有诉权（仲裁请求权）。⑤ 该案仲裁庭认为，的确

---

① See Enron Corporation and Ponderosa Assets, L. P. v. Argentine Republic, ICSID Case No. ARB/01/3, Decision on Jurisdiction, 14 January 2004, para. 21.

② See Enron Corporation and Ponderosa Assets, L. P. v. Argentine Republic, ICSID Case No. ARB/01/3, Decision on Jurisdiction, 14 January 2004, para. 44.

③ See Enron Corporation and Ponderosa Assets, L. P. v. Argentine Republic, ICSID Case No. ARB/01/3, Decision on Jurisdiction, 14 January 2004, para. 39.

④ See Enron Corporation and Ponderosa Assets, L. P. v. Argentine Republic, ICSID Case No. ARB/01/3, Decision on Jurisdiction, 14 January 2004, para. 49.

⑤ See Enron Corporation and Ponderosa Assets, L. P. v. Argentine Republic, ICSID Case No. ARB/01/3, Decision on Jurisdiction, 14 January 2004, para. 50.

需要建立一个分界点，超过该分界点，由于与受影响的公司只有远程连接，因此不允许独立索赔。①

该案仲裁庭通过东道国同意进行仲裁的范围找到了这一问题的解决办法。该案中申请人 Enron 是受阿根廷政府特别邀请进行投资的，此外，投资者在 TGS 的管理中具有一定的决策权。因此，该案中 Enron 作为受保护的投资者具有绝对的申请人地位和仲裁资格。

这种推理虽然在特定情况下可以得出较为合理的解决方案，但这并不适合于所有情况。股东通过非控股的投资从而享有投资条约保护，至少与《ICSID 公约》规定的"外国控制"原则有部分背离。而且，仅仅通过"受邀请的投资者"就推论认为双方均同意仲裁，似乎也与投资仲裁的"合意"原则不符。缔约国通过条约或国家立法提出的仲裁同意，无论从理论上还是实践中都并不取决于个人，也不是基于特定投资者的原因。

另外，如果根据 BIT 有关条款，符合投资者资格的任何投资者应该都有权提起投资仲裁请求。如果仲裁庭要求间接持股的情况需要一个"临界点"进行规制，从国际投资法的角度来看也缺乏充分的法律依据。所以这也是后文将重点分析研究的间接股东独立提起投资仲裁请求的规制问题。如果任何间接股东都能够满足投资者资格，而且能够基于最直接受影响的公司独立提起仲裁请求，势必会引起困难与冲突包括平行诉讼、冲突裁决、股东个人利益与公司利益冲突、非受投资条约保护的股东利益以及公司债权人利益等问题。

（3）间接股东通过中间人在第三国持股

在国际投资仲裁实践中，持有在东道国注册成立的当地公司股份的中间人，可能位于第三国，即在仲裁申请人的母国或投资东道国都不具有注册地或国籍。例如在 Waste Management v. Mexico 案中，

---

① See Enron Corporation and Ponderosa Assets, L. P. v. Argentine Republic, ICSID Case No. ARB/01/3, Decision on Jurisdiction, 14 January 2004, para. 52.

申请人是一家美国公司，通过开曼群岛一家控股公司（Acaverde Holdings Ltd.）拥有了墨西哥公司 Acaverde 的股权。案件主要争议是关于墨西哥阿卡普尔科市和墨西哥公司 Acaverde 之间的特许协议，适用的是《北美自由贸易协定》（以下简称"NAFTA"）。[1]

NAFTA 第 1139（e）条对"投资"一词进行了定义，其中包括"对企业的权益，使所有者有权分享企业的收入或利润"[2]。该案仲裁庭在对 NAFTA 进行分析以后指出，"投资"的国籍（相对于投资者）无关紧要。[3] 也就是说在 NAFTA 的框架内，申请人可以依据持有第三国中间人的股权提出索赔。

同时，该案仲裁庭也进一步指出，如果 NAFTA 缔约方希望将其行为义务限于具有另一缔约方国籍的企业或投资，也可以直接进行规定。同样，缔约方也可以参照本身遭受直接损害的公司的国籍来限制损害索赔请求，但是 NAFTA 的文本中没有直接规定此类限制。毫无疑问，在据称构成违反 NAFTA 的行为发生时，Acaverde 是由美国投资人即该案申请人间接拥有或控制的企业，任何中间公司的国籍与本仲裁请求无关。[4]

上述案例表明，间接股东通过中间公司间接持有股份，在投资仲裁实践中并没有被剥夺基于条约规定的直接权利，或者东道国对投资公司造成的侵害而提出索赔的权利。在这种情况下，直接受影响的公司的股份中间持有人是在索赔申请人的母国、投资东道国还是在第三国注册成立都无关紧要。

---

[1] See Waste Management INC. v. United Mexican States, ICSID Case No. ARB (AF) / 00/3, Award, 30 April 2004.

[2] See NAFTA Art. 1139：(e) an interest in an enterprise that entitles the owner to share in income or profits of the enterprise.

[3] See Waste Management INC. v. United Mexican States, ICSID Case No. ARB (AF) / 00/3, Award, 30 April 2004, paras. 82 & 83.

[4] See Waste Management INC. v. United Mexican States, ICSID Case No. ARB (AF) / 00/3, Award, 30 April 2004, para. 85.

第三节　股东独立仲裁请求的类型与判断

　　股东独立投资仲裁请求是指股东独立以自己的名义请求仲裁，并且由自己直接获得损害赔偿。国际投资法体系中投资公司的股东可以因为两种截然不同的方式遭受损害。首先，投资东道国可能会"直接侵害"股东作为投资者的权利，包括出席股东大会并进行表决的权利，在清算时分享公司剩余资产的权利，以及仅由特定类别的所有者持有的股份可能会被没收。[①] 公司股东可能遭受的第二种损失是东道国对公司的损害导致的"间接损失"。损害公司的行为可能影响公司的整体价值，一方面是股东持有的股份经济价值，另一方面，由于股东是公司资产的剩余索赔人，当公司接近破产或无力偿债申请清算时，通常其他索赔具有优先权，所以股东更易遭受损失。

　　大多数国际投资条约制度肯定了投资东道国当地公司的"外国控制"股东受到条约保护，包括可以援引条约中规定的投资争议解决机制。但是某些国家的双边投资条约范本中对股东的条约保护规定了更广泛的范围。例如荷兰 2004 年 BIT 范本规定，最高层级的控制实体和受害公司之间的公司链上的所有享有控制权的公司，即所有享有控制权的"间接股东"都受条约保护。[②]

　　从公司法角度看，荷兰 2004 年 BIT 范本最大限度地对公司控制链上的"股东"提供了条约保护，超越了"外国控制当地公司"的限制，覆盖整个股东链。无论这些"股东"本身处于哪一个司法管辖区，只要相对于当地公司而言是其控制实体（或自然人），则都可

---

　　① See David Gaukrodger, *Investment Treaties as Corporate Law: Shareholder Claims and Issues of Consistency. A Preliminary Framework for Policy Analysis*, OECD Working Papers on International Investment 2013/03, p. 13.

　　② See David Gaukrodger, *Investment Treaties and Shareholder Claims: Analysis of Treaty Practice*, OECD Working Papers on International Investment 2014/03, p. 27.

以基于"控制链"的关系受到条约保护。同时，也有观点认为无限制的公司链规则可能加剧"条约挑选"（treaty shopping）的风险，即允许股东在其所有权链上优先选择对其最有利的投资条约。[①] 然而，像大多数双边投资条约一样，荷兰 2004 年 BIT 范本并未明确规定股东可索赔的"损失类型"，未对股份相应的权利与可能的经济利益之间的区分加以规定。

一 直接侵害与间接损失

"间接损失"的法律概念是指股东因其持股公司受到的违法行为而遭受的损失。[②] 它之所以被称为"间接"，是因为在这种情况下股东损失是公司损失的反映。理论上，如果公司对违法者能够成功执行索赔，那么股东的间接损失也可以得到补偿。股东间接损失的一个典型例子是股东持股的公司遭受违法行为的侵害，造成公司的资产或股票价值受损，进而导致股东的股份价值受损。[③] 国内法一般适用的法律主张认为，在这种情况下，股东不能就其股份价值的损失而直接向违法行为者寻求损害赔偿，即"非间接损失"原则。

从普通法系和大陆法系来看，各国国内法律体系基本已经确立了直接侵害与间接损失之间的区别。例如，美国法律协会（American Law Institute）《公司治理原则》规定："针对公司的不法行为，对公司财产造成了极大损害，并因此间接地损害了股东利益，应当被认为是'间接损失'；反之，与任何公司损害相分离和区别的不法行为，例如否认或干涉了正当的股份所有权，可以引起股东直接的诉讼。"[④] 大陆法系国家同样确认了直接侵害与间接损失之间的

[①] See David Gaukrodger, *Investment Treaties and Shareholder Claims for Reflective Loss: Insights from Advanced Systems of Corporate Law*, OECD Working Papers on International Investment 2014/02, Box 1, p. 20.

[②] See Gardner v. Parker, High Court of England and Wales (EWHC) 1463, 2003, p. 35.

[③] See Johnson v. Gore Wood & Co, Judgement, UK Court of Appeal, 2002, p. 62.

[④] See American Law Institute, Principles of Corporate Governance, Art. 7 (1).

基本区别，法国和德国的国内法都区分了股东遭受的直接侵害和因为公司遭受侵害而遭受的间接损失。股东的直接权利和间接损失之间的区别在一般国际法中也得到了确认，并且通过国际法院的实践得到进一步重申。①

然而，在投资仲裁实践中，较多裁决与国内法"非间接损失"原则相抵触。② 部分仲裁庭支持了股东投资者对国家的索赔请求，并允许投资者追回其股份价值遭受的间接损失。后文将继续从国内法（主要是公司法）、国际投资条约、一般国际法、习惯国际法和基本的法律原则与法理学角度，讨论国内层面和国际层面的分歧。股东间接仲裁在一定条件下符合管辖权要求，但是原则上不具有可受理性，有关仲裁实践是值得质疑的。为此，第二章将首先探讨各国国内法和一般国际法对股东间接损失索赔的规定与实践。

二 直接仲裁与间接仲裁

股东独立仲裁请求分为股东直接仲裁请求和间接仲裁请求。③ 股东直接仲裁允许股东对直接影响他们作为外国投资者的条约权利的不法行为提起投资仲裁请求。④ 这类股东条约权利主要包括：出席股东会议并在大会上投票的权利；获得经济收入或利润的权利；参与

---

① See David Gaukrodger, *Investment Treaties as Corporate Law: Shareholder Claims and Issues of Consistency. A Preliminary Framework for Policy Analysis*, OECD Working Papers on International Investment 2013/03, p. 13.

② See Julien Chaisse and Lisa Zhuoyue Li, "Shareholder Protection Reloaded: Redesigning the Matrix of Shareholder Claims for Reflective Loss", *Stanford Journal of International Law*, Volume 52 Issue 1, 2016, p. 53.

③ 也有学者将"股东间接仲裁请求"表述为"股东基于反射性损失（reflective loss）的仲裁请求"，本书采用"间接仲裁请求"的表述一方面可以更好地与"直接仲裁"相对比，另一方面也更易于理解。

④ See Joseph D'Agostino, "Rescuing International Investment Arbitration: Introducing Derivative Actions, Class Actions and Compulsory Joinder", *Virginia Law Review*, Volume 98 Issue 1, 2012, p. 186.

股息分配的权利；如果公司被解散或清算，获得剩余资产分配的权利以及知识产权。[1] 如果投资东道国没收股东股份、禁止股东获得利润、阻止股东在股东会议上投票、剥夺对当地公司日常经营的控制和管理以及直接侵犯股东个人的知识产权，都有可能造成对股东条约权利的直接违反，股东因此也可以对东道国提起直接仲裁请求。

在国际投资仲裁实践中，部分仲裁庭认为如果投资条约将"股份"纳入保护范围，那么就赋予了股东条约权利。[2] 但是这些权利不等同于公司的权利，并声称违反条约也不意味着一定侵犯了公司的权利。因此，如果投资条约规定了"股份"属于受到条约保护的"投资"，那么"股东"作为股份的持有人也就是受到条约保护的"投资者"。当条约规定了投资仲裁条款，股东则有权依据条约权利提起仲裁请求。但是需要注意，这类仲裁请求是直接源于条约规定的权利，属于股东独立仲裁请求中的直接仲裁。

总而言之，"股东直接仲裁"取决于条约规定中股东作为投资者直接享有的权利。国际投资仲裁机制的理论研究和实践中对股东直接仲裁一般不会质疑其权力来源，从仲裁实践案例来看，股东直接仲裁发生的情形也较少。[3] 相反，股东间接仲裁从理论到实践都有较多争议，也是本书研究的核心问题。

国际投资仲裁庭在实践中普遍认为对股东基于间接损失独立主张的仲裁请求（以下简称"股东间接仲裁"）享有管辖权。[4] 股东

---

[1] See David Gaukrodger, *Investment Treaties as Corporate Law: Shareholder Claims and Issues of Consistency. A Preliminary Framework for Policy Analysis*, OECD Working Papers on International Investment 2013/03, p. 13.

[2] See Total S. A. v. Argentina, ICSID Case No. ARB/04/1, Decision on Objections to Jurisdiction, 29 August 2006, para. 77.

[3] See Jimmy Skjold, "'Missing Links' in Investment Arbitration: Quantification of Damages to Foreign Shareholders", *The Journal of World Investment & Trade*, Volume 14, 2013, p. 439.

[4] See Stephan Schill, "Whither Fragmentation? On the Literature and Sociology of International Investment Law", *European Journal of International Law*, Volume 22, 2011, p. 875.

间接仲裁的第一案是 AAPL v. Sir Lanka 案，而且该案也恰巧是第一个基于 BIT 提起的国际投资仲裁案件。[①] 在该案中，申请人 AAPL 是一家在香港注册的公司，通过参股 Serendib Seafoods Ltd.（以下简称"Serendib"）在斯里兰卡进行投资，Serendib 是一家在当地注册成立的上市公司，主要业务是养殖和出口虾。在斯里兰卡国家安全部队对泰米尔叛军进行镇压的行动中，Serendib 的农场被摧毁。AAPL 认为斯里兰卡违反了政府提供充分保护和安全的义务，根据英国与斯里兰卡签订的 BIT 要求斯里兰卡赔偿破坏农场的行为。不过，由于该案被申请国家斯里兰卡曾经宣称过"只要存在过度破坏，斯里兰卡政府就准备赔偿 AAPL"，所以该案仲裁庭没有讨论仲裁请求的可受理性等问题。[②]

前文已经论述了国际投资仲裁机制保护"股份投资"和"股东投资者"的权益，许多国际投资条约明确将股份确定为受保护的投资类型之一，投资仲裁实践也大多承认了股东作为投资者的条约权利。但与此同时，国际投资条约又缺乏对"股东"或"股份"的定义，而且国际投资仲裁实践中关于少数股权、多数股权或控股股权作为"投资"也没有统一实践，关于间接股东的独立仲裁请求权更存在广泛争议。

从国际法角度而言，股东一般可以在三种情况下独立提出仲裁请求（或称索赔）。第一种情况是与股东的"直接权利"（direct rights）有关，这是国际法院（International Court of Justice，以下简称"ICJ"）在 Barcelona Traction 案（以下简称"巴塞罗那公司案"）中确认的。由于国内法赋予了"股东"不同于"公司"的权利，包括股息分配的权利、出席股东大会和投票的权利、在清算中

[①] See Asian Agricultural Products Limited v. Democratic Socialist Republic of Sri Lanka, ICSID Case No. ARB/87/3, Award and Dissenting Opinion, 27 June 1990, ICSID Reports No. 4, 1997, p. 246.

[②] See AAPL v. Sri Lanka, Award, 27 June 1990, ICSID Reports No. 4, p. 32, para. 246.

分享公司剩余资产的权利等；因此，股东就其股息权利或参与公司管理的权利提出的索赔就属于"直接仲裁"（direct claims）。①

第二种情况是东道国违反了对公司的条约义务，导致公司的股份价值受到损失，此时股东可以提出索赔。尤其是在国际投资仲裁实践中，这种"价值损失"的情况越来越多。股东针对东道国施加于公司的行为提请仲裁请求，则称为股东"间接仲裁"。②

第三种情况是如果条约明确规定了股东可以代表公司行事，则股东可以代表公司提出索赔，即类似于国内法概念中的"股东代表诉讼"。例如，NAFTA 第 1117 条规定，投资者可以代表其直接或间接拥有或控制的一个企业提起仲裁；但是，投资者应当自该企业首次知道，或者应当首次知道不法行为和遭受损失之日起三年内提出索赔请求。③

国际投资仲裁采用了广义的"股东独立仲裁请求"的概念，并将其与因东道国不法行为而受到损害的公司的经济利益相联系。④ 然而，国际投资法中的广义"股东独立仲裁请求"试图将国际投资法发展为一套独立的规则，这与大陆法系和英美法系中大多数国家国

---

① See Barcelona Traction, Light and Power Company Limited (Belgium v. Spain), Judgment, ICJ Reports 1970, para. 3.

② 国际法院所指的 indirect claim 应译为"间接诉讼"，考虑到本书研究的仲裁领域法律用词的差异性，将股东的间接诉讼与间接仲裁请求在本书部分内容中统称为"间接索赔"。

③ See NAFTA Art.1117, Claim by an Investor of a Party on Behalf of an Enterprise: 1. An investor of a Party, on behalf of an enterprise of another Party that is a juridical person that the investor owns or controls directly or indirectly, may submit to arbitration under this Section a claim that the other Party has breached an obligation under… 2. An investor may not make a claim on behalf of an enterprise described in paragraph 1 if more than three years have elapsed from the date on which the enterprise first acquired, or should have first acquired, knowledge of the alleged breach and knowledge that the enterprise has incurred loss or damage.

④ See Monique Sasson, *Substantive Law in Investment Treaty Arbitration: The Unsettled Relationship between International Law and Municipal Law* (2nd edition), International Arbitration Law Library, Volume 21, Kluwer Law International 2017, p. 179.

内法规定几乎是矛盾的,而且和习惯国际法规则也不一致。"股东独立仲裁请求"的核心问题并不在于股东是否可以独立于公司自己提出仲裁请求以进行索赔,而是股东是否可以依据公司遭受的侵害和损失提出独立的"间接仲裁请求"。

许多投资条约将股份视为一种投资形式,股东也是适格投资者,在这种情况下,没收股份或其他直接影响股东权利的措施无疑会给股东带来仲裁申请人的地位,这一点并没有争议。但是股东依据间接遭受的损失(即由于公司的损失而遭受的损失)而独立提起索赔的权利则是有争议的(即股东间接仲裁)。在此背景下有两种情况需要研究,第一种情况通常是当公司自身遭受违反国际法及条约义务的不法侵害时,股东的股份价值受损,股东以自己名义独立提出的仲裁请求。第二种情况则是股东代表公司提出仲裁请求,并且相关条约已经赋予了股东提出仲裁索赔的权利,例如上文提到的 NAFTA 第 1117 条规定的"缔约一方投资者代表企业的索赔"。因此,本书研究的股东独立仲裁请求权实际上是围绕第一种情况所展开的。

上述两种情况适用的出发点都是相关投资条约中对于股东的规定,BITs 通常将仲裁庭的管辖范围限制在涉及投资与违反 BITs 规定的索赔中。在投资的定义中,前文已经论述了目前大部分的条约规定与仲裁实践都支持了通过持有股份进行的投资。在这种情况下,仲裁庭可以对股东提出的仲裁请求进行管辖,但是这并不能改变股东与其所投资的公司之间的根本差异。股东进行的投资与公司进行的投资往往是分开的而且可能是不同的,尤其是对于少数股东而言,除了"股份经济利益"之外,对公司的"投资行为"几乎没有任何参与。

国内法往往对股东与公司之间的区别进行了严格、明确的区分,而国际投资条约是否应该与国内法保持一致则一直是争议较大问题。简单来说,一种观点认为,除非相关条约本身赋予股东基于间接损失独立提请仲裁索赔的权利,从而揭开公司的面纱,否则股东并不享有此类问题的独立请求权。另一种观点,实际上也是目前大多数国际投资仲裁实践采取的做法，则从原则上支持了股东基于间接损失独立提请仲裁索赔的权利。

经济合作与发展组织（Organization for Economic Co-operation and Development，以下简称"OECD"）在2013年3月组织的投资会议上明确指出，出于一系列政策原因，国内公司法体系通常对股东索赔适用"非间接损失"原则，即股东可以针对直接损害其股东权利（例如投票权）的行为提出直接索赔；但是不能基于公司遭受的损害而引起的间接损失（例如股票价值损失）提出索赔。相反，后者只能由直接受损的公司提出损害赔偿请求。① 相比之下，在国际投资仲裁实践中，股东有权依据投资条约追索相关间接损失而不依赖于公司的索赔请求，即股东的独立仲裁请求中的间接仲裁。

三 股东间接仲裁与股份的可转让性

在公司法体系中，除了"公司独立法人资格"这一得到普遍认可的法律原则之外，公司"股份的可转让性"也是现代商业公司的另一个核心特征。股份的可转让性使公司能够在其所有者身份发生变化时，依然不间断地开展业务，从而避免了诸如合伙、合作社和互助组织等常见的成员退出问题。而且，这一特征反过来又提高了股东利益的流动性，使股东能够更容易地构建和维持多样化的投资组合。②

当股东无法从公司收回投资时，可以通过将其股份出售给第三方的方式来弥补投资成本与收益。③ 一般情况下，如果普通的股东认为无法从公司资产的有限责任中受益，从而将股份转让给第三方，

---

① See David Gaukrodger, *Investment Treaties and Shareholder Claims: Analysis of Treaty Practice*, OECD Working Papers on International Investment 2014/03, p. 6.

② See John Armour and others, *Foundations of Corporate Law*, ECGI Working Paper Series in Law No. 336/2017, p. 15.

③ See Eilís Ferran, *Principles of Corporate Finance Law* (2nd edition), Oxford University Press, 2014, p. 24.

那么通常不会显著影响公司的信誉。这种股份可转让性的存在，即股份转让不会对公司的信誉造成实质性影响，既需要有强大的公司实体形式保护又需要相关股东承担有限责任。如果缺少两者中任何一点，随着股东身份的改变，整个公司的信用度可能会发生根本性的变化。因此，潜在的股份购买者很难判断股份的真正价值。①

无论是对各国国内法（尤其是公司法）还是对国际投资法来说，分析"间接损失"相关问题都十分重要。从法理上而言，股东间接仲裁请求的合法性有较多值得质疑和批评的问题，尤其需要从股东间接仲裁的管辖权问题、可受理性、法律适用问题以及引发的具体法律冲突等方面深入分析。然而在实践中，国内法院和国际投资仲裁庭对股东能否以诉讼或者仲裁的方式索赔股份价值的间接损失，得出了截然相反的结论，投资仲裁庭倾向于允许股东基于间接损失独立请求仲裁，而国内法院根据"非间接损失"的原则，一般拒绝股东独立对间接损失寻求司法救济。②

在投资仲裁实践中，可以获得间接损失仲裁请求支持的"股东"对于其他股东而言，一定是有差异的，而且具有更优势的地位。③ 这类差异可能会给各国政府带来许多与股份的可转让性、股东间接损失索赔的权利有关的政策问题和影响，例如在以下两方面的体现。

1. 对公司股份价值和可转让性交易的影响

如前文所论述的，绝大部分国内法制度中只有"公司主体"是唯一可以提出损害赔偿要求的实体，股东可以通过公司的索赔结果

---

① See John Armour and others, "What is Corporate Law?", Chapter One in The Anatomy of Corporate Law: A Comparatire and Functional Approach (3rd edition), Oxford University Press, 2017.

② See Julien Chaisse and Lisa Zhuoyue Li, "Shareholder Protection Reloaded: Redesigning the Matrix of Shareholder Claims for Reflective Loss", *Stanford Journal of International Law*, Volume 52 Issue 1, 2016, p. 53.

③ See Stanimir Alexandrov, "The 'Baby Boom' of Treaty-Based Arbitrations and the Jurisdiction of ICSID Tribunals: Shareholders as 'Investors' and Jurisdiction Ratione Temporis", *The Law and Practice of International Courts and Tribunals*, Volume 4 Issue 19, 2005, p. 45.

获得间接利益。股东出售其股份也就代表着放弃其在公司索赔中的间接权益，而收购股份的股东则可以获得相关的权益。因此，公司如果提起诉讼要求索赔，通常不会影响其股份在市场的流动性。

然而，国际投资仲裁实践中部分案例支持了股东基于股份价值的间接损失提起的仲裁请求。这类"股东"实际上就是突破了"公司实体"的形式限制，认为政府的不当行为损害了公司利益，导致其股份价值受到间接损失，从而提起投资仲裁请求。这种对"公司实体"的突破很有可能对公司的信誉产生影响，从而影响公司的股份价值和交易。

2. 对股份权利转让或保留的影响

在允许股东间接损失索赔机制的情形下，如果投资东道国的不法行为发生在股份转让前，即股份转让之前股东没有提出间接损失仲裁请求，那么在向"新"股东出售股份时，"旧"股东是否可以转让或保留其提起投资仲裁请求的权利？

例如，受投资仲裁制度保护的某股东可能持有 2017—2023 年的股份。在此期间，东道国可能对其持股公司采取了某些不法行动。但是，受保护的股东尚未提出任何股东仲裁请求。那么该股东在 2024 年转让其股份的过程中，可能会出现以下问题：（1）出售股份的股东在出售其股份时，是否可以保留其针对这些不法侵害提起仲裁的权利？（2）股东是否可以将其 2017—2023 年针对不法侵害的索赔权转给股份的收购方？由于国内法制度通常禁止股东间接损失索赔，因此也没有国内法规定或案例来建立此类权利的转让制度。

在上述情形中，至少可能有三种不同的制度规范。第一，可能"禁止"卖方股东：（1）在出售其股份时"分离"或"保留"其援引条约仲裁机制的权利；（2）将其间接损失的有关权利转让给买方股东，股份一经出售，其基于股份间接损失的条约仲裁请求权自动灭失。在此假设下，卖方股东可能会犹豫出售其股份，即使股份价值受损，这些附着了条约仲裁请求权等权利的股份对于卖方而言也有一定价值。因此，这种制度可能会影响公司股份的市场流动性。或者，卖方股东可能为了尽早出售股份，较早地提起条约仲裁请求，以满足股份在国内法下进行交易的条件。但这对于卖方股东而言，可能导致其提起毫无意义的股东独立仲裁请求。

第二，"允许"卖方股东保留关于间接损失的条约仲裁权利，但是禁止转让给买方股东。在此假设下，卖方股东可能会选择保留此权利，同时出售股份及附着在股份上的其余权利。如果法律禁止买方股东获得与过往行为有关的股东条约仲裁权利，那么卖方寻求保留这些权利时，买方没有反对的合法依据和必要性。

但是，这种制度将基于国家或政府"已经"针对公司做出的不法行为而产生的救济权利，包括可能的股东间接仲裁权利，从现有待出售的股份及其股权中"分离"出来，可能会对国家政府以及公司债权人带来一定风险。例如，如何识别和纳入该类拥有投资仲裁请求权利的"旧"股东？尤其是对于股东间接损失仲裁请求权，这一问题本来就需要投资仲裁庭在国际层面进行判断。因此，这一制度在实践层面几乎不可能实现。

第三，"允许"卖方股东转让一定条件下的股东仲裁请求权给买方股东，例如与已经发生的不法行为有关的、可能存在的仲裁请求权。在这种假设下，可以基本消除前股东提起股东间接损失仲裁请求的可能性。买方股东可以在了解已经发生的、针对公司的不法行为的情况下购买股份，然后根据该不法行为提起其独立的股东间接损失仲裁请求。但是，这种制度可能破坏公司与监管机构的关系。而且，加上现代商业公司股份流转的灵活性，可能进一步导致股东基于间接损失独立请求仲裁的不可控性，新的受保护股东可能随时对过去的不法行为提出索赔。

四 股东损失的量化方法

无论是国际投资条约还是国内法有关制度，几乎都没有对如何"量化"股东损失进行规定。当然，这本身不仅是一个法律问题，也与经济学的相关规范和具体的案件情况紧密相关。正如 Nykomb v. Latvia 案的裁决所述:"在没有相关程序法机制的情形下,只有通过进一步发展这一领域的法律,通过新的判决、决定、指导等相关内容的发展才有可能得到解决。"国家赔偿因为违反条约义务造成的损失或损害时,必须首先依据"习惯国际法中的既定原则"[1]。国际法委员会(International Law Commission,以下简称"ILC")关于《国家责任条款草案》(*Draft Articles on Responsibility of States for Internationally Wrongful Acts*,以下简称"DARS")已经权威性地重申了这一原则。[2]

然而,在国际投资仲裁中,DARS 在股东损害和赔偿方面的适用存在诸多限制或不足。首先,DARS 第 33 条规定"责任国义务可能是对另一个国家、若干国家或对整个国际社会承担的义务"。[3] DARS 第 55 条"特别法"保留条款规定"在并且只在一国不法行为的存在条件或一国国际责任的内容或履行应国际法特别规则规定的情况下,不得适用本条款",[4] DARS 的《评注》(Commentary)也明确将"双边或区域投资保护条约中的个人或实体权利"排除在外。[5] 然而,国际法委员会也指出,任何制度都不能完全脱离一般国际法。一般国际法为"非由其具体规定的问题,或特别制度未能适当规定的内容"提供了规范依据。[6] 众多国际法院和仲裁庭的裁决,

---

[1] See Nykomb Synergetics Technology Holding v. Latvia, SCC, Arbitral Award, 16 December 2003, para. 2.4.

[2] See Nykomb Synergetics Technology Holding v. Latvia, SCC, Arbitral Award, 16 December 2003, para. 5.1.

[3] See ILC, Draft Articles on Responsibility of States for Internationally Wrongful Acts, 2001, Art. 33.

[4] See ILC, Draft Articles on Responsibility of States for Internationally Wrongful Acts, 2001, Art. 55.

[5] See ILC, Draft Articles on Responsibility of States for Internationally Wrongful Acts with Commentaries, 2001, p. 95.

[6] See ILC, *Fragmentation of International Law: Difficulties arising from the Diversification and Expansion of International Law*, Report of the Study Group of the International Law Commission, paras. 159 & 192.

以及相关文献都明确承认 DARS 的一般规则在国家与外国投资者争议解决中的适用。① 正如知名国际投资仲裁员 Kurtz 的观点认为，"DARS 塑造了投资仲裁的判例"②。

其次，DARS 对于股东损害范围的界定、损害赔偿的前提条件以及避免重复赔偿等问题的指导作用较小。因为，"股东损害范围的界定"不可避免地"预设"了公司与其股东之间的区别，以及承认股东仅对其独立遭受的损害提出请求的权利，这是根据关于外交保护的习惯国际法所确立的。③ 然而在国际投资争议中，股东间接仲裁将公司遭受的损害与股东遭受的损害"混同"，从而进一步保护股东利益。仲裁庭认为其有特别法的依据，不同于外交保护的习惯国际法规定。④

投资仲裁庭广泛地处理了投资者的损害和赔偿问题，但很少探讨大股东、小股东和公司的损害范围之间的关系和适用的规则，以及由此产生的按照各自遭受损害的比例分配赔偿的问题。关于损害的范围，投资仲裁庭一致承认大股东、少数股东和公司之间存在区别，允许就其各自的直接损害提出索赔，而且依赖国家责任规则量化具体的赔偿数额。但是，核心争议在于部分仲裁庭就公司所遭受的损害裁决被申请人向股东申请人作出赔偿。

最后，关于股东损失的量化方法，DARS《评注》指出，"因国际不法行为而被夺走或毁坏的财产的资本价值一般是根据损失财产

---

① See Stephen Jagusch & Nicole Duclos, "Compensation for the Breach of Relative Standards of Treaty Protection", *The Journal of World Investment & Trade*, Volume 10 Issue 4, 2009, p. 526.

② See Jürgen Kurtz, "The Paradoxical Treatment of the ILC Articles on State Responsibility in Investor-State Arbitration", *ICSID Review-Foreign Investment Law Journal*, Volume 25, 2010, p. 200.

③ See James Crawford, "The ILC's Articles of Diplomatic Protection", *South African Yearbook International Law*, Volume 31, 2006, p. 38.

④ See Alain Pellet, "2013 Lalive Lecture: The Case Law of the ICJ in Investment Arbitration", *ICSID Review-Foreign Investment Law Journal*, Volume 28, 2013, p. 234.

的'公平市场价值'（*fair market value*，以下简称'*FMV*'）来评估的"①。遵循国际投资条约以及众多仲裁裁决中的规定或做法，以及 DARS《评注》本身引用的《世界银行关于外国直接投资待遇的指南》（以下简称《指南》），②在股东股份被征收的情况下，应当"基于此类被接管或被接管的决定公开之前确定的公平市场价值"给予适当的赔偿。《指南》将 FMV 定义为"在考虑到投资的性质、未来运营的情况及其具体特点之后，买方通常愿意支付给卖方的金额"③。正如 DARS 的《评注》所解释的那样，评估 FMV 的方法"取决于有关资产的性质"④。股份价值原则上就是公司股票的价值，对于一家在证券交易所上市的公司，公司股票的价值就是股东股份的市值。

然而，当公司没有上市或股票市值不可信时，仲裁庭将不得不采用"企业估值"的方法量化股东的损失。"企业估值"理论提供了以收入为基础（income - based）、以市场为基础（market - based）和以资产为基础（asset-based）的三种方法。⑤ 与 DARS 的《评注》更偏爱以"资产"为基础的方法不同，该理论提出了一种以"收入为基础"的方法，即现金流量贴现（discounted cash flow，以下简称"DCF"）的方法，对于有证据表明具有持续经营盈利记录的资产组成的企业进行估值。这种方法是根据货币时间价值、预期通货膨胀及现实情况下的现金流量风险等因素对各年度的净现金流量进行折现，计算出企业在其经济寿命内每一年按照合理

---

① See ILC, *Draft Articles on Responsibility of States for Internationally Wrongful Acts with Commentaries*, 2001, p. 102.

② See The World Bank Guidelines, *Guideline IV Section* 3, 1992.

③ See The World Bank Guidelines, *Guideline IV Section* 5, 1992.

④ See ILC, *Draft Articles on Responsibility of States for Internationally Wrongful Acts with Commentaries*, 2001, p. 103.

⑤ See Sergey Ripinsky & Kevin Williams, "Damages in International Investment Law", British Institute of International and Comparative Law, 2015, pp. 30-32.

预计收到的现金流量，最后减去该年度的预期现金支出。① 因此，股东股份的价值可以通过计算"公司"的现金流来量化股份的间接价值，或计算"股份"的现金流来量化股份的直接价值。实际上，在前文分析过的 CMS v. Argentina 案中，仲裁庭就采取了这种方法。②

但是，DCF 的计算方法也受到了较多批评，认为它依赖于未来的利润，分析了过于广泛的内在投机因素，并导致了重复计算。③ 相反，如果企业表现出缺乏盈利能力，DARS《评注》和《指南》都建议清算价值，通过除以股票数量得出每股价值。④ 最后，DARS 规定，对于某些利润损失，可以进行适当的补偿，具有盈利能力的资产在（1）所有权没有受到影响的期间，损失的利润可以得到适当补偿；（2）取得所有权至裁决期间，损失的利润可以得到适当补偿；（3）裁决作出以后的预期利益损失，可以得到适当补偿。⑤

相比之下，无论是 DARS 还是《指南》都没有公开认同以"市场为基础"的方法，即"可比交易法"（comparable transactions method）。尽管该方法在商界很受欢迎，但它并没有得到投资仲裁庭的青睐。⑥

除"征收"外，国际投资法和投资仲裁实践中一般没有对违反

---

① See Sergey Ripinsky & Kevin Williams, "Damages in International Investment Law", British Institute of International and Comparative Law, 2015, pp. 195-212.

② See CMS Gas Transmission Company v. Argentina, ICSID ARB/01/8, Award, 12 May 2005, para 430.

③ See Joshua B. Simmons, "Valuation in Investor-State Arbitration: Toward A More Exact Science", *Berkeley Journal of International Law*, Volume 30, 2012, pp. 232-233.

④ See The World Bank Guidelines, *Guideline* IV Section 6, 1992; ILC *Draft Articles on Responsibility of States for Internationally Wrongful Acts with Commentaries*, 2001, p. 103.

⑤ See ILC, *Draft Articles on Responsibility of States for Internationally Wrongful Acts with Commentaries*, 2001, p. 104.

⑥ See Sergey Ripinsky & Kevin Williams, "Damages in International Investment Law", British Institute of International and Comparative Law, 2015, p. 215.

"其他投资待遇和保护标准"的赔偿制定具体的规则。① 在 NAFTA 仲裁案件中,有仲裁庭认为 NAFTA 没有关于违反公平公正待遇(fair and equitable treatment,以下简称"FET")的赔偿条款,是为了让仲裁庭在考虑到国际法一般原则和 NAFTA 规定的情况下,自行决定适合案件具体情况的赔偿措施。②

在阿根廷为被申请人的系列投资仲裁案件中,大多数仲裁庭根据案件已知事实计算损害赔偿金额,而这些事实"并不总是完全符合传统的估值方法"。③ 许多情况下,仲裁庭只是简单地"平分资产",在案件当事方的估值之间取平均值,或者在对如何得出赔偿金额的方法和依据不透明。④ 因此,该系列案件的有关仲裁庭也受到较多质疑。

同时,"股东损失"与"公司损失"之间也不相同,意味着在赔偿方面也应当有相应的区别。但是,仲裁实践中并没有很好地认识并解决这个问题。例如在 BG Group v. Argentina 案中,申请人 BG Group 间接持有 MetroGas 公司的全部股份,仲裁裁决认为"对 MetroGas 的任何损害都将反映在 BG Group 对 MetroGas 和 GASA(中间股东)的股权价值中"⑤。但实际上,股东受到的损害不一定与持股公司遭受的损害完全相同。例如,同样是针对阿根廷提起的投资仲裁案件,Sempra v. Argentina 案的裁决则认为,如果"股东"被认定有

---

① See Stephen Jagusch & Nicole Duclos, "Compensation for the Breach of Relative Standards of Treaty Protection", *Journal of World Investment & Trade*, Volume 10 Issue 4, 2009, pp. 522 & 524.

② See S. D. Myers Inc. v. Canada, UNCITRAL (NAFTA), Award, 21 October 2002, para 94.

③ See Charles N. Brower & Michael Ottolenghi, "Damages in Investor State Arbitration", *Transnational Dispute Management*, Volume 6, 2007, p. 16.

④ See Joshua B. Simmons, "Valuation in Investor-State Arbitration: Toward A More Exact Science", *Berkeley Journal of International Law*, Volume 30, 2012, pp. 232-233.

⑤ See BG Group P. L. C. v. Argentina, UNCITRAL, Award, 24 December 2007, para. 215.

权获得对其投资遭受的损害的赔偿，损害赔偿的措施将不一定与"公司"遭受的任何金钱损失直接成比例。①

本章小结

国际投资仲裁制度中，股份和股东都可以成为受条约保护的内容。在国际投资仲裁实践中，不论股份或股东的大小、类型、直接或间接等因素，只要从广义上符合投资条约中的"国籍要求"或"时间要求"，且条约没有明确作出相反规定，都可能得到仲裁庭的支持。但是有关实践也受到了较多质疑。

在部分国际投资仲裁实践中，仲裁庭支持了投资条约对股东"间接利益"的保护，以及其相应的针对东道国提出间接仲裁的权利，并认为这些股东权利独立于公司的权利。但是，一方面，国际投资法体系和投资仲裁制度对此并没有明确规定，主要是通过实践形成的规则；另一方面，仲裁庭在具体案件中也忽略了"间接权利"与"间接利益"的区分，从而支持了股东间接仲裁。

对于股东独立仲裁中的"直接仲裁"，由于其是基于直接的条约权利受到侵害而提起的仲裁请求，理论和实践中对此基本没有异议。但是，国际投资法并没有对股东"条约权利"的直接界定，仲裁庭往往是参考国内法对其进行界定。所以，国内法在投资仲裁实践中的作用应当得到承认和重视。

而对于股东"间接仲裁"，虽然部分投资仲裁庭支持股东独立于公司对间接损失寻求索赔的权利，但它们并未放弃"公司损害"与"股东损失"之间的区别。早期的仲裁实践中，将"投资者"的权利等同于"股东"的权利，其目的在于只对股东遭受的"直接侵

---

① See Sempra Energy International v. Argentina, ICSID Case No. ARB/02/16, Annulment Decision, 29 June 2010, para. 104.

害"给予赔偿。然而,为了进一步扩大对股东的保护,仲裁庭运用了"投资者和投资'经济统一'的原则",① 认为对公司投资者的损害构成对公司股东权利的损害,将股东遭受的"间接损失"纳入条约保护的范围,并且独立于对公司损失的保护。

但是,由于国际投资法本身缺失对股东间接损失的界定,而且程序法中也没有限制性机制,导致实践层面存在较多争议。即使是支持股东间接仲裁请求权的仲裁庭,由于大股东、小股东、直接股东、间接股东和公司的权利在这种"支持"的情形下,各自的权利都是独立的,所以很容易产生针对东道国同一项违法措施提起多项仲裁案件、重复赔偿、裁决不一致甚至相互矛盾、损害其他未提起仲裁的股东和公司债权人的利益等问题。

另外,仲裁庭裁决被申请人赔偿股东损失时,实际上又是以股东在公司中的持股比例来量化股东的损失。仲裁庭在大股东和小股东之间按比例赔偿,而没有考虑通常大股东所有的控制权和管理价值。因此,仲裁庭对股东损失赔偿的"理论"与实践中采用的赔偿"方法"也存在自相矛盾的地方。与此同时,公司也有权利就自己遭受的损害提出仲裁请求,而且针对的是同一东道国"仅仅针对公司实施的"同一不法行为,前述矛盾与问题更加显而易见。

也有学术理论和仲裁实践提出了"量化"股东损失的方法,以期解决"重复赔偿"的问题。但是,正如本书的分析,即使将《国家责任条款草案》或《指南》等国际法层面的规则以及经济学领域的方法适用于国际投资仲裁机制,也不能完全解决股东的损失范围确认问题。

《国家责任条款草案》规定了赔偿"直接侵害"(例如直接征收公司的资产,或直接征收股东的股份)的损失量化方法,即根据资

---

① See Protopsaltis M. Panayotis, *Shareholders' Injury and Compensation in Investor-State Arbitration*, *Permutations of Responsibility in International Law*, Brill/Nijhoff Press, 2019, p. 214.

产的"公平市场价值"确定征收补偿金额。就上市公司而言，股票的市场价值就是它们的股份价值；对非上市公司而言，股份的价值取决于公司的价值。对于有证据表明具有持续经营盈利记录的资产组成的企业，可以通过"现金流量贴现"的方法进行评估；而非盈利企业可以根据其"清算价值"进行评估。然而，对于违反"征收以外"其他投资待遇和保护标准的赔偿却没有相应的规则。因此也赋予了仲裁庭更大的自由裁量权，仲裁庭往往避免在裁决中提供具体的计算细节。

而且，大多数仲裁裁决对于股东"间接损失"的量化也采取了上述方法，根据企业的价值来确定股东的损失，实际上已经偏离了《国家责任条款草案》中"直接损害"的限制。尽管仲裁实践中就股东损失和赔偿的相关问题采取了一些解决办法，但尚未能成功处理这些问题，这也是对股东间接仲裁提出疑问的论据之一。

第 二 章

比较法视野下的股东独立索赔

　　第一章已经对国际投资仲裁中股东独立仲裁包含的基本概念和问题进行了界定，论述了国际投资法制度上对股份投资和股东投资者的条约保护，以及实践中对股东间接仲裁的支持及其法律问题。然而，绝大多数国内法体系中股东独立请求权均受到"非间接损失"原则[①]的限制。国际投资仲裁尤其是仲裁实践中对股东基于间接损失独立进行仲裁请求的支持显然与国内法原则和规则相冲突。股东依据投资条约诉诸 ICSID 仲裁虽然已经是一种普遍现象，但从整个国际法和国际投资实践发展阶段来看仍是一个相对较新的现象。这或许也是为什么国际上关于股东是否享有"独立请求权"从而提出"间接索赔"的案件最初并非由 ICSID 受理，而是由国际法院受理的"巴塞罗那公司案"。而且，更具有研究价值的是国际法院和国际投资仲裁制度关于股东的独立请求权采取了截然不同的态度。本章将重点研究国内法和一般国际法中的股东独立索赔制度和实践，总结一般原则和例外规定，进而对国际投资仲裁制度中的股东独立请求进行反思。

---

　　① 英文文献或法律规定中表述为"Non-Reflective Loss" Principle，本书采用"非间接损失"原则的表述一方面符合我国法律规定的措辞习惯，另一方面便于与直接损失、直接侵权等概念相对比理解。

第一节　国内法中的"非间接损失"原则

目前，具备较完善公司法体系的国家通常允许股东提起"直接侵权"的案件，例如其作为股东的投票权，但是往往拒绝股东提出间接损失的索赔。这一现象的产生主要是考虑到与一致性、可预测性、避免双重赔偿和司法经济等有关的法律和政策原因。同时，针对导致的"间接损失"只能由直接进行投资的投资者（大多数为公司）提出索赔，这种解决方案对于包括债权人和所有股东在内的公司利益相关者而言，效率更高、更公平。①

对于股东而言，直接侵害和间接损失都可能造成权利损害。但是，各国国内法律体系，例如普通法系的美国、英国、加拿大，以及大陆法系的德国、法国和荷兰通常都采用"非间接损失"原则，股东一般无法针对间接损失提起损害赔偿之诉。一般情况下，只有公司才能起诉以弥补损失，同样的方法也适用于一般国际法。

"非间接损失"原则的基本出发点是认为限制有关公司的追偿对所有利益攸关方都更加有效和公平。它避免了同一损害的多次索赔、结果可能不一致、分配间接损失的复杂性以及双重赔偿的问题与风险。这一点从法经济学的角度分析也有其合理之处。如果公司损失在第一次的案件中已经予以追回，则遭受间接损失的所有利害关系方将根据其在公司资产中的利益自动受益。但是，这种情况下，"非间接损失"原则是基于公司有权并且能够获得损失赔偿的假设，而一旦公司不去行使相应权利，或者客观上已经无法行使权利或者获得损害赔偿，那对于股东利益的保护则又有失公平。例如，公司不存在或无法提交索赔请求的情形。对于这些少见的情形，部分国家

---

① See David Gaukrodger, *Investment Treaties as Corporate Law: Shareholder Claims and Issues of Consistency*, OECD Working Papers on International Investment 2013/03, pp. 9–10.

规定了"非间接损失"原则的例外，允许股东对间接损失独立提出索赔。各国法院认识到其中的利益冲突，一方面，索赔间接损失的股东之间存在利益冲突；另一方面，公司、债权人和其他利益相关者的利益也相互冲突。所以，在具备较完善的公司法体系的国家，尽管规定了"非间接损失"原则，但是也有少数的例外规定。

一 普通法系国家国内法的原则与例外

(一) 美国法中的股东诉讼

美国法中公司股东通常没有单独的权利对因其持股公司遭受侵害而引起的间接损失提起诉讼。① 美国最早通过 Gaubert v. United States 案（以下简称"Gaubert 案"）明确了股东向政府提出损害赔偿之诉的法律规定。② 该案的索赔人 Gaubert 是某家金融机构的最大股东。美国联邦监管机构广泛参与该公司的管理，Gaubert 主张该机构疏忽选拔公司的董事和高管，又疏忽其日常运营。公司破产后，Gaubert 起诉美国政府，要求赔偿其金额为 7500 万美元的股票价值损失。③ 联邦上诉法院直接驳回了这一诉求，该案也没有进入实体审理阶段，并指出"一般而言，个人股东没有单独的权利对公司遭受的损害提起诉讼，而且个人股东仅受到公司股票价值减少的影响"。在美国，通常采用 Gaubert 案的做法来禁止股东提出间接损失的索赔。④

---

① See David Gaukrodger, *Investment Treaties as Corporate Law: Shareholder Claims and Issues of Consistency*, OECD Working Papers on International Investment 2013/03, p.15.

② 参见苏洁澈《论银行监管机构的侵权责任——以银行破产和英美法为例》，《法学家》2011 年第 1 期。

③ See Gaubert v. United States, 855 F. 2d 1284, 5th Circuit, 1989.

④ See Quarles v. City of East Cleveland, Quarles v. City of East Cleveland, Court of Appeals, LEXIS 34061, 6th Circuit 1999 (dismissing shareholder claims against a city government for reflective loss without addressing the merits; only the company could claim for the alleged violations of due process, expropriation and violations of equal protection). See（转下页）

美国联邦证券法和各州公司法中并没有"间接损失"的法律概念。股东诉讼的分类包括两类：股东代表公司提起的"派生诉讼"（derivative actions，在中国称为股东代表诉讼）和股东代表自己提起的"直接诉讼"。直接诉讼包括集体诉讼，即股东代表其他受到类似权利侵害的股东提起的诉讼；以及股东的单独诉讼，包括选择不参加集体诉讼的股东提起的诉讼。①

派生诉讼制度中，美国法院区分两种类型的损害：公司遭受的损害和股东遭受的损害。在 Tooley v. Donaldson 案中，特拉华州高级法院认为，股东的索赔是派生的还是直接的，取决于以下问题：（1）谁遭受了所谓的损害（公司、起诉股东或其他主体）；（2）谁将从任何索赔或其他补救措施中受益（公司、股东或其他主体）。因此，法律明确规定，派生诉讼为股东提供了一种工具，当控制公司的主体未能主张公司的索赔时，股东可以代表公司就"公司遭受的损害"提起诉讼。

而对于股东遭受的损害，无论是直接损失还是间接损失都不能由股东通过派生诉讼索赔。对于直接损失，如果直接对股东负有义务，那么股东可以提起个人诉讼。根据特拉华州的法律，"股东声称的直接损失必须独立于对公司的任何所谓侵害。股东必须证明违反

（接上页）Fletcher, Cyclopedia of Corporations, § 5911 (2012) (if damages to a stockholder result indirectly, as the result of an injury to the corporation, and not directly, he cannot sue as an individual). The courts have underlined in particular that a shareholder cannot use the corporate entity as a shield from unlimited liability and then disregard the corporate entity for purposes of making claims for reflective loss. See Alford v. Frontier Enterprises, Inc., 599 F. 2d 483 (1st. Cir. 1979) ([the shareholder] is attempting to use the corporate form both as shield and sword at his will. The corporate form effectively shielded [him] from liability but the shareholder contended that he can disregard the corporate entity and recover damages for himself. Of course, this is impermissible.).

① See Vera Korzun, "Shareholder Claims for Reflective Loss: How International Investment Law Changes Corporate Law and Governance", *University of Pennsylvania Journal of International Law*, Volume 40 Issue 1, 2018, p. 201.

的义务是对股东的义务"①。总之，美国法一般不赋予股东基于间接损失起诉的权利，取而代之的是"明确禁止"股东就间接损失提出索赔，从而避免双重索赔、过度诉讼以及不一致和冲突的裁决。

同时，股东对间接损失的索赔也不同于股东根据联邦证券法和各州公司法直接提起的集体诉讼，因为间接损失索赔的依据是被申请人违反了对公司应承担的义务，导致股东受到伤害。相比之下，集体诉讼指控依据是其违反了对股东应直接承担的义务。

(二) 英国法中的股东诉讼

英国法一般也遵循"非间接损失"原则，但同时规定了例外情形。② 英国法中的"非间接损失"原则最早可追溯至 1982 年的 Prudential Assurance Co. Ltd. v. Newman Industries Ltd. (No. 2) 案，③ 该案的上诉法院裁定，股东不能追索间接损失，解释说"公司股东不能仅仅因为公司的利益受损就要求损害赔偿。股东不能追回一笔相当于其股份市值减少或可能减少的款项，因为这样的'损失'只是反映公司蒙受的损失。股东不会直接遭受任何个人损失，他唯一的'损失'是通过公司的净资产价值缩水而体现"④。

更有影响力的判例法则是 2000 年 12 月 14 日英国上议院 (House of Lords) 对于 Johnson v. Gore Wood & Co. 案 (以下简称"Johnson 案") 的裁决。Johnson 案的裁决总结了英国关于"间接损失"的判例法规则之一。该案表明，根据英国法律，即使公司本身

---

① See Tooley v. Donaldson, Lufkin & Jenrette, Inc., 845 A. 2d 1031, 1033, 2004, para. 1039.

② See Vera Korzun, "Shareholder Claims for Reflective Loss: How International Investment Law Changes Corporate Law and Governance", *University of Pennsylvania Journal of International Law*, Volume 40 Issue 1, 2018, p. 204.

③ See Victor Joffe & James Mather, "The Vanishing Exception Part One: How Rare Are Exceptions to the No Reflective Loss Principle", *New Law Journal*, 2008, p. 28.

④ See Prudential Assurance Co. Ltd. v. Newman Industries Ltd. (No. 2), Judgement, 1982, pp. 222-223.

不主张索赔，也不允许股东追索间接损失。例如，因为公司的诉讼时效已过（但不是股东），或者公司选择不提出索赔。股东是否有单独的诉讼因由是无关紧要的，因为法律禁止股东追索间接损失，而不管股东是否存在单独的诉讼因由。[①] 因此，英国的判例法也形成了即使股东的诉讼因由独立于公司的诉讼因由，原则上也不允许股东基于间接损失提出诉讼请求。

然而，2003 年英国上诉法院（Court of Appeal）裁决的 Giles v. Rhind 案（以下简称"Giles 案"）却拒绝适用"非间接损失"原则，这也是英国判例法关于该原则的重要例外之一。Giles 案中原告是一名股东，认为其持股公司违反了双方的股东协议，要求赔偿相应的投资价值损失，而被告的违法行为摧毁了其持股公司的业务，导致该公司没有诉讼资金。因此，是被告导致该公司无法提起诉讼请求，所以原告 Giles 可以独立提起针对间接损失的索赔。[②]

但是 Giles 案也受到一些质疑和批评。例如 Lord Millett（苗礼治勋爵）提出，面对 Giles 案中出现的情况，如果允许股东为自己的间接利益独立提起诉讼，将会导致错误的赔偿，损害了公司及其债权人的利益。而且他针对该案中公司所面临的处境提供了另一种解决方案，以追回损害赔偿金。例如，如果公司已被被告宣布破产，法院可以允许股东为行政接管人的诉讼请求提供资金。[③] 苗礼治勋爵的尖锐批评也让人们对英国"非间接损失"原则的法律现状产生了一些怀疑。

[①] See Johnson (Original Appellant and Cross-Respondent) v. Gore Wood & Co. (Original Respondents and Cross-Appellants), Judgments, available at: https://publications.parliament.uk/pa/ld200001/ldjudgmt/jd001214/johnso-1.htm, 最后访问日期: 2020 年 8 月 5 日。

[②] See Giles v. Rhind, Court of Appeal of England and Wales (EWCA), 2002, para. 1428 (holding that shareholders may submit a reflective loss claims because the company was unable to submit its own claims due to the defendant's actions).

[③] See Bas J. de Jong, "Shareholders' Claims for Reflective Loss: A Comparative Legal Analysis", *European Business Organization Law Review*, Volume 14, 2013, pp. 105-106.

另一个受到较多争议的案例是 Stein v. Blake 案。该案中原告和第一被告各持有某些公司 50%的股份。原告声称，第一被告挪用了多家公司的资产，除一家公司外，其他公司均已进入破产清算程序，并将资产转移给由第一被告控制的其他公司，使原告遭受损失。在该案的裁判中，上诉法院（Court of Appeal）区分了两种类型的损失。第一类是股东因公司资产被挪用而导致其股份价值缩水而遭受的损失；第二类是"被诱使"以低估价值出售股票的股东直接遭受的损失。根据上诉法院的裁决，股东有个人的诉讼因由追索第二类损失，但不能就第一类损失获得赔偿。[①] 该案的裁决似乎区分了独立诉因与间接损失导致的诉求，但是该案中的两类损失实际上都可以纳入公司的价值损失，并没有直接体现股东的独立权利。

总而言之，根据英国法及相关案例，英国法适用"非间接损失"原则，但有三种例外。第一，股东有独立诉因而公司没有诉因提起损害赔偿之诉时，股东可以提出独立请求。第二，但是如果违反的义务是针对股东个人的，并且股东遭受的损失与公司遭受的损失是"分开"的，股东可以提出间接损失索赔。第三，上诉法院在 Giles 案中确立了一项例外，即当被告的行为导致公司丧失起诉能力时，股东可以独立索赔间接损失。

（三）加拿大

加拿大法律也禁止股东提出间接损失索赔。[②] 公司的股东，包括控股股东或唯一股东，无法因公司的损害而享有个人的独立诉讼请求权。该规则尊重了加拿大公司法的基本原则：公司的法律存在与股东的法律存在相互分开。公司不能基于股东的权利起诉，同样，股东也不能因为公司遭受的损失提起诉讼。该规则从法律逻辑上来

---

① See P. L. Davies, *Gower and Davies' Principles of Modern Company Law*, Sweet & Maxwell, 2008, p. 626. Case No. [1998] 1 All ER 724 (CA); [1998] BCC 316.

② See David Gaukrodger, *Investment Treaties as Corporate Law: Shareholder Claims and Issues of Consistency. A Preliminary Framework for Policy Analysis*, OECD Working Papers on International Investment 2013/03, p. 16.

看也的确避免了多重诉讼,如果没有该规则,股东将总是能够起诉对公司的损害行为,因为原则上对公司的任何损害都间接损害了股东的利益。

二 大陆法系国家国内法的原则与例外

(一) 德国法中的股东诉讼

德国作为大陆法系代表性的国家同样严格遵守"非间接损失"原则。[①] 德国《股份公司法》(Aktiengesetz)第117(1)条和第317(1)条明确排除了股东对间接损失的独立索赔。[②] 根据德国法律第142(2)条,股东只有派生诉讼的选择权,诉讼结构是股东为了公司的利益提起诉讼,这样就不会同时出现双重原告。在德国,证券欺诈损害赔偿的衡量方法与美国相似,也就是说,损害赔偿实质上反映的是公司因欺诈而遭受的价值损失。[③]

德国学界和司法实践普遍承认,如果侵权者违反了某些法定规定,股东可以有单独的诉讼因由。然而,这并不意味着股东可以直接为自己遭受的间接损失追索损害赔偿。

另一个不允许股东对间接损失独立索赔的原因是维护公司的合法利益,防止公司治理程序混乱。例如,如果有数千名股东想要索赔,又或公司因不提出索偿而有相当大的利益,以致股东提出索偿的利益应被忽略。假设一名客户为某公司提供了大部分收入,并表示如果该公司的股东起诉他要求损害赔偿,他便会投向另一个公司,那么该公司则会决定不提出诉讼。因此,除非立法者另有决定,公司利益原则上不应剥夺股东有独立诉因的索赔权利,但除此之外股

[①] See Bas J. de Jong, "Shareholders' Claims for Reflective Loss: A Comparative Legal Analysis", *European Business Organization Law Review*, Volume 14, 2013, p. 107.

[②] 参见贾红梅、郑冲译《德国股份公司法》,法律出版社1999年版,第71页。

[③] See Julien Chaisse and Lisa Zhuoyue Li, "Shareholder Protection Reloaded: Redesigning the Matrix of Shareholder Claims for Reflective Loss", *Stanford Journal of International Law*, Volume 52 Issue 1, 2016, p. 55.

东不享有基于间接损失的诉权。此外，在只有几个股东的私人公司中，如果集体提出索赔，程序混乱带来的风险则较小。

同时，德国联邦最高法院（Bundesgerichtshof）在 Girmes 案中判决，当第三方的行为损害公司利益时，股东遭受的间接损失只能通过第三方向公司支付损害赔偿的方式得到补偿。① 这一判决的根据是"资本维持原则"（principle of capital maintenance）以及公司的资产与公司经营目的相捆绑的事实。股东可以要求任何单独的直接损失，但不能要求间接损失。②

总而言之，结合德国法及其相关案例，可以总结其对股东独立诉讼与"非间接损失"原则之间的规定如下：第一，德国《股份公司法》第 117（1）条和第 317（1）条明确排除了股东对间接损失的独立索赔诉权，严格遵守"非间接损失"原则。第二，德国法下股东有权提起"派生诉讼"或者索赔单独的直接损失，但不能主张间接损失索赔，且没有例外规定。

（二）法国法中的股东诉讼

法国关于股东独立诉权的规定更为严格，通常股东只能在遭受"人身伤害"而且与公司遭受的损害无关的情况下提起个人诉讼。最高法院也据此驳回了几起股东基于间接损失提出的索赔请求，认为股东的损失只是公司遭受损失的"推论"。③

法国公司法规定，首先，股东既可以以个人身份起诉董事，也可以代表公司起诉董事。如果股东以个人身份提起诉讼，则必须

---

① See Bas J. de Jong, "Shareholders' Claims for Reflective Loss: A Comparative Legal Analysis", *European Business Organization Law Review*, Volume 14, 2013, p. 107.

② See David Gaukrodger, *Investment Treaties as Corporate Law: Shareholder Claims and Issues of Consistency. A Preliminary Framework for Policy Analysis*, OECD Working Papers on International Investment 2013/03, p. 17.

③ See David Gaukrodger, *Investment Treaties as Corporate Law: Shareholder Claims and Issues of Consistency. A Preliminary Framework for Policy Analysis*, OECD Working Papers on International Investment 2013/03, p. 17.

是基于个人损失。如果股东代表公司提起诉讼，赔偿则将判给公司。法国判例法表明，由于董事的不当行为造成的公司价值损失给股东造成的间接损失并不构成个人损失。[①] 此外，2014年法国上诉法院（French Cour de Cassation）判决的12-27901案中，某公司的股东起诉某银行疏忽导致该公司清盘。股东以个人损失为由提起诉讼，要求赔偿其股票价值的损失。但是，法院认为银行被指控的疏忽只对作为独立法人的公司造成了损害，而不是对其股东权利造成损害。[②]

同时，股东因股票贬值而蒙受的潜在损失是不可挽回的。因为在间接损失索赔下，股东蒙受的具体损失实际上是不确定的。在法国，关于民法事项的规定，赔偿原则旨在"将受害者重置于相同的地位，就好像从未发生过错误一样"[③]。因此，根据该原则，如果股东的间接索赔之诉想要成功，第一，股东必须首先在错误和损失之间建立因果联系。第二，法院将计算实际发生的损失和未来可能造成的损失赔偿。就未来的损失而言，法院可以基于受害者在侵权或合同事务中失去的"商业机会"而判决予以赔偿。在计算过程中，受害者能够真实获得相应机会的概率将是首先需要考虑的重要因素。第三，如果索赔之诉是根据合同进行的，法院将考虑损失是否可预见。第四，法院排除了不可挽回的损失类型。[④]

[①] See Julien Chaisse and Lisa Zhuoyue Li, "Shareholder Protection Reloaded: Redesigning the Matrix of Shareholder Claims for Reflective Loss", *Stanford Journal of International Law*, Volume 52 Issue 1, 2016, pp. 55-56.

[②] See French Cour de Cassation Civil IV. No. 12-27901, 28 January 2014.

[③] See Olivier Hoebanx & Diane Le Grand De Belleroche, L' *Evaluation Contentieuse Du Prejudice: Quelles Regles?*, 2006; 转引自 Julien Chaisse and Lisa Zhuoyue Li, "Shareholder Protection Reloaded: Redesigning the Matrix of Shareholder Claims for Reflective Loss", *Stanford Journal of International Law*, Volume 52 Issue 1, 2016, p. 56。

[④] See Julien Chaisse and Lisa Zhuoyue Li, "Shareholder Protection Reloaded: Redesigning the Matrix of Shareholder Claims for Reflective Loss", *Stanford Journal of International Law*, Volume 52 Issue 1, 2016, p. 56.

法国法允许赔偿由"机会损失"造成的"纯粹经济损失",但是与"机会损失"造成的损害不同,"间接损失"索赔涉及的法律问题在于损失的"无法确定性"。当一家公司失去签订合同的机会时,这种机会损失的价值是可以计算出来的。但是,由于股东可能永远不会出售他们的股票,而出售时机直接影响股份价值,所以不可能计算由于第三方对公司的侵权行为而造成股东的股份价值损失。

因此,结合法国法及其相关案例,可以总结其对股东独立诉讼与"非间接损失"原则之间的规定如下:第一,根据法国法,股东通常只能在遭受"人身伤害"而且与公司遭受的侵害无关的情况下独立提起诉讼。第二,法国法适用的也是"非间接损失"原则,目前没有例外规定或例外案例。第三,法国法允许索赔基于商业上的"机会损失"而导致的"纯粹的经济损失",但是"机会损失"与"间接损失"在法国法下是不一样的法律概念。

(三) 荷兰法中的股东诉讼

荷兰最高法院(Hoge Raad)关于"非间接损失"原则的开创性案例是 Poot v. ABP 案。[1] 该案中原告 Poot 是几家公司的唯一股东,同时这几家公司组成了一个集团。根据 Poot 的说法,ABP 拒不履行合同义务或对这些公司造成了侵权行为,最终导致 Poot 集团破产。Poot 起诉 ABP 赔偿其股票价值损失(value of his shares)。荷兰最高法院在其判决中首先坚定地支持"非间接损失"原则,同时也承认,如果违法者单独违反了对股东的"特定谨慎义务"(原文:specifieke zorgvuldigheidsnorm,译作:specific duty of care),股东可以有权要求损害赔偿,而且股东负有举证责任。[2]

荷兰最高法院对该案的判决没有明确说明在什么情况构成对股东的特定谨慎义务的违反。该案的代理律师列举了 ABP 针对 Poot 集

---

[1] See Hoge Raad, 2 December 1994, NJ 1995, 288.
[2] See Bas J. de Jong, "Shareholders' Claims for Reflective Loss: A Comparative Legal Analysis", *European Business Organization Law Review*, Volume 14, 2013, p.107.

团的合同违约或侵权行为，同时这些行为"意图"对股东个人也造成损害。然而，该案总检察长认为，即使在这种情况下，对股东的特定谨慎义务也需要"已经"被违反。① 但是，在后来的 Tuin Beheer v. Houthoff 案中，荷兰最高法院又承认了伤害股东的"意图"，也可能导致违反对股东的特定谨慎义务。②

同时也有荷兰学者进一步指出，如果一名董事会成员对公司的损害行为是"严重有罪"（seriously culpable）的，那么他原则上也违反了对股东的特定谨慎义务。③ 这种推理是从 Willemsen v. Nom 案中得到的启发，在该案中，公司的一名董事因违反了公司章程中明确为保护股东利益而订立的一项条款，因此也被认为对股东负有法律责任。④ 原则上，董事的这类行为被界定为严重过失，在荷兰，根据已确定的案例法，这是董事对公司负有法律责任的标准。可以说，这种推理是不可取的，因为作为董事对公司负有责任不应自动导致对股东也负有责任。

荷兰最高法院认为在至少以下 5 种情形中"不允许股东索赔间接损失"，因为没有违反对股东的特定谨慎义务：⑤

（1）公司只有一名股东，或者只有一名股东是唯一的董事会成员；

（2）公司因非法静坐罢工而破产，造成股份价值损失的；

（3）股东的损害是基于过错方的行为导致可以预见的后果，即使行为人为了自己的利益而不必要地、故意地造成公司破产；

---

① See Bas J. de Jong, "Shareholders' Claims for Reflective Loss: A Comparative Legal Analysis", *European Business Organization Law Review*, Volume 14, 2013, p. 108.

② See Hoge Raad, 16 February 2007, NJ 2007, 256.

③ See G. van Solinge and M. P. Nieuwe Weme, *Mr. C. Assers Handleiding tot de beoefening van het Nederlands Burgerlijk Recht. Rechtspersonenrecht. Deel II. De naamloze en besloten vennootschap*, Deventer Kluwer 2009, p. 259.

④ See Hoge Raad, 20 June 2008, NJ 2009, 21.

⑤ See Bas J. de Jong, "Shareholders' Claims for Reflective Loss: A Comparative Legal Analysis", *European Business Organization Law Review*, Volume 14, 2013, pp. 108-109.

(4) 公司因破产不能再继续索赔的；

(5) 该公司本身不能，或例如因和解使其本身不再请求损害赔偿。

在第 1 种情形下，荷兰最高法院认为即使是唯一股东，也有必要区分对股东和对公司的义务；关于第 2、3、4 种情况，公司破产并不会自动导致对股东的特定谨慎义务的违反。最后，第 5 种情况规定了即使公司因为其自身原因不再索赔，这也不意味着过错方违反了对股东的特定谨慎义务。

但是，在荷兰法下违反了对股东的特定谨慎义务是否就足以判决股东胜诉？关于该问题的一个重要案例是 Kip v. Rabo 案。Kip 和 Sloetjes 是一对夫妇，拥有一家控股公司的全部股份，而该控股公司又持有两家子公司的全部股份。荷兰合作银行 Rabobank 曾为其中一家子公司的经营活动提供过贷款，该子公司和 Kip 个人向银行提供了抵押物。当该子公司业务恶化时，银行单独召见了所有公司和 Kip 个人。后来，银行敦促 Kip 以非常低的价格出售他在控股公司的股份。Kip 和 Sloetjes 随后起诉该银行，要求其支付物质和非物质损失。他们认为，银行的行为对集团公司和对他们夫妇都是非法的、疏忽的，导致股份售价过低。

荷兰最高法院对此案的判决不同于 Poot v. ABP 案。最高法院注意到，Kip 和 Sloetjes 的利益与集团公司密切相关，因为他们以自己的名义向银行提供了抵押品，而且他们的收入和财富依赖于集团公司。如果指控属实，则可以判决赔偿 Kip 和 Sloetjes 要求的非物质损害赔偿（即股份价值损失）。[①]

Kip v. Rabo 案的判决中基于公司损失提起诉讼请求主要有两个问题：(1) 出售股份是不是允许股东要求损害赔偿的必要条件；(2) 违反对股东的特定谨慎义务，加上出售股份，是否足以令股东

---

① See Bas J. de Jong, "Shareholders' Claims for Reflective Loss: A Comparative Legal Analysis", *European Business Organization Law Review*, Volume 14, 2013, pp.109-111.

胜诉？

对于第一个问题，从 Kip v. Rabo 案中难以得出答案，一方面是因为该案中 Kip 夫妇出售股份是既定事实，所以无法推论没有出售股份的情况；另一方面是荷兰最高法院也没有对 Kip 夫妇出售股份与该案的必要联系进行论述。有可能在其他情况下，股东也可以直接索赔遭受的间接损失。

对于第二个问题的答案也不一定是肯定的。正如我们在 Kip v. Rabo 案中看到的那样，出售股份的决定本身是由违法者的行为所引发的。然而，股东出售股份的决定也有可能是与非法行为无关的原因，例如需要流动资金等。目前还没有相关案例论证荷兰法院在后者的情况下是否会判决损害赔偿。

Kip v. Rabo 案中股东 Kip 出售股份是将"间接损失确定化"的一种方式。根据荷兰法律，只有在间接损失确定的情况下，才可能适用"非间接损失"原则的例外。荷兰法认为这是股东间接索赔的必要条件，否则就会有重复损害赔偿的风险。但是，荷兰学者关于违反对股东的特定谨慎义务和间接损失确定化这两个要件是否就足以允许股东对间接损失提出索赔，尚没有达成共识。

总而言之，荷兰法也是以"非间接损失"为原则，在间接损失确定化的情况下，司法实践可以作出例外判决，但是在法律规定和学术争议中这一点并没有达成一致。另外需要注意的是，荷兰法中没有规定股东的派生诉讼，司法实践中也缺乏案例支撑。

第二节 一般国际法中的股东独立索赔

尽管目前一般国际法的概念还在不断发展，其范围不限于国际法基本原则与习惯国际法，也不同于条约等特殊国际法，但是并不影响对于股东独立索赔的识别。习惯国际法规则的发展远不及国内法，但国际法院已在案例实践中基本明确了关于股东独立索赔的一般原则,直接侵害和间接损失之间的区别及其对股东独立索赔法律地位的影响。

一 国际法基本原则与习惯国际法规则

(一) 直接侵害股东权利可以构成索赔的基础

国际法院在巴塞罗那公司案中指出,股东直接享有的权利受到侵犯时,具有独立的诉讼资格。① 因此,一般国际法(General International Law)与国内法一样,股东基于对其直接侵害的索赔是具有可受理性的。

(二) 原则上禁止股东基于间接损失提出的索赔

"股东间接损失不能构成一般国际法下的诉权基础"的原则已经通过国际法院确立。② 国际法院在巴塞罗那公司案和 Diallo 案的判决中也重申了禁止股东间接损失索赔的一般标准。

国际法院在巴塞罗那公司案(Barcelona Traction, Light and Power Company Limited, Belgium v. Spain)中指出,对公司的不法行为通常会损害公司股东的利益,但是,损害公司和股东的利益并不意味着双方都有权要求赔偿。③ 股东的利益因为公司遭受侵害而间接受到损失,应当由公司通过适当的行动索赔。对公司权利的侵害与对股东单方面利益的损害之间存在区别,即使股东的利益受到影响,但是针对公司权利的行为并不涉及对股东的责任,股东也无法基于此种侵害享有诉权基础。国际法院也因此驳回了申请人的诉求,认为其诉求基础是股东的间接损失。只有公司受到的直接侵害可以构成索赔的基础,而该案中的巴塞罗那公司在加拿大成立,因此比利

---

① See Barcelona Traction, Light and Power Company Limited (Belgium v. Spain), Judgment, ICJ Reports 1970, para. 47.

② See David Gaukrodger, *Investment Treaties as Corporate Law: Shareholder Claims and Issues of Consistency*, OECD Working Papers on International Investment 2013/03, p. 22.

③ See Barcelona Traction, Light and Power Company Limited (Belgium v. Spain), Judgment, ICJ Reports 1970, para. 38.

时政府的诉讼请求不具有可受理性。

国际法院在作出上述判决时，不仅考虑了一般国际法的原则和规定，同时也参照了国内公司法的规定。① 同时，国际法院还指出，关于禁止股东间接损失索赔的规则有政策上的理由。②

迄今为止，国际法院关于股东间接损失的索赔请求尚未做出任何例外判决，但是国际法院法官以及学者之间就是否"存在例外"进行了大量的辩论。申请人往往主张承认一般规则的例外，类似于某些国内法体系中承认的某些例外。正如伊恩·布朗利（Ian Brownlie）所指出的那样，在巴塞罗那公司案中，申请人提出了两项普遍禁止的例外情况，但是国际法院均予以驳回。③

（三）可以通过条约规定不同的适用规则

国际法院也认可各国在条约中达成一致的方式，改变对于股东间接损失索赔适用的一般法律原则。各国可以通过合意修改一般原则以允许基于间接损失的索赔请求，或者赋予股东更大范围的直接权利。

同时，国际法院还认识到，现在大多数与投资相关的索赔是由投资者根据投资条约提起的，而不是根据一般国际法通过外交保护提出。但是，国际投资条约的"泛滥"或解释此类条约的仲裁实践，并不构成股东基于间接损失索赔的习惯国际法。④ 从根本上而言，一般国际法依然是禁止股东的间接损失索赔。

---

① See Barcelona Traction, Light and Power Company Limited (Belgium v. Spain), Judgment, ICJ Reports 1970, para. 96.

② See Case Concerning Ahmadou Sadio Diallo (Republic of Guinea v. Democratic Republic of the Congo), Merits, Judgment, ICJ Reports 2010, p. 639.

③ See Ian Brownlie, *Principles of Public International Law* (7th edition), Oxford University Press, 2008, pp. 488-489.

④ See Case Concerning Ahmadou Sadio Diallo (Republic of Guinea v. Democratic Republic of the Congo), Merits, Judgment, ICJ Reports 2010, p. 638.

二 国际法院案例实践中的股东独立索赔

本节将具体分析两项著名的关于股东诉讼的国际法院判决，以及另一项著名的涉及美国与意大利之间《友好通商和航行条约》（Treaty of Friendship, Commerce and Navigation，以下简称《FCN 条约》）的国际法院判决。这三起案件均是国际法背景下与股东独立请求权直接相关的典型案例，而且涉及国际法与国内法的相互关系，影响较大。

（一）巴塞罗那公司案

巴塞罗那公司案是国际法院就股东基于间接损失提起独立诉讼请求做出判决的第一案。[①] 在国际公法有关案件中，巴塞罗那公司案也是最常被引用的案件之一，一方面是因为该案是第一个此类案件，另一方面也是因为该案中审判意见的复杂性、多样性和全面性。[②]

巴塞罗那公司案本身是一起关于外交保护的案件，起源于该巴塞罗那公司在西班牙的破产。该巴塞罗那公司总部是在加拿大注册成立，随后在加拿大和西班牙设立了一系列子公司。为在西班牙创建和开发电力生产和配电系统，巴塞罗那公司发行了一系列债券，而这些债券通过位于西班牙的子公司向巴塞罗那公司支付的金额进行偿付。1936 年，因为西班牙内战中止了债券的偿付。战争结束后，西班牙外汇管制当局拒绝授权转让偿付债券所需的外币。1948 年，三名债券持有人在西班牙申请巴塞罗那公司破产，因为该公司未支付债券利息。随后，巴塞罗那公司被宣布破产，管理层也被解雇，而该公司的新股由西班牙国民在公开拍卖中发行和购买。巴塞

[①] See Barcelona Traction, Light and Power Company Limited (Belgium v. Spain), Judgment, ICJ Reports 1970.

[②] See Monique Sasson, Substantive Law in Investment Treaty Arbitration: The Unsettled Relationship between International Law and Municipal Law (2nd edition), Chapter 5 Shareholders' Rights, International Arbitration Law Library, Volume 21, p. 151.

罗那公司的比利时股东就破产程序中的各种违规行为提起了多项诉讼程序。比利时政府要求西班牙政府赔偿巴塞罗那公司的股东（比利时国籍）因为西班牙政府的侵害而遭受的损失，并且声称该公司的大部分股东是比利时国民，但是西班牙政府对这一主张提出了质疑。

西班牙政府提出的初步异议包括对该诉讼"可受理性"的异议，认为该案申请人不具有适格的"法律地位"。① 西班牙政府认为，由于巴塞罗那公司是一家加拿大公司，在比利时没有适格的法律地位。西班牙政府指出，习惯国际法没有可以直接适用于该争端的条约，没有规定对除公司国籍国（即加拿大）以外的股东权利进行任何外交保护。

巴塞罗那公司案的第一项判决结果可以归纳为如下几点：

（1）国际法必须在公司和股东权利的概念等方面承认国内法制度，因为国际法没有定义这些制度。② 有限责任公司的概念是国内法的"专属创造"（exclusive creation），而国际法应当在原则上遵守这些概念本身。③

（2）在国内法中，公司的概念不同于公司股东的概念。只要公司存在，股东就不享有公司资产的权利，只有公司可以要求赔偿其资产损失。④

（3）对公司的不当行为通常也会损害其股东的利益，但这并不意味着他们有权要求赔偿。同样，债权人无权就公司债务人遭受的

---

① See Barcelona Traction, Light and Power Company Limited (Belgium v. Spain), Judgment of 24 July 1964, in 1964 ICJ, para. 6.

② See Barcelona Traction, 33 and 34: Municipal law determines the legal situation not only of such limited liability companies but also of those persons who hold shares in them, para. 41.

③ See Barcelona Traction, Separate Opinion of Judge Fitzmaurice, at 67, para. 6.

④ See Barcelona Traction, Light and Power Company Limited (Belgium v. Spain), ICJ Judgment, 24 July 1964, paras. 41 & 44.

损害要求赔偿。①

（4）只有公司可以挑战侵犯公司权利的行为。而股东可以挑战侵犯其自身直接权利（direct rights）的行为，例如股息。这些是股东的财产权，而不仅仅是利益。②

（5）在股东间接索赔（indirect claims）方面，可以由公司国籍国行使外交保护，但不能由股东国籍国行使。"对权利的损害与对利益的损害"之间是有区别的。③

（6）没有任何国际法规则明确授予股东间接索赔的权利。④

（7）国际法可能在两种特殊情况下承认"刺穿公司面纱"：①公司已经不存在；②公司的保护国缺乏采取行动的能力。在巴塞罗那公司案中没有出现这两种情况。⑤

（8）根据习惯国际法，股东无权主张间接索偿，尽管该权利可由条约予以规定。⑥

（9）公平规则（rule of equity）不适用，因为它可能为来自不同国籍的不同股东提出的无数索赔打开大门，这将给国际经济关系带来更多不安全因素。⑦

巴塞罗那公司案在描述国际法与国内法之间关于股东权利的关

---

① See Barcelona Traction, Light and Power Company Limited (Belgium v. Spain), ICJ Judgment, 24 July 1964, paras. 35 & 44.

② See Barcelona Traction, Light and Power Company Limited (Belgium v. Spain), ICJ Judgment, 24 July 1964, paras. 36, 46 & 47.

③ See Barcelona Traction, Light and Power Company Limited (Belgium v. Spain), ICJ Judgment, 24 July 1964, para. 46.

④ See Barcelona Traction, Light and Power Company Limited (Belgium v. Spain), ICJ Judgment, 24 July 1964, para. 46.

⑤ See Barcelona Traction, Light and Power Company Limited (Belgium v. Spain), ICJ Judgment, 24 July 1964, paras. 64-71.

⑥ See Barcelona Traction, Light and Power Company Limited (Belgium v. Spain), ICJ Judgment, 24 July 1964, para. 90.

⑦ See Barcelona Traction, Light and Power Company Limited (Belgium v. Spain), ICJ Judgment, 24 July 1964, paras. 94-96.

系时至关重要。该案回答了一个重要问题，即国际法应如何一方面承认公司权利和股东权利的概念，另一方面又对这两个概念进行区分。国际投资法可能在条约中规定股东可以代表他们的公司行事，在这种情况下，对公司的不当行为将使股东有权要求赔偿。但是，除非国际法对这些权利作了具体的规定，否则这些股东权利的内容将交由国内法规定。

国际法院在巴塞罗那公司案中明确阐明了习惯国际法，而很少有早期或以后的法院或仲裁庭能清楚地做到这一点。该案在某些方面可能不是"投资者友好型"的，但它澄清了权利与利益（rights and interests）之间的区别，这在投资仲裁庭的判例中常常是模糊的。

不过，对于国际法院在该案中的判决也有不同意见。在 2003 年联合国发布的《外交保护第四次报告》中，特别报告员 John Dugard 批评了巴塞罗那公司案，认为它是基于公司法而不是国际法作出的国际法院判决，并建立了"不可行的标准"（unworkable standard）。然而，《外交保护第四次报告》也承认，巴塞罗那公司案是"对习惯国际法的真实反映"。[①] 尽管对于巴塞罗那公司案的争议与分析延续至今，但这正说明了其重要性。就本书研究而言，巴塞罗那公司案中体现的裁判标准是可行的，对国内公司法的遵守并不会削弱国际法的法律效力，相反，它为国际法提供了实质依据和来源。

（二）ELSI 案

Elettronica Sicula S. p. A.（United States of America v. Italy，以下简称"ELSI 案"）是 1989 年国际法院作出的一项判决，涉及 1948 年意大利和美国《FCN 条约》中规定的股东权利。

ELSI 是一家由美国公司及其子公司所拥有的意大利公司，这是一家生产电子元件的工厂。ELSI 公司在经营过程中的利润不足以抵

[①] See *Fourth report on diplomatic protection* by Mr John Dugard, Special Rapporteur, 13 Mar. 2003, UN DOCUMENT A/CN. 4/530 and Add. 1, para. 16. Available at: https://legal. un. org/ilc/documentation/english/a_ cn4_ 530. pdf, 最后访问日期：2020 年 5 月 4 日。

消其累积的债务，于是在 1968 年，股东们决定对公司进行清算。同时，意大利巴勒莫市市长征用了该工厂。美国认为，非法征用该工厂违反了双方的《FCN 条约》，因为它剥夺了 ELSI 股东有序清算其公司的权利。意大利认为，由于未用尽当地救济的措施，因而国际法院对该案不具有可受理性。国际法院拒绝了意大利关于当地救济的异议，但是认为意大利并未违反《FCN 条约》第三条，即美国提出的该条款授予其股东组织和管理 ELSI 的权利，因为破产本身是由于 ELSI 的财务状况导致的。[①] 也就是说，国际法院认为在该案中 ELSI 的股东没有被剥夺进行有序清算的权利，因为无法确定在意大利征用 ELSI 之前股东是否可以有序地进行清算。

ELSI 案是国际法院判决的股东索赔的第二起案件，而且该判决涉及违反条约的索赔。国际法院没有决定股东是否有权根据习惯国际法代表其公司提出索赔，而是仅参照《FCN 条约》考虑了股东的权利，也没有考虑巴塞罗那公司案的裁决或任何其他一般性声明。而且，国际法院也没有考虑破产程序中股东的权利是否为直接权利，而是出于以下两个方面，对股东权利保护的问题进行了分析与澄清。

（1）《FCN 条约》第三条明确规定了对控制权和管理权的保护。意大利政府的征用行为是非法的，剥夺了股东"控制和管理公司的最关键权利"，从表面上看是对他们权利的一般侵害。但是，由于 ELSI 在申请之前已经资不抵债，因此"不存在受《FCN 条约》保护的股东的控制权和管理权"[②]。

（2）《FCN 条约》第 5 条第 2 款规定，其保护"应扩大到任何一方的国民，公司和协会……在另一缔约方领土内取得财产的直接

[①] See Elettronica Sicula S. p. A. Judgment of 20 July 1989, in ICJ Reports 15, 1989, paras. 92, 99 & 101.

[②] See Elettronica Sicula S. p. A. Judgment of 20 July 1989, in ICJ Reports 15, 1989, paras. 75 & 94.

或间接持有的利益"①。国际法院解释该条是为了保护股东在公司资产及其清算后的"剩余价值"中的权益。但是由于 ELSI 在申请前已经破产，因此无法进行清算，也就没有资产受到保护以免被征用。

ELSI 案考虑了《FCN 条约》的特定条款，并将其应用于案件争议的解决。没有试图在国际法层面扩大股东权利的概念，或者刺破公司的面纱。在习惯国际法层面的实践（即巴塞罗那公司案）和条约法层面（即 ELSI 案），相隔约二十至二十五年的判决中，国际法院都坚定地主张限制间接索赔。

而且，ELSI 案也确认，即使条约赋予了股东权利，也并不意味着可以无视国内法律对股东权利的规定。国际法院分析了管理公司的权利，以及该公司根据意大利法律中破产的规定，认为国际法领域中"股东地位"的存在以及国际法中对基本权利定义的缺乏，并不能导致法庭"创设"常设权利。

另外一点值得注意的是，ELSI 案的股东参与了数项诉讼程序，其中 ELSI 的债权人试图在国内法层面上刺破公司的面纱，并要求宣布 ELSI 的股东根据意大利《民法》第 2363 条对 ELSI 的债务承担责任。该条款规定，唯一股东应对公司的所有债务承担责任。但是 ELSI 公司有两名股东，尽管其中一名由另一名股东完全控制。这些诉讼中有一些被中止，其他被意大利上诉法院驳回。②因此，在与 ELSI 案有关的所有已知的法律程序中，都没有进行刺穿公司面纱的裁判。

（三）Diallo 案

经过大约 40 年的中断，国际法院再次在外交保护的背景下处理了一起有关股东权利的案件。Diallo 先生于 1964 年移居刚果，并成

---

① See Elettronica Sicula S. p. A. Judgment of 20 July 1989, in ICJ Reports 15, 1989, para. 118.

② See Elettronica Sicula S. p. A. Judgment of 20 July 1989, in ICJ Reports 15, 1989, para. 45.

立了一家进出口公司 Africom-Zaire（以下简称"AZ 公司"）。1979年，在另外两位合伙人的支持下，Diallo 创立了另一家公司 Africontainers-Zaire（以下简称"ANZ 公司"）。20 世纪 80 年代末，这两家公司开始遇到某些债务追索的问题。1995 年，扎伊尔（刚果1971—1977 年的旧称）下达了驱逐 Diallo 的命令，并于 1996 年将他驱逐到几内亚。

几内亚政府提出了以下三项主要的诉讼理由：（1）Diallo 的个人权利受到了侵害；（2）Diallo 作为两家公司股东的直接权利受到了侵害；（3）公司的权利受到侵害，Diallo 作为公司的"替代"（substitution）同样被侵权。几内亚政府指出，国际法院在巴塞罗那公司案的判决附带意见中提出，如果公司在请求外交保护中援引其注册国的国家责任，则构成一般规则的例外情况。依据几内亚的诉讼请求，国际法院审议了对该案的管辖权问题，认为在 Diallo 案中，国际法院对前两个诉讼争议具有管辖权，但几内亚政府不能通过代理的方式行使公司的权利。国际法院指出："对于公司合伙人或股东而言，国际不法行为是指被告国侵犯了他们与法人有关的直接权利，即由该国的国内法所定义的直接权利。而且双方均应说明。"①

国际法院注意到在巴塞罗那公司案中提出的区分公司权利和股东利益的原则，并补充道："法院在仔细研究了国家实践以及国际法院和仲裁庭对合伙人或股东的外交保护方面的决定之后，认为它们至少在目前没有揭示出习惯国际法的例外情况，例如几内亚政府所提出的'替代'权利保护。"②

相反，Diallo 案中几内亚政府援引的事实是各种国际协议，例如

---

① See Case Concerning Ahmadou Sadio Diallo (Republic of Guinea v. Democratic Republic of the Congo), Merits, Judgment, ICJ Reports 2010, p. 663.

② See Barcelona Traction, Not a mere interest affected, but solely a right infringed involves responsibility, so that an act directed against and infringing only the company's rights does not involve responsibility towards the shareholders, even if their interests are affected, para. 36.

促进和保护外国投资的协议以及《ICSID 公约》，建立关于投资保护的特殊法律制度。但是，这不足以表明外交保护习惯规则已经改变，反倒是可以表明相反的情况。几内亚政府所依赖的仲裁也是"特殊情况"，无论是基于两个或多个国家之间的具体国际协议。[①]

国际法院在 Diallo 案中进一步解释了"替代保护"，当公司的国籍国对公司采取了非法行为时，"替代保护"旨在为不能依靠国际条约的保护而又没有其他补救措施的公司中的外国股东提供保护。[②]

国际法院在 2010 年 11 月 30 日对该案的判决中列出了 Diallo 先生作为个人的权利以及作为 AZ 公司和 ANZ 公司合伙人的直接权利。国际法院接受了 Diallo 参加股东大会和投票的权利以及管理公司的权利、Diallo 先生在 AZ 公司和 ANZ 公司中的监督和管理权以及相应的财产权。基于此，国际法院适用了刚果法律。[③] 国际法院重申，国际法承认国内法的原则，即公司具有与股东不同的法人资格，并且公司的权利和资产也与股东的权利和资产不同，在法律上认为公司的财产与股东的财产合并是不合理的。[④] 实际上，国际法院也确认，在运用扎伊尔法律来决定 Diallo 公司是否在扎伊尔成立公司的问题作为经营其业务的前提条件时，股东的权利必须根据相关的国内法来确定。

总结 Diallo 案的判决，可以确定以下三项主要原则：

（1）习惯国际法没有规定股东的替代保护；

（2）替代保护是不得已而为之的，仅在非常有限的情况下才

[①] See Case Concerning Ahmadou Sadio Diallo (Republic of Guinea v. Democratic Republic of the Congo), Merits, Judgment, ICJ Reports 2010, p. 671.

[②] See Case Concerning Ahmadou Sadio Diallo (Republic of Guinea v. Democratic Republic of the Congo), Merits, Judgment, ICJ Reports 2010, p. 671.

[③] See Case Concerning Ahmadou Sadio Diallo (Republic of Guinea v. Democratic Republic of the Congo), Merits, Judgment, ICJ Reports 2010, pp. 674-675.

[④] See Case Concerning Ahmadou Sadio Diallo (Republic of Guinea v. Democratic Republic of the Congo), Merits, Judgment, ICJ Reports 2010, p. 689.

适用；

（3）巴塞罗那公司案提到的两种特殊情况①该公司不复存在；②公司的国籍保护国缺乏采取行动的能力，也不能证明是股东所在地法律规则的一般性例外。①

根据 Diallo 案确定的原则，如果投资条约未明确规定，则投资条约仲裁庭也不应该采用"替代保护"，也就是说不应当支持投资者基于间接损失独立提起的仲裁请求。在没有明确条款规定的情况下，股东针对间接损失的独立请求将使仲裁庭能够穿透公司治理，而无视有关股东权利的国内法律规定，并且将进一步增加股东权利边界的不确定性。这也就意味着，从国际法院的案例实践中来看，必须对股东请求权或诉权进行狭义的解释，当没有明确的条约规定时，有关保护外国投资的纠纷中都不应主动"刺穿公司的面纱"。

从另一个角度来看，尽管国际法院要求对股东请求权进行狭义解释，但也承认了股东独立请求权的存在，尤其是当条约明确规定时。因为考虑到实践中的影响，认为应当采取更严格的狭义解释。

总之，尽管在投资条约仲裁中经常提到这三个判决，即巴塞罗那公司案、ELSI 案和 Diallo 案，但仲裁庭通常认为这三个案件在投资仲裁中缺乏直接适用性，理由是投资条约是专门法，而且也并非判例法体系，不应被同化为外交保护的案例。② 但是，这些案件判决所依据的原则在投资法背景下仍然适用。首先，巴塞罗那公司案和 Diallo 案认为，习惯国际法没有直接规定股东权利，但是有些条约确实提供了这些权利。如果所涉条约均未规定该权利，则股东没有国际法地位。其次，这三个案件的判决都表明了如何规范国际法与国

---

① See Barcelona Traction, Light and Power Company Limited (Belgium v. Spain), Judgment of 24 July1964, in 1964 ICJ Reports, para. 64.

② See CMS Gas Transmission Company v. Argentina, ICSID Case No. ARB/01/8, Decision on Annulment, 25 September 2007, para. 69. Also in general Bottini, "Indirect Shareholders Claims", in Building International Investment Law, *The First* 50 *Years of ICSID*, Kluwer Arbitration, 2016, paras. 203–218.

内法之间的关系，即国际法可以承认股东的权利，但其权利内容应当由所属的国内法进行规定。ELSI 案在涉案条约的背景下考虑了股东独立请求权问题，但是由于条约没有界定股东的权利，因此它也参考了相关国内法对股东基于间接损失而主张独立请求权的法律规定。

第三节　股东具有独立诉因的情形

根据前文的分析，在英国和荷兰的国内法中，只有当股东有独立的诉讼因由（或称诉因）时，才可能构成"非间接损失"原则的例外情况。也就是说只有违反了对股东的独立义务时，例外情形的规定才可以适用。而且，即使当股东有独立诉因时，法院的裁判也并不一定是确定和一致的。

总结一般国内法的规定，股东遭受的间接损失在以下四种情形下是相对可以"确定"的：（1）公司无法提出索赔；（2）公司已经完成了自己的索赔；（3）公司不愿意起诉；（4）在公司收到损害赔偿金之前，股东已经低价（因为侵害者对公司的损害行为导致的低价）出售了其股份。[①] 如果股东的间接损失可以确定，那么股东独立索赔请求面临重复赔偿的风险应该也会降低。但是，这四种情况是否足以构成"非间接损失"原则的例外情况，仍有待研究。例如，根据德国法律，任何"例外情况"都是不允许的。本书将继续研究上述四种情况与国内公司法"非间接损失"原则之间的关系。

一　公司无法索赔

公司无法提出索赔的原因有很多，可能是违法者使公司无法继

---

① See Bas J. de Jong, "Shareholders' Claims for Reflective Loss: A Comparative Legal Analysis", *European Business Organization Law Review*, Volume 14, 2013, p. 113.

续其索赔,例如 Giles v. Rhind 案中公司业务已经被摧毁;或者违法者在公司内部担任关键的董事职位等,如 Perry v. Day 案中,董事利用他的职位使公司失去了索赔权利;再或者,被告针对公司可能的诉讼请求有较好的辩护理由和依据,但不是针对股东可能提起的索赔,因此公司不会提起诉讼;也有可能是该公司已经不复存在。

中国香港终审法院法官(非常任)、英国上议院苗礼治勋爵(Lord Millett)曾指出,允许股东为了自己的利益提出索赔请求是不可接受的,因为这是以牺牲公司及其债权人的利益为代价的。① 但是,也有观点认为,虽然债权人的利益可能受到不利影响,但从一般合同法或侵权法的角度来看,股东独立的损害赔偿请求权并不从属于公司的债权和债权人的利益。② 德国《股份公司法》第 117 条和第 317 条将"排除股东对间接损失的独立索赔"解释为一项基本原则,立法者认为,当缺乏明确的立法干预时,法院应当防止股东通过间接损失索赔获得重复赔偿。③

如果国内法没有明确的立法干预时,法院真正关心的风险之一是股东对间接损失获得"重复赔偿"。因为重复赔偿与合同法和侵权法的赔偿目的相抵触。但是,如果公司的行政接管人已声明不提起或不再继续诉讼,该风险也就可以得到排除。因此,法院在实践层面或许也可能支持股东的个人损害赔偿请求。但是在此种情形下,法院应当首先要求股东提供证据,证明其已经试图通过公司的接管人启动或继续诉讼,但未获成功。

公司无法起诉违法者的原因还有可能在于违法者在公司拥有关

---

① See Lord Millett, Waddington v. Chan Chun Hoo, HKCU, 2008, para. 1381.

② See F. Veenstra, De aandeelhouder en zijn afgeleide schade, Ondernemingsrecht, 2008, p. 143. 转引自 Bas J. de Jong, "Shareholders' Claims for Reflective Loss: A Comparative Legal Analysis", *European Business Organization Law Review*, Volume 14, 2013, p. 114。

③ See De Wulf, *Direct Shareholder Suits for Damages Based on Reflective Losses*, Festschrift fur Klaus J. Hopt zum 70. Geburtstag am 24, August 2010, p. 1557.

键职位，在这种情况下，派生诉讼制度（股东代表诉讼制度）可以为股东提供补救措施。然而，股东代表诉讼制度的法律基础之一是公司本身有诉权但是怠于起诉，如果公司本身已经通过合同约定或者其他方式放弃了其诉求，那么股东代表诉讼也难以实施。例如，在 Perry v. Day 等案件中，股东代表诉讼制度原则上不再有效，因为申请人已经通过签订合同的方式丧失了起诉权。与此同时，需要注意的是，股东派生诉讼制度的损害赔偿以公司的损失为依据，原告股东与公司之间实际上是一种"代表"关系。所以，此处的损害赔偿依然没有支持股东的"间接损失"索赔，即使股东可以通过公司获得的赔偿而间接获得补偿，但这依然是两个不同的法律问题。

总而言之，当间接损失"确定化"的情形下，如果股东有独立的诉因，而且公司无法提出索赔，那么法院支持股东的个人损害赔偿也是合理的。

二 公司已完成索赔

实践表明，如果公司与侵权行为者之间的"和解"对公司股东没有约束力，那么侵权主体可能没有动力与公司达成和解。[①] 对于既是股东又是公司董事的主体来说，其目标可能会相互冲突。作为公司董事，他需要尽可能争取对公司主体有利的和解方案；而作为股东，他可能希望以较低的金额达成公司与侵权主体之间的和解方案，从而尽可能多地寻求个人损害赔偿。[②]

在公司完成了自己的索赔之后，股东是否获得有效的救济以及其间接损失的范围是可以"确定化"的。如果法院在这种情况下，坚持"非间接损失"原则可能导致部分股东得不到赔偿。因此，在

[①] See Bas J. de Jong, "Shareholders' Claims for Reflective Loss: A Comparative Legal Analysis", *European Business Organization Law Review*, Volume 14, 2013, p. 115.

[②] See C. Mitchell, "Shareholders' Claims for Reflective Loss", *Law Quarterly Review*, Issue 120, 2004, pp. 469-470.

公司完成了自己的索赔以后，如果股东的间接损失依然"存在"且能够"确定化"，法院在实践中应该尽可能维护股东的法律权利和经济利益。

三 公司无意起诉

公司考虑到自己的商业利益，有可能不愿意起诉。如果被告是一个未来依然有价值的客户，诉讼带来的负面影响也可能随之而来，或者公司认为将时间精力花在其他地方更有价值。再或者由于预期高昂的法律费用和法律事实的不确定性，公司更愿意通过和解方式解决争议。

在"公司不愿意起诉"的情形下，并不是说公司客观不能起诉，公司仍然可能在之后基于其他的原因而提起诉讼，例如公司董事会的组成发生了变化。在这种情形下，关键的法律问题是股东可能获得重复赔偿。因此，除非该公司明确放弃索赔，否则对于股东独立索赔，仍应适用国内法中的"非间接损失"原则。

四 股东已低价出售其股份

侵权主体针对公司的不法行为可能会导致公司的股票价值下跌，此时股东有可能选择及时止损，低价出售其股份。在这种情况下，即使公司通过诉讼获得赔偿，但是支付给公司的赔偿款将不会再使已经出售公司股份的股东受益，所以股东的间接损失也是有可能"确定化"的。前文讨论的英国案件 Stein v. Blake 和荷兰案件 Kip v. Rabo 就属于这一类情况的。

这种情形在一定条件下可以构成股东的"独立诉因"。如果股东能够证明其低价出售股份完全是出于违法者对公司的侵害，而不是任何其他的市场经济原因，且国内法对此问题没有进行规定，则可以构成这类股东对股份价值的间接损失提起诉讼的独立诉因。相反，如果出售股份的决定与违法行为无关，还是应当严格执行国内法的规定。

但是，如果股东依据此独立诉因索赔间接损失，则有可能对侵权主体造成"重复赔偿"风险。假设侵权行为导致公司 A 大部分资产受到严重损失，股价从每股 100 元跌至每股 20 元，股东 X 以每股 20 元的价格向 Y 出售他的股票。那么，如果前股东 X 成功起诉侵权者，侵权主体将不得不向他支付每股 80 元的差价。然而，公司 A 也可以公司股价下跌起诉侵权者要求赔偿相同的金额。如果公司获得赔偿，那么实际上是买家 Y 股东受益。因此，侵权者将为每股支付两次赔偿款，造成了重复赔偿的问题。

对于该重复赔偿的问题，De Wulf 认为可以通过派生诉讼制度解决。[1] 这意味着，股东可以代表公司起诉违法侵权者，并向公司支付赔偿金，间接使股东受益。这种方法虽然能够避免对侵权者带来重复赔偿的问题，但结果是前股东 X 得不到补偿，因为支付给公司的补偿对已经低价出售股份的股东而言没有意义。相反，股东 Y 却能在低价购买股份的基础上，又得到了一笔"意外之财"。所以，在本书看来，即使股东因为侵权者对公司的不法行为低价出售自己的股份，可能构成一项股东索赔的独立诉因，也不构成在国内法上索赔的充分、合理依据。

本章小结

本章分析了比较法视野下股东独立索赔相关问题，核心在于研究股东对间接损失是否享有司法程序索赔的独立权利。具体研究了大陆法系和普通法系有关国家的公司法制度，包括美国、英国、加

---

[1] See H. de Wulf, *Aandeelhoudersvorderingen met het oog op schadevergoeding-of waarom elke aandeelhouder vergoeding van reflexschade kan vorderen*, Financial Law Institute, Gent University, Working Paper 2011-03, p. 9. 转引自 Bas J. de Jong, "Shareholders' Claims for Reflective Loss: A Comparative Legal Analysis", *European Business Organization Law Review*, Volume 14, 2013, p. 117。

拿大、法国、德国和荷兰的国内法制度与司法案例。可以得出的基本结论是，国内法以"非间接损失"原则为指导，股东不能以自己的名义独立追索基于公司损失而导致的间接损失。股东遭受的间接损失可以通过公司获得的赔偿得到救济，但是无法通过司法程序直接判决赔偿给股东。

本章不仅对法律规定和司法实践进行了细致、深入的分析，更从法理的角度探讨了这些原则、规则或实践的合法性与合理性。同时，还进一步分析了在上述国内法中没有规定或在司法实践中尚未出现的其他可能的情形。

在上述各国国内法制度中，均采用"非间接损失"原则来禁止股东寻求间接损失的司法救济。该原则源于公司独立的法人资格，公司自身有权追回损失。国内法对此问题的处理原则与制度有其法理和判例中的原因，符合更广泛的法益需要。[1] 根据比较法的分析，股东的间接损失即使是可以确定化的，但限制股东提起间接损失之诉的权利被认为更有效、更公平。[2]根据国内法对公司与股东的区别规定，习惯国际法也排除了对股东"因东道国对公司采取的违法措施而遭受的间接损失"的保护，国际法基本原则和国际法院判决中也没有支持股东对间接损失的索赔诉求。

但是，习惯国际法和国内法对股东间接损失索赔的限制并不意味着股东不能提出索赔，只是股东的索赔基础通常仅限于其遭受的直接侵害。股东间接索赔可能会让股东获得重复赔偿，也可能会导致实施不法行为的主体面临重复赔偿的风险，同时还有可能对公司、债权人、未提起索赔请求的股东以及其他利益相关者的权利与利益造成不利影响。后文对国际投资仲裁制度中股东间接仲裁的分析同

---

[1] See David Gaukrodger, *Investment Treaties as Corporate Law: Shareholder Claims and Issues of Consistency*, OECD Working Papers on International Investment 2013/03, p. 24.

[2] See David Gaukrodger, *Investment Treaties as Corporate Law: Shareholder Claims and Issues of Consistency*, OECD Working Papers on International Investment 2013/03, p. 24.

样也会涉及这些问题，本书将会从国际投资法的视角对其进一步分析，并提出应对之策。

与此同时，"非间接损失"原则不是绝对的，在一般国际法和国内法中都存在"例外规定或实践"。例如，在英国和荷兰关于股东间接损失索赔的国内法规定中有一个共同特点，即股东有独立诉因的情形下，可以以自己的名义对间接损失直接起诉并可以获得股东个人名义的赔偿。但是，对于间接损失中的股东"独立诉因"没有具体的规定，需要从判例法中不断发展、总结。各个国家对于"非间接损失"原则例外情况的法律要求是不同的，或者不允许任何例外，例如德国《股份公司法》不允许任何例外。这些法律要求中的共同特征是认为间接损失应该是"确定化"的，即减少或者排除了股东获得重复赔偿的风险。本章研究了四种可以使间接损失"确定化"的情形，但并不认为每种情形都能够赋予股东间接损失索赔充分的法律依据、实践的可能性以及法理上的公平正义。

此外，本章还对派生诉讼制度即中国法下的股东代表诉讼制度进行了简要分析，该制度不同于股东间接索赔，也难以对股东的间接损失的救济发挥稳定和一致的作用。从根本上看，在上述分析之外的股东间接损失索赔的确有着较大的灵活性和不确定性，在各个国家没有通过立法或判例进行明确规定的前提下，如果法院等机构在实践中能够有效防止或解决股东间接损失索赔带来的风险和危害，那么法院也应当尽可能为股东的间接损失提供救济的路径。

第三章
股东独立仲裁请求的管辖权

第一章和第二章已经论述了国际投资法及条约仲裁实践与国内法、一般国际法和国际法院实践对股东独立索赔的不一致规则和实践。尽管国际投资法体系对此没有法律条文上的明确规定，但是仲裁实践已经形成了对股东独立请求中直接仲裁的基本支持和间接仲裁争议较大的现象。因此，本章将对国际投资仲裁机制中最首要的管辖权问题进行分析，判断股东独立仲裁请求在管辖权问题上的法律依据。同时，本章也将探讨这些仲裁实践是否构成了"习惯国际法"规则。不过，需要注意的是即使股东独立仲裁"请求"在管辖权问题上能够得到支持，也不意味着股东独立仲裁"请求权"已经形成，后文还将继续对可受理性、适用法和法律风险等核心问题进行分析，以更全面地研究国际投资仲裁制度中的股东独立仲裁。

以最重要的国际投资保护公约《ICSID 公约》为例，第 25 条管辖权条款第 1 项规定："中心的管辖适用于缔约国（或缔约国向中心指定的该国的任何组成部分或机构）和另一缔约国国民之间'直接因投资而产生'并经双方'书面同意'提交给中心的任何法律争端。当双方表示同意后，任何一方不得单方面撤销其同意。"①

就此项规定可以判断，仲裁庭管辖权的取得源于当事方的合意，其限制条件之一是"直接因投资而产生"的争议。因此，如何界定争议"直接因投资而产生"成了国际投资仲裁机制管辖权问题中的首要问题。

第一节 争议"直接因投资而产生"的界定

《ICSID 公约》第 25 条第 1 款要求"争议直接由投资引起"，这是对投资争议的一项客观要求。如果需要在一般情况下区分"直接"由投资引起的争议和"间接"由投资引起的争议，必须逐案分析与归纳。Schreuer 教授提到，投资争议必须具备独有的特征之一，是应当将它们与投资紧密联系起来。② 那么，东道国针对当地公司的政策或举措，间接影响到股份价值，是否构成与投资直接相关的法律争议？换句话说，这是《ICSID 公约》对基于间接损失提出的仲裁请求设置的管辖权限制吗？

《ICSID 公约》本身并没有对此给出答案。公约仅仅是要求"争议与投资"直接相关，但没有要求"不法措施"③与"投资或者投资者"有直接关系。因此，在 ICSID 仲裁实践中，普遍认为"非直接针对股份的措施"仍可能引起投资法律争端。由于这些措

---

① See ICSID Convention Art. 25（1）：The jurisdiction of the Centre shall extend to any legal dispute arising directly out of an investment, between a Contracting State (or any constituent subdivision or agency of a Contracting State designated to the Centre by that State) and a national of another Contracting State, which the parties to the dispute consent in writing to submit to the Centre. When the parties have given their consent, no party may withdraw its consent unilaterally.

② See Christoph Schreuer and others, *The ICSID Convention：A Commentary*（2nd edition）, Cambridge University Press, 2009, p. 114.

③ 本书根据不同语境会采用"侵权行为、侵权措施、不法行为或不法侵害"等不同的表述，均为相同或类似的含义。

施违反了投资条约对投资保护的承诺，对股份价值造成了损害（尽管是间接的），依然构成了与受保护的投资即股份直接相关的争议。

Total v. Argentina 案中阿根廷政府抗辩称，《ICSID 公约》第 25 条第 1 款中的"直接由投资引起的争议"意味着有关措施需要涉及具体投资。① 申请人 Total 公司是一家法国公司，在阿根廷的天然气运输、碳氢化合物勘探和生产以及发电行业进行了许多投资，它辩称阿根廷政府的意见是错误的，因为《ICSID 公约》第 25 条第 1 款中的限制仅仅提到了"争议"，而不是"措施"。② 仲裁庭支持了申请人的意见，认为投资中未涉及的一般措施也可以直接影响投资，从而满足"争议直接由投资引起"的管辖权要求。③

Camuzzi v. Argentina 案中申请人"间接持有"阿根廷两家天然气分销公司的股份。这两家分销公司具有在阿根廷部分省供应和分销天然气的许可证。申请人声称，暂停被许可人的许可证导致了公司的关税上涨，违反了阿根廷根据法律和许可证给予的担保义务，并违反了投资条约规定。阿根廷政府声称，申请人的损失不是直接的，因为暂停许可证影响的是当地公司，而不是股东即申请人，申请人只是纯粹的经济利益受到影响。④ 仲裁庭认为该案的争议与投资直接相关，因为申请人的投资是为了开展具体的经济活动，而且在这样做的过程中与国家签署了发放许可证的合同。⑤

---

① See Total S. A. v. Argentina, ICSID Case No. ARB/04/1, Decision on Objections to Jurisdiction, 29 August 2006, para. 23.

② See Total S. A. v. Argentina, ICSID Case No. ARB/04/1, Decision on Objections to Jurisdiction, 29 August 2006, para. 25.

③ See Total S. A. v. Argentina, ICSID Case No. ARB/04/1, Decision on Objections to Jurisdiction, 29 August 2006, para. 62.

④ See Camuzzi International S. A. v. The Argentine Republic, ICSID Case No. ARB/03/2, Decision on Objections to Jurisdiction, 11 May 2005, para. 45.

⑤ See Camuzzi International S. A. v. The Argentine Republic, ICSID Case No. ARB/03/2, Decision on Objections to Jurisdiction, 11 May 2005, para. 52.

在阿根廷为被申请国家的系列投资仲裁案件中，包括 CMS 案、Azurix 案、Enron 案、Siemens 案和 Generation Ukraine 案也得出了同样的结论。① 在这些案例裁决中，ICSID 仲裁庭都认为股东因为公司资产受损而独立提起的仲裁请求，涉及的投资争议是"直接由投资引起的"。上述案例实践表明，当东道国的措施针对并专门适用于"公司"时，如果投资（即股份投资）是为了当地公司进行的经济活动，那么投资与争议之间就存在直接关系。

但是，这些仲裁实践中也存在一个明显问题。因为在这些案例中，仲裁庭实际上是将"争议与公司"之间的直接关系等同于"争议与所持公司股份"之间的直接关系。简言之，就是将"股份与公司混同"。

然而，从另一方面而言，也很难因为这种遭受质疑的"混同"做法就否认股东基于间接损失提起的独立仲裁请求。因为，前文已经论述了《ICSID 公约》第 25 条要求的直接关系体现在"争议"与"投资"之间，那么如果一项措施在违反条约义务的情况下间接造成了股东的股份损失，则争议（例如关于是否存在违反条约义务的争议）与股份之间就可以认为存在直接关系。毫无疑问，东道国的这些措施与股份投资本身没有直接关系，但《ICSID 公约》要求的是"争议"与投资的直接联系，而非要求与"措施"之间具有直接相关性。

第二节 属人管辖权与属事管辖权主要争议

一 股东的投资者地位与仲裁申请人资格之辨

在国际投资法中，股东的地位伴随着仲裁庭的仲裁实践和对投

---

① See Dolores Bentolila, "Shareholders' Action to Claim for Indirect Damages in ICSID Arbitration", *Trade Law and Development*, Volume Ⅱ, 2010, p. 120.

资条约的解释不断发展变化。从历史上看，海外投资的股东早期只能通过外交保护的习惯国际法寻求保护。[1] 与国内法类似，习惯国际法区分直接侵害和间接损失，一般只对股东遭受的直接侵害提供保护。随着投资保护条约的增加，习惯国际法的作用随着时间的推移而减弱，各类投资保护条约在很大程度上取代了习惯国际法在投资保护领域的地位。[2] 现在已经有3300多项国际投资条约为外国投资者提供各种投资者保护，如非歧视、公平公正待遇以及充分保护和投资安全，以及可能包含国家对仲裁的同意。[3]

出于经济效益考虑或东道国法律要求等原因，国际投资的主要形式之一即是外国投资者在东道国注册成立一家公司（即当地公司），或者购买了现有当地公司的部分或全部股份以进行他们的投资项目。[4] 在这种情况下，当地公司按照投资东道国国内法合法拥有投资项目，外国投资者通过持有该公司的股份作为其"投资"。东道国国民拥有的投资原则上不在投资条约的保护范围之内，因此也不受《ICSID 公约》规定的争议解决机制的管辖。其他《ICSID 公约》缔约国国民通过当地公司进行投资时即是外国投资者，因此在国际法体系中也可以通过以下两种方式获得国际保护。

第一种方式是投资仲裁庭承认当地公司提出的或者代表当地公司提出的仲裁请求的管辖权。根据《ICSID 公约》第 25 条第 2 款

---

[1] See Vera Korzun, "Shareholder Claims for Reflective Loss: How International Investment Law Changes Corporate Law and Governance", *University of Pennsylvania Journal of International Law*, Volume 40 Issue 1, 2018, p. 208.

[2] See CMS Gas Transmission Company v. Argentine Republic, ICSID Case No. ARB/01/8, Decision on Objections to Jurisdiction, 17 July 2003, para. 45.

[3] See United Nations Conference on Trade and Development (UNCTAD), *World Investment Report* 2017, p. xii.

[4] See Rudolf Dolzer and Christoph Schreuer, *Principles of International Investment Law*, Oxford University Press, 2012, p. 57.

(b) 项关于"外国控制"（foreign control）① 的规定，如果东道国同意，受外国控制的当地公司可以被视为另一缔约国国民。② 与NAFTA 第 1117 条规定一样，投资条约允许"控股"股东代表当地公司提出索赔。但是，《ICSID 公约》没有规定，当外国投资者并没有"控制"当地公司或者东道国不同意时，仲裁庭对这一类投资者（股东）提出的仲裁请求是否享有管辖权。

第二种方式则是外国投资者（亦是当地公司股东）直接或通过中间主体（主要为公司）为自己的利益提出索赔。这种方式产生的一个特殊问题是，在涉及当地公司的争议中，股权利益在多大程度上归属于外国股东。

本节讨论了股权作为投资工具时所受到的保护范围，并研究了外国股东是否以及在何种情况下均有权提出投资仲裁请求。外国公司的股东通过"间接持股"的方式实际上也在投资东道国进行了投资，也可能引起关于股东仲裁请求的申请人资格问题。

不同的国际投资条约保护的投资类型也并不相同，可能涵盖公司的股份、股票或其他形式的股权参与。公司股东也可能通过两种截然不同的方式受到损害。一方面，投资东道国可能会"直接侵害"其作为股东的权利，例如出席股东大会和投票的权利，股份也可能被没收；另一方面，股东会因公司受到损害而遭受所谓的"间接损失"，包括公司股票或债券的市场价值下降等。根据条约实践，投资

---

① 关于"外国控制"的标准也有争议，理论和实践中达成共识的是"控股股东"应当属于这一范围。但是，也有"有效管理""实际控制"或"实际管理"等不同学说和仲裁实践标准。

② See ICSID Convention Art. 25 (b): any juridical person which had the nationality of a Contracting State other than the State party to the dispute on the date on which the parties consented to submit such dispute to conciliation or arbitration and any juridical person which had the nationality of the Contracting State party to the dispute on that date and which, because of foreign control, the parties have agreed should be treated as a national of another Contracting State for the purposes of this Convention.

仲裁庭自 1970 年以来开始允许投资仲裁中股东提出间接损失的仲裁请求。[1] 引用 Teinver v. Argentina 案裁决的观点，仲裁庭"拒绝从国内公司法中获得指示，因为国内公司法通常禁止间接损失索赔"[2]。

《ICSID 公约》第 25 条中"另一缔约国的国民"的情况之一是"在争端双方同意将争端交付调解或仲裁之日，具有作为争端一方的国家以外的某一缔约国国籍的任何法人，以及在上述日期具有作为争端一方缔约国国籍的任何法人，而该法人因受外国控制（foreign control），双方同意为了本公约的目的，应看作另一缔约国国民"[3]。也就是说，第 25 条承认如果该公司受外国（实体或个人）"控制"，并且双方同意适用《ICSID 公约》将其视为另一国国民，则该"外国实体或个人"有可能代表在东道国注册成立的公司提出仲裁请求。

国际投资仲裁权威专家 Christopher Schreuer 指出，公约此项规定旨在解决根据东道国法律成立的公司有关国际投资的问题。[4] 从《ICSID 公约》的缔约历史来看，第 25 条的规定也是长期辩论的结果。最初的公约草案规定，公司的国籍是根据公司注册地或外国控制地来确定的。[5] 但是为了强调《ICSID 公约》最核心的基础即"同

---

[1] See Christoph Schreuer, "Shareholder Protection in International Investment Law", *Transnational Dispute Management*, Volume 3, 2005, p. 4.

[2] See Teinver S. A. v. Argentine Republic, ICSID Case No. ARB/09/1, Decision on Jurisdiction, 21 December 2012, para. 212.

[3] See ICSID Convention Art. 25 (2) "National of another Contracting State" means: (b) any juridical person which had the nationality of a Contracting State other than the State party to the dispute on the date on which the parties consented to submit such dispute to conciliation or arbitration and any juridical person which had the nationality of the Contracting State party to the dispute on that date and which, because of foreign control, the parties have agreed should be treated as a national of another Contracting State for the purposes of this Convention.

[4] See Christoph Schreuer and others, *The ICSID Convention: A Commentary* (2nd edition), Cambridge University Press, 2009, p. 296.

[5] See *History of The ICSID Convention* (Documents Concerning the Origin and Formulation of the Convention on the Settlement of Investment Disputes between States and Nationals of Other States), published by ICSID, Volume I, para. 122.

意",最后缔约各方建议将判断一家公司是否为外国公司的决定权留给东道国,①并承认"外国控制"的概念。② 同时,Christopher Schreuer 认为,在国际投资中如果当事方合意认为有必要通过协议将公司视为外国国民,那么这项协议的内容必须是明确的。③

面对股东投资者地位的问题,实际上也可以进一步分为两个方面。股东主张独立仲裁时,一方面他应当属于"适格投资者",另一方面他应当"进行了投资"。股东的"股份"可以作为"投资"这一点在理论上基本没有争议,本书第一章对此已经进行了充分的论述。无论是《ICSID 公约》关于投资的规定,还是目前绝大多数 BITs 对于投资的界定,即使这种持股是间接的,即通过其他公司持有而且是非控股的,都可能被纳入"投资"的范围。④

但是,关于股东能否成为"适格投资者"的问题,除了公约第 25 条提到的"外国控制"的情形,制度上并没有对其他情形做出肯定或者否定的规定,公约文本也没有做出任何排他性规定。但是,正如本书第一章分析过的,目前绝大部分投资仲裁庭在实践中采取了更为广义的解释,认为一般情况下各类股份投资都有权受到条约保护,各种类型的股东也应当受到投资条约的保护。

---

① See *History of The ICSID Convention* (Documents Concerning the Origin and Formulation of the Convention on the Settlement of Investment Disputes between States and Nationals of Other States), published by ICSID, Volume Ⅱ, No. 1, paras. 256, 284, 287, 359, 360-361, 450, 539 & 580.

② See Christoph Schreuer and others, *The ICSID Convention: A Commentary* (2nd edition), Cambridge University Press, 2009, pp. 296-297.

③ See Christoph Schreuer and others, *The ICSID Convention: A Commentary* (2nd edition), Cambridge University Press, 2009, p. 299.

④ See CMS Gas Transmission Co. v. Republic of Argentina, ICSID Case No. ARB/01/8, Decision of the Tribunal on Objections to Jurisdiction, 7 ICSID Report 494, paras. 51-52, 17 July 2003. There is indeed no requirement that an investment, in order to qualify [for ICSID jurisdiction], must necessarily be made by shareholders controlling a company or owning the majority of its shares.

国际投资仲裁庭对股东仲裁请求权往往采取广义的概念，包含了股东的间接仲裁请求权，最主要的理由是认为股东因为公司遭受国家不法行为的侵害也受到经济利益的损失。① 而且有观点认为，国内法的发展承认了"最大化股东利益的经济选择属于真正的利益，而不需要局限于遵守公司的形式"②。

国际投资仲裁实践中将国际法描绘为一套独立的规则，而且没有考虑国内法的规定。国际投资仲裁中股东独立仲裁的核心争议不在于股东是否可以自己并独立于公司提出索赔请求，而在于股东是否可以"就公司遭受的损失"提出索赔。许多投资条约将股份视为一种投资形式，在这种情况下，如果东道国没收股份或作出其他直接影响股东权利的措施无疑会赋予股东仲裁请求的资格。即在"直接仲裁"中，对于"股东"的投资者地位以及仲裁案件中的申请人资格并没有异议。

关于股东地位有争议的问题在于支持股东"间接仲裁"的情形下，如果仲裁请求人不是受东道国不法措施影响的公司的直接股东，那么这类"间接股东"是否也符合投资仲裁机制中对"投资者资格"的要求？

前文已经论述了，如果投资条约没有做出例外的规定，那么原则上无论是直接还是间接持股都属于"股份投资"的形式。但是，早期的投资仲裁判例认为间接股东有必要成为"控股股东"以满足对投资者的身份要求。③ 这种做法的理由在于对"真实的、事实上

---

① See Monique Sasson, *Substantive Law in Investment Treaty Arbitration: The Unsettled Relationship between International Law and Municipal Law* (2nd edition), International Arbitration Law Library, Volume 21, Kluwer Law International, 2017, pp. 178-179.

② See Vicuña, "The Protection of Shareholders under International Law: Making State Responsibility More Accessible, International Responsibility Today", *Essay in Memory of Oscar Schachter*, Netherlands, 2005, p. 161.

③ See Dolores Bentolila, "Shareholders' Action to Claim for Indirect Damages in ICSID Arbitration", *Trade Law and Development*, Volume II, 2010, p. 115.

的以及与公司利益一致的投资者"提供保护。① 例如在 Sedelmayer v. Russia 案中，仲裁庭认为其属人管辖权的根据在于判断申请人 Sedelmayer 是否有完全的控股权，并且认为双边投资条约不允许非控制性的间接投资者（股东）受到条约保护。②

然而，该案裁决的价值被认为是"微不足道的"，随后的案件并没有遵循这一裁决的做法。③ 而且在该案的异议意见中，仲裁员 Ivan S. Zykin 教授指出，"非控制性的间接投资者"是否受到条约保护的关键在于不同案件适用的条约具体规定，而不是按照"控制理论"进行判断。④

近年来的仲裁裁决基本都提出了与 Sedelmayer v. Russia 案不同的观点。例如在第一章研究过的 Siemens v. Argentina 案中，仲裁庭认为该案适用的基础条约《德阿 BIT》没有明确提及"直接或间接投资"的概念，并指出"股份、参与权以及其他形式参与公司的权利"都属于投资的范围。⑤ 因此，《德阿 BIT》对"投资"的规定仅指股东持有的股份受条约保护，并没有要求投资与公司的最终所有者之间不存在中间公司。⑥ 所以，当投资条约的条款没有对间接持股

---

① See Christoph Schreuer, *Shareholder Protection in International Investment Law*, available at: http://www.univie.ac.at/intlaw/pdf/csunpublpaper 2.pdf, 最后访问日期：2020年9月1日。

② See Sedelmayer v Russian Federation, Award, Ad hoc Arbitration Rules, IIC 106, 7 July 1998, available at: http://www.iisd.org/pdf/2004/investment-sedelmayer-v-ru.pdf, 最后访问日期：2020年9月1日。

③ See Christoph Schreuer, Shareholder Protection in International Investment Law, available at: http://www.univie.ac.at/intlaw/pdf/csunpublpaper 2.pdf, 最后访问日期：2020年9月1日。

④ See Sedelmayer v Russian Federation, Dissenting Opinion, IIC 106, 7 July 1998, pp. 1–2.

⑤ See Siemens A. G. v. Argentine Republic, ICSID Case No. ARB/02/8, Decision on Jurisdiction, 3 August 2004, para. 137.

⑥ See Siemens A. G. v. Argentine Republic, ICSID Case No. ARB/02/8, Decision on Jurisdiction, 3 August 2004, para. 142.

做出规定时，仲裁庭更倾向于支持任何形式的间接持股都属于投资的形式。

随后，在 Wena Hotels v. Egypt 案、Sempra v. Argentina 案、Camuzzi v. Argentina 案以及 Gas Natural v. Argentina 案等投资仲裁案件中进一步确认和采用这一规则。① 因此，间接持股的投资并不会剥夺股东对违反 BIT 的行为提出仲裁请求的能力。无论是通过投资者母国、东道国还是第三国的中间主体持股，如果存在投资保护条约而且条约没有明确的相关规定，股东都有权利受到条约保护。

当然，仲裁庭的这类实践和对条约的解释也值得进一步反思。从投资条约一般的条款表述"股份和其他形式的参与或参股"中，② 可以有效推论出包括了"间接持股"吗？为什么"间接股东"应该受到条约保护？

一般认为，除了在仲裁实践中确定的规则，从文义解释的角度来看，"股份和其他形式的参与或参股"应当可以包括"间接参股"的形式。如果条约没有明确作出相反的规定，在国际投资仲裁机制中，应根据《维也纳条约法公约》（*Vienna Convention on the Law of Treaties*，以下简称"VCLT"）第 31 条第 1 款"善意解释"的原则和标准，做出符合投资条约目的和宗旨的解释，③ 即促进和保护投资。因此，即使是间接股东投资者，也应该受到条约保护。

此外，股东在特定情形下还有可能代表公司提出仲裁请求，并且在国内法和国际投资法制度中都已赋予股东提出索赔的权利。这种情况下允许股东代表其持股公司提出仲裁请求，实际上与国内法

---

① See Dolores Bentolila, "Shareholders' Action to Claim for Indirect Damages in ICSID Arbitration", *Trade Law and Development*, Volume Ⅱ, 2010, p. 116.

② 例如《中华人民共和国政府和加拿大政府关于促进和相互保护投资的协定》第 1 条"投资"的规定包含了"企业中的股份、股票和其他形式的参股"。

③ See VCLT Art. 31 (1) A treaty shall be interpreted in good faith in accordance with the ordinary meaning to be given to the terms of the treaty in their context and in the light of its object and purpose.

规定的"股东代表诉讼"相类似。在国际投资仲裁中则有两点是必备的：（1）投资仲裁庭的管辖权是依据国际条约具体规定设立的，该规定授予股东代表公司提起仲裁或诉讼的权利；（2）损害必须是由于东道国违反对"公司"的投资条约义务所导致的。不过，这种"代表公司"的索赔实际上已经不属于股东"独立"仲裁的请求，而且从理论和实践上来看也不存在备受争议的法律问题。如果相关投资条约中有明确的规定，那么在投资仲裁实践中通常会直接适用。

对于股东投资者地位和仲裁申请人资格的宽泛界定，也引发了对一个非常基本的问题的思考。这种宽泛界定的法律依据是因为这些股东是"真正的投资者"，还是因为同一公司的所有股东，或至少部分股东，都应该受到保护？如果是因为他是真正的投资者，那就应该谨慎地作出这样的决定，以避免投资者在相互竞争的水平上存在多重索赔。然而，如上所述，仲裁庭并不要求间接股东为控股或多数股东。所以，无论谁是"真正的"投资者，所有股东都将可能受到完全的保护。

而由此带来的法律风险也是显而易见的，将会产生不必要的多重保护，这可能导致选择法院、选择条约和滥用程序等问题。在任何情况下，条约的目的和宗旨都不能是允许对"极其遥远"的利益提出要求。然而国际投资仲裁实践中，一旦仲裁庭确认一个实体或自然人符合申请人法律地位，通常就会认为具有管辖权从而作出对管辖权问题的裁判，并着手研究仲裁请求中的实体法律问题。仲裁庭在实体裁决中往往通过分析持股情况，以计算损害赔偿。与国内法中的诉讼程序相比，投资仲裁庭往往对重复赔偿问题更加"开放"，[1] 而且实践中，投资仲裁庭会根据股东的持股比例裁决被申请方应当给付的损害赔偿金。

---

[1] See Gemplus S. A. v. United Mexican States, ICSID Case No. ARB (AF) /04/3, Award, 16 June 2010, paras. 12 & 60.

二 股东与公司仲裁请求权的区别

国际投资法体系认为，股东的权利源于条约，公司的权利来源于国内法（例如合同法、侵权法或行政法等），两者权利的来源是不同的。每一项权利都受不同的法律规定管辖，权利享有人在法律地位上也是不同的。条约权利各不相同，但往往包括征收征用补偿、公平公正待遇、充分保护和安全、不受歧视等内容，这些条约义务也都是对投资者承担的。[1] 因为股东是投资者，股份是受保护的投资，这些义务是对股东而不是对公司负有的。所以，如果东道国违反这些条约义务会导致股东而不是公司享有诉权。同时，股东不得主张公司的权利。而且股东也不是当地公司有关合同的当事人，也不得要求违约救济。[2] 但是，这一点对于条约中的"保护伞条款"（umbrella clause）而言则可能产生矛盾与冲突。

"保护伞条款"本身在理论界和仲裁实践中就存在较多争议。该条款提供了将违反合同义务上升到违反国际法义务的途径，也就是该条款为股东独立仲裁请求提供了更广泛的诉因。前文论述的CMS案中，撤销委员会对"保护伞条款"做出了如下判断："保护伞条款的效力不是转变义务，义务的内容不受影响，其准据法也不受影响。在此前提下，承担义务的当事人（即受该义务约束的人）同样不会因为保护伞条款而改变。国家义务通常是双边义务，或者与投资公司的义务有内在联系。尽管股东表面上有权根据其自身利益执行公司权利，但不受公司义务的约束，例如解决争议的义务。"[3]

当地公司的合同权利与股东的条约权利之间的区别是合理的。

---

[1] See UNCTAD, *Bilateral Investment Treaties Investment Rule Making*, 2007, pp. 28–51.

[2] See CMS Gas Transmission Company v. Republic of Argentina, ICSID Case No. ARB/01/8, Annulment, 17 July 2003, para. 95.

[3] See CMS Gas Transmission Company v. Republic of Argentina, ICSID Case No. ARB/01/8, Annulment, 17 July 2003, para. 95.

当事人不同，索赔程序、顺位、规则和裁判制度自然也不同。因此，有观点认为只要分别裁决每一争端，就不会有冲突。[①] 投资条约的目标是建立一个独立的条约保护制度，不应当与合同法及其对应的司法救济制度相关。同样的道理也适用于当地公司的国内法权利。根据国内法，当地公司也有权就国家不法行为要求损害赔偿。在这种情况下，当地公司根据国内立法以及外国股东根据条约都有权要求采取相同的措施。但是这两种索赔又属于两种不同的法律秩序，即国内法秩序和国际法秩序，那么则有可能带来"双重索赔"的法律风险。

如果同一项措施既损害了当地公司的权利，也损害了股东的权利，那么毫无疑问，股东可以根据条约赋予的直接权利要求损害赔偿。一般而言，这类仲裁请求针对的是对股份或股东直接造成损害的措施，例如没收股份、禁止股东收取股息或阻碍股东在股东大会上投票的措施。在这种情况下，仲裁庭应当享有管辖权。

但是，争议的焦点在于这种以违反投资条约为基础的仲裁请求，是否允许股东要求间接损害赔偿？

在前文已分析的 CMS v. Argentina 案中，仲裁庭认为《美阿BIT》中"投资"应当是一个更为广泛的经济概念，支持了股东索赔因针对当地公司的措施而间接遭受的股份损失。但是也引发了较多争议，例如 Gabriel Bottini 认为 CMS v. Argentina 案中"股东对间接损失的索赔是对当地公司权利的索赔，因为虽然股份符合条约规定的投资，但'许可证'不是。许可证是公司的资产，不构成条约规定的投资"[②]。

[①] See Dolores Bentolila, "Shareholders' Action to Claim for Indirect Damages in ICSID Arbitration", *Trade Law and Development*, Volume II, 2010. 转引自 H. Ben Hamida, "L'Arbitrage Transnational Face a un Désordre Procédural: La Concurrence des Procédures et les Conflits de Juridictions", *Transnational Law Dispute*, Volume 3, 2006。

[②] See Gabriel Bottini, "Indirect Claims under the ICSID Convention", *University of Pennsylvania Journal of International Law*, Volume 29 Issue 3, 2007, p. 570.

部分 ICSID 仲裁实践表明，股东的独立请求符合 ICSID 管辖权的客观限制。① 在 CMS v. Argentina 案的撤销委员会裁决中，阿根廷主张"CMS 不具备仲裁申请人的法律地位，即使有 BIT 的授权，也超出了《ICSID 公约》第 25 条规定的'外部界限'。如果仲裁庭按照《维也纳条约法公约》规定的条约解释规则，就可以避免明显的过度管辖行为。CMS 的仲裁请求明显超出了 ICSID 管辖范围，属于间接索赔"②。

该案撤销委员会在引用《ICSID 公约》第 25 条第 1 款后指出，该条款并未试图定义投资。③ 该案适用的《美阿 BIT》中规定，公司、公司的股票、股份或对该公司资产享有的其他利益都属于"投资"，虽然该条款定义十分宽泛，但仍被认为和公约的目的与宗旨相一致。④ 投资条约的目的与宗旨是保护投资，由于各方已经合意认为股份是一种投资，那么其应当受到 BIT 的保护。

《ICSID 公约》只要求缔约国与另一缔约国的国民之间的投资争端直接因投资产生。该案中股份本身不能被排除在投资的客观定义之外，因此，根据《ICSID 公约》第 25 条的规定，股东基于东道国违反 BIT 保护范围即"股份投资"，独立提出仲裁请求符合《ICSID 公约》的管辖权限制。此外，该案认为 CMS 股东的仲裁请求不属于"间接"，因为该案中股东的请求权是基于条约直接产生的权利。

该案还讨论了另一个问题，即《ICSID 公约》第 25 条第 2

---

① See Total S. A. v. Argentina, ICSID Case No. ARB/04/1, Decision on Objections to Jurisdiction, 29 August 2006, para. 78.

② See CMS Gas Transmission Company v. Republic of Argentina, ICSID Case No. ARB/01/8, Annulment, 17 July 2003, paras. 66-69.

③ See CMS Gas Transmission Company v. Republic of Argentina, ICSID Case No. ARB/01/8, Annulment, 17 July 2003, para. 71.

④ See CMS Gas Transmission Company v. Republic of Argentina, ICSID Case No. ARB/01/8, Annulment, 17 July 2003, para. 72.

款第2项①赋予的当地公司请求权，并不影响外国股东根据投资条约直接提起仲裁的权利。② 因此，根据该案的推理，股东的条约权利可能与当地公司的条约权利重叠。

在这种情况下，这两项权利在实质上其实是相同的，都是保护"外国投资"。那么问题也随之而来，在股东权利与当地公司权利都是条约权利的情况下，适用上述区分是否必要以及合理？

股东与当地公司涉及的权利主体、权利范围或内容以及可能遭受的权利侵害等方面仍有差异。从条约法的视角来看，两者的核心差异体现在以下两个方面：一方面，权利（rights）内容不同。因为当地公司可以根据条约中的"保护伞条款"，对东道国违反任何投资保护义务承诺的行为或政策等提出索赔，但是股东不享有这一项权利，只能以东道国行为或政策对自身股份造成损失为索赔前提。另一方面，受保护的资产（assets）也不同，即当地公司的资产和股份资产的不同。当地公司可以根据公司资产被征收而提出仲裁请求，但是不能因为股份被征收而提出仲裁请求。相反，股东则可以依据股份被没收提出仲裁请求，但不能依据公司资产被征收而提出仲裁请求。

东道国征收当地公司的资产并不一定意味着征收了股东的股份。即使这两种资产密切相关，但仍然是不同的。它们的价值也应该以不同的方式评估。同时，鉴于权利和资产是不同的，因此侵害权利

---

① See ICSID Convention Art. 2 (2) (b): any juridical person which had the nationality of a Contracting State other than the State party to the dispute on the date on which the parties consented to submit such dispute to conciliation or arbitration and any juridical person which had the nationality of the Contracting State party to the dispute on that date and which, because of foreign control, the parties have agreed should be treated as a national of another Contracting State for the purposes of this Convention.

② See CMS Gas Transmission Company v. Republic of Argentina, ICSID Case No. ARB/01/8, Annulment, 17 July 2003, para. 74.

或者资产带来的法律效果也应当是不同的。

三 基于股份价值损失的间接仲裁请求

投资仲裁庭的属事管辖权问题主要在于判断案件所涉的"股份"是否属于受条约保护的投资,以及"股份损失"是否属于对投资的侵害。仲裁庭是否有权审理仲裁请求(管辖权问题),[①] 或者股东是否可以将仲裁请求提交仲裁(可受理性问题),对于股东独立仲裁而言至关重要。[②]

对于在国际投资仲裁机制中独立提起仲裁请求的股东来说,有两个问题是决定性的。第一,什么构成条约保护下的"投资"?特别是在案件适用的条约中受保护的投资是否包括公司的股份或其他利益?第二,谁可以根据投资条约提出仲裁请求?回答这两个问题需要仲裁庭对条约进行解释,并最终确定仲裁庭是否具有涉及特定投资者及投资争议的管辖权。仲裁庭应当根据案件适用条约的具体规定与目的宗旨,通过相关解释规则来解释条约文本。然而,大多数投资条约本质上是模糊的,很少或根本没有澄清什么是条约下的"投资"。因此,仲裁庭的解释因条约和争议的不同而有很大差异。在国际投资法中没有严格的判例法原则和规则,仲裁庭在随后的仲裁案件中也可能以不同的方式解释相类似甚至相同的条约条款,从而得出不同的结论。

(一)股份作为投资

第一代国际投资条约大多规定的内容较少,主要是对外国直接投资(foreign direct investments,FDI)给予保护。相反,对于其他两类投资,即证券组合投资(portfolio investment)和间接投资的保

[①] See Tania Voon, "Legal Responses to Corporate Manoeuvring in International Investment Arbitration", *Journal of International Dispute Settlement*, Volume 5, 2014, p. 41.

[②] See Christopher F. Dugan and others, *Investor-State Arbitration*, Oxford University Press, 2011, p. 325.

护，在一定程度上起到了"控制作用"。① 大多数双边投资条约本身几乎没有提供具体的指导性内容来确定什么构成投资，而是让仲裁庭来确定条约所保护的投资的具体范围。而 1965 年《ICSID 公约》尽管在很大程度上提供了投资者与国家间争端解决的程序性机制，但是同样也没有明确受保护投资或投资者的范围。

《ICSID 公约》唯一提到"投资"的是第 25 条第 1 款，该条款将 ICSID 的"管辖权"限制为"任何直接由投资引起的法律纠纷"。因此，ICSID 也将这一事项的认定交给了各个缔约国，各国通过在其条约或投资合同中明确同意根据 ICSID 进行仲裁，并约定在 ICSID 之项下"投资"的定义。同样，主要的国际投资仲裁机制常用的其他仲裁规则，如联合国贸易法委员会仲裁规则（UNCITRAL Arbitration Rules），也没有明确释明"投资"或"投资者"。

在这种法律空白的背景下，学者和仲裁庭试图确立某些标准，将外国直接投资（FDI）与其他类别的投资区分开来。最具代表性和影响力的当然是 Salini v. Morocco 案（以下简称 Salini 或萨利尼案），该案裁决做出之后，国际投资仲裁庭普遍确认了权威专家 Christoph Schreuer 归纳的符合 ICSID 仲裁管辖权要求的"投资"，应当具备的典型"特征"。② 在 ICSID 仲裁中，仲裁庭对满足 Salini-Schreuer 标准的投资给予保护，分别是：（1）一定的期限；（2）一定的利润和回报的规律性；（3）双方承担风险；（4）足够的资本投入；（5）运营对东道国发展的重要性。③

实践中这 5 项标准得到长期适用，较少关注条约缔约国本身关

---

① See International Monetary Fund, *Balance of Payments and International Investment Position Manual* (6th edition), 2009, p. 99.

② See Julian Davis Mortenson, "The Meaning of Investment: ICSID's Travaux and the Domain of International Investment Law", *Harvard International Law Journal*, Volume 51, 2010, pp. 257 & 273.

③ See Christoph Schreuer and others, *The ICSID Convention: A Commentary* (2nd edition), Cambridge University Press, 2009, pp. 122-140.

于是否构成投资的判断方式或者决定。这些标准还限制了对证券组合投资的保护，如股权和债务证券投资，主要是因为证券投资一般不能使投资者对公司享有控制权，除非这种情况下涉及控股股东或大股东。此外，除了投资于实际股票的金额外，证券投资通常不涉及投资者（股东）和东道国之间的风险分担。最后，证券投资可以是短期的，所以也不能保证此类投资受到 Salini-Schreuer 标准的保护。

随着新一代双边投资条约的生效，满足 Salini-Schreuer 标准的需要已经随着时间的推移而减弱。[1] 新一代投资条约明确将投资保护扩展到证券组合投资（如股票和债券）和间接投资（如关于技术援助、知识产权转让和联合营销安排的协议，证券投资也是其类型之一）。目前，大多数国际投资条约认为持有在海外进行投资的公司的股份，或者成为在东道国设立的当地公司的外国股东，也可以符合"投资者"身份要求，从而保护投资活动。[2]

例如，美国 BIT 范本第 1 条将"投资"定义为：投资者直接或间接、拥有或控制的具有投资特征的资产，包括对资本或其他资源的承诺、对收益或利润的预期或承担风险等特征。该条还提供了可采取的投资形式的非排他性清单，包括：（1）企业；（2）参股企业的股份、股票和其他形式的股权；（3）债券、信用债券、其他债务工具和贷款。[3] 欧盟在《欧盟与加拿大全面经贸协定》（the Canada-European Union Comprehensive Economic and Trade Agreement，以下简

---

[1] See Vera Korzun, "Shareholder Claims for Reflective Loss: How International Investment Law Changes Corporate Law and Governance", *University of Pennsylvania Journal of International Law*, Volume 40, Issue 1, 2018, p. 213.

[2] See Christopher F. Dugan and others, *Investor-State Arbitration*, Oxford University Press, 2011, pp. 1-2.

[3] 2012 U.S. Model Bilateral Investment Treaty, Art. 1, available at: https://investmentpolicy.unctad.org/international-investment-agreements/treaty-files/2870/download，最后访问日期：2020 年 10 月 17 日。

称"CETA")第 8 章中规定,投资包含各种由投资者直接或间接拥有或控制的资产……包括:"(a)企业;(b)股份、股票和其他形式的股权参与企业;(c)企业的债券、债权和其他债务工具;(d)向企业提供的贷款;(e)企业的任何其他利益……"① 中国和加拿大在《中加 BIT》中对"投资"的定义明确纳入了"企业中的股份、股票和其他形式的参股"②。在 2020 年 12 月 30 日签署的《中欧全面投资协定》(China - EU Comprehensive Agreement on Investment,CAI)中,尽管尚未对投资争议解决机制的规定达成合意,但是对于"投资"的范围而言,显然也包含了证券组合投资和间接投资等形式。③

目前,将投资条约的保护范围扩大到股东的类似规定可以在大

---

① See CETA Chapter 8: Investment means every kind of asset that an investor owns or controls, directly or indirectly, that has the characteristics of an investment… may take include: (a) an enterprise; (b) shares, stocks and other forms of equity participation in an enterprise; (c) bonds, debentures and other debt instruments of an enterprise; (d) a loan to an enterprise; (e) any other kind of interest in an enterprise; (f) an interest arising from: (i) a concession conferred pursuant to the law of a Party or under a contract, including to search for, cultivate, extract or exploit natural resources, (ii) a turnkey, construction, production or revenue-sharing contract; or (iii) other similar contracts; (g) intellectual property rights; (h) other moveable property, tangible or intangible, or immovable property and related rights; (i) claims to money or claims to performance under a contract. For greater certainty, claims to money does not include: (i) claims to money that arise solely from commercial contracts for the sale of goods or services by a natural person or enterprise in the territory of a Party to a natural person or enterprise in the territory of the other Party. (ii) the domestic financing of such contracts; or (iii) any order, judgment, or arbitral award related to sub-subparagraph (i) or (ii). Returns that are invested shall be treated as investments. Any alteration of the form in which assets are invested or reinvested does not affect their qualification as investment.

② 参见《中华人民共和国政府和加拿大政府关于促进和相互保护投资的协定》第 1 条第 1 款。

③ See European Commission, "EU and China Reach Agreement in Principle on Investment", available at: https://trade.ec.europa.eu/doclib/press/index.cfm? id = 2233,最后访问日期:2021 年 1 月 3 日。

多数已知的国际投资条约中找到。根据 UNCTAD Mapping Project 的分析，2577 个国际投资条约中，只有 25 个条约将证券组合投资排除在其保护范围之外。[①] 虽然该项目尚未涵盖所有已知的国际投资协定，但可以清楚地看到，大多数现代投资条约明确规定，或者至少不排除对公司股份的投资条约保护。

(二) 基于"间接损失"的仲裁请求

尽管许多国际投资协议将"股份"列为一种投资类型，但投资条约通常并不会规定股份或股东的权利。[②] 特别是，投资条约并不倾向于明确规定股东可以在投资仲裁中提出什么样的仲裁请求。尽管条约没有规定，但仲裁庭一直将国际投资协定解释为允许股东就间接损失提出索赔，而且此类仲裁案件的数量还在继续增加。Gaukrodger 研究指出："公司股东就所谓的'间接损失'向政府寻求赔偿已经构成了国际投资仲裁案件数量的很大一部分。"[③]

国内法院往往专注于区分股东遭受的损失类型，如果损失是由于公司损失带来的间接损失，则禁止股东索赔。而国际投资仲裁庭与此不同，他们的调查重点是股东是否有仲裁请求的理由或"诉因"。一旦他们认为股东受到条约保护，往往就允许案件继续进行，而不考虑股东遭受的损失类型。在确定了实体责任后，仲裁庭通常是根据股东在公司的股份比例结合公司遭受的损失，直接按比例判

[①] See UNCTAD, "IIA Mapping Project, Investment Policy Hub", available at: https://investmentpolicy.unctad.org/international-investment-agreements/iia-mapping，最后访问日期：2020 年 10 月 22 日。

[②] See David Gaukrodger, *Investment Treaties as Corporate Law: Shareholder Claims and Issues of Consistency. A Preliminary Framework for Policy Analysis*, OECD Working Papers on International Investment 2013/03, p. 8.

[③] See David Gaukrodger, *Investment Treaties as Corporate Law: Shareholder Claims and Issues of Consistency. A Preliminary Framework for Policy Analysis*, OECD Working Papers on International Investment 2013/03, p. 7.

给股东相应损害赔偿金额。①

相反，公司是否可以在国际投资仲裁机制中提出基于间接损失的仲裁请求，在很大程度上与"股东地位"无关。仲裁庭认为股东的索赔独立于公司的索赔，通常同时允许这两种类型的索赔，而且不论是控股或大股东还是小股东。这也就表明，仲裁庭认为股东和公司的利益并不相同，以致容许两项仲裁程序并行。但是，如果一名外国股东拥有一家当地公司100%的股权，股东和公司的利益则很容易被发现是相同的，那么如果同时允许两种类型的索赔，则必然会造成重复赔偿的问题。

国际投资条约一般会对仲裁申请人规定"国籍要求"。一般来说，仲裁申请人必须是条约缔约国的国民，而不能是东道国的国民。如果属于"外国控制"（foreign control）的情况，它们也可能会获得投资条约的保护。仲裁庭对这些条款的解释具有"一定的灵活性"，允许受外国控制的"当地公司"作为"申请人"提起仲裁请求，而与控股股东无关。

同时，投资仲裁庭允许直接股东和间接股东就间接损失提出索赔。仲裁庭这样做的依据往往是因为投资条约的条款规定十分宽泛，不区分直接投资和间接投资。在没有明确排除间接股东的情况下，仲裁庭一般并不会主动否认对间接投资的管辖权。② 因此，实践中越来越难以预测，仲裁庭是否会根据投资的疏远程度来排除一些潜在的索赔人。

国际投资仲裁实践对间接股东独立请求仲裁持开放态度，增加了投资仲裁请求的多样性，特别是因为潜在仲裁申请人的范围已经超出了"当地公司"及其"直接股东"的范围。未来国际投资和仲

---

① See David Gaukrodger, *Investment Treaties as Corporate Law: Shareholder Claims and Issues of Consistency. A Preliminary Framework for Policy Analysis*, OECD Working Papers on International Investment 2013/03, p. 8.

② See Siemens A. G. v. Argentine Republic, ICSID Case No. ARB/02/8, Decision on Jurisdiction, 3 August 2004, para. 137.

裁请求之间的关联将会是更加错综复杂的，可以涉及投资者母国、东道国或第三国的一个或多个中间主体，处于公司所有权结构的不同级别。仲裁庭也承认这个问题的存在，但是认为只要投资条约对股东保护没有做出保留，那么理论上就享有对相关投资争议的管辖权。[①]

但是，投资仲裁庭在"保护"请求间接损失赔偿的股东利益的同时，对这些股东的公司利益缺乏保护，甚至造成了侵害。[②] 大多数仲裁庭侧重于投资条约的执行，而不讨论间接损失索赔对国内公司法和公司内部治理造成的扭曲，对公司利益的损害，以及破坏公司管理层与东道国达成和解的努力。[③] 只有少数几个仲裁庭承认了这个问题，例如2017年在Eskosol v. Italy案对被申请国家意大利的一项决定中，仲裁庭表明股东和公司之间因投资仲裁中的利益冲突而产生的纠纷可以根据国内法解决。[④] 其他仲裁庭基本上完全忽略了或者刻意不考虑该公司与其受条约保护的股东之间的利益冲突，将解决这一"冲突"的责任留给了公司和股东自己。

与国内法院关注股东损失的"性质"并驳回间接损失索赔不同，投资仲裁庭关注的是仲裁请求的"诉因"。一旦确认股东受到条约保护，仲裁庭就会确认其管辖权，而不考虑仲裁请求的标的及"股东损失的间接性"。仲裁庭通过投资保护条约的规定来解释其立场，允许股东就间接损失提出仲裁请求，而不管请求的法律性质以及股东在国内法中的地位如何。考虑到现有国际投资条约的文本和投资仲

[①] See Enron v. Argentine Republic, ICSID Case No. ARB/01/3, Decision on Jurisdiction, 14 January 2004, p. 21.

[②] See Vera Korzun, "Shareholder Claims for Reflective Loss: How International Investment Law Changes Corporate Law and Governance", *University of Pennsylvania Journal of International Law*, Volume 40, Issue 1, 2018, para. 220.

[③] See Zachary Douglas, *The International Law of Investment Claims*, Cambridge University Press, 2009, p. 456.

[④] See Eskosol S. p. A. in liquidazione v. Italian Republic, ICSID Case No. ARB/15/50, Decision on Respondent's Application under Rule 41 (5), 20 March 2017, pp. 20–21.

裁庭的裁决对相关条约的解释，有一点可以清楚地看到，在国际投资法中，对外国投资者保护的侧重压倒了对重复赔偿、裁决冲突和司法经济的担忧，而这恰恰是国内法中"非间接损失"原则建立的理由之一。

（三）管辖权问题的实践冲突

理论上而言，仲裁请求的依据如果是东道国违反了对公司承担的义务，那么对股份价值损失的索赔实际上是代表公司提出的索赔。如果违反了对股东负有的条约义务，则首先当然是属于股东独立仲裁中的直接仲裁请求。但是，如果违反了对投资公司的义务，该公司的外国股东因此遭受了股份价值的间接损失，进而提起来股东独立仲裁中的间接仲裁请求，那么此时仲裁请求的权利基础是什么？

一些投资仲裁庭提到侵犯了股东的"经济权利",①或者是"国际法中经济利益的真正持有人的权利"②。但是，这些观点并未阐明"经济权利"或"经济利益"的具体含义，并且模糊了"权利"与"利益"之间的区别。即使搁置关于股东经济权利与利益的争议，投资仲裁对损害赔偿的裁决仍然存在争议。如果裁决的法律原因是东道国违反对公司的义务，那么股东提出的间接仲裁请求实质上依然是代表公司行事。但是区别在于股东间接仲裁案件中，仲裁庭直接裁决股东获得损害赔偿款项。投资条约仲裁庭在实践中常常未能充分考虑股东主张索赔时是否依据东道国违反了对股东或对公司所负投资条约之义务。③因此，这些仲裁实践实际上模糊了投资法背景下股东与公司之间权利的区别。

---

① See Continental Company v. Argentina, ICSID Case No. ARB/03/9, Decision on Jurisdiction, 22 February 2006, para. 77.

② See Total SA v. Argentina, ICSID Case No. ARB/04/01, Decision on Objections to Jurisdiction, 25 August 2006, paras. 80 & 81.

③ See Monique Sasson, *Substantive Law in Investment Treaty Arbitration: The Unsettled Relationship between International Law and Municipal Law* (2nd edition), International Arbitration Law Library, Volume 21, Kluwer Law International, 2017, p. 180.

实践中关于股东间接仲裁案例会出现截然相反的结论。下文分析的第一个案例支持了股东间接仲裁请求；而在第二个案例中，仲裁庭以缺乏管辖权为由，驳回了申请人（股东）以股份损失为由提出的间接仲裁请求。

1. CMS Gas Transmission Company v. Argentina（以下简称"CMS v. Argentina 案"）

CMS v. Argentina 案涉及 CMS 所投资的企业 TGN，1989 年阿根廷（Argentina）调整了本国的天然气运输费率调整公式，使得关税以美元计算并按开单当日的汇率以比索表示。CMS 声称，它投资天然气输送系统是基于阿根廷政府官员做出的承诺，即该计划承诺提供美元回报。1999 年金融危机后，阿根廷采取了几项修改汇率制度的措施导致 CMS 的投资回报受损。[①]

阿根廷对 CMS 在本案中的法律资格（*jus standi*）提出了两项反对事由：（1）股东的地位是否与公司的地位不同？如果是，股东权利是仅指其股东身份的权利，还是指与其投资的法律和经济层面相关的实质性权利？（2）申请人是否满足所称纠纷"直接源于投资"的管辖权要求？[②]

该案的仲裁庭认为"现行国际法对允许 CMS（股东、本案申请人）独立于 TGN（公司）提出索赔没有设置任何障碍"[③]。而且根据《ICSID 公约》，仲裁庭也认为不存在这样的障碍。[④] 对于股东基于公司遭受的损害而要求赔偿间接损失的权利，仲裁庭裁定，根据该案

[①] See CMS Gas Transmission Company v. Argentina, ICSID Case No. ARB/01/8, Decision on Jurisdiction, 17 July 2003, para. 1.

[②] See CMS Gas Transmission Company v. Argentina, ICSID Case No. ARB/01/8, Decision on Jurisdiction, 17 July 2003.

[③] See CMS Gas Transmission Company v. Argentina, ICSID Case No. ARB/01/8, Decision on Jurisdiction, 17 July 2003, para. 48.

[④] See CMS Gas Transmission Company v. Argentina, ICSID Case No. ARB/01/8, Decision on Jurisdiction, 17 July 2003, para. 56.

适用的投资条约，CMS 作为股东拥有"直接诉权"。① 仲裁庭认为，股东索赔人的权利可以独立于公司的权利来主张，索赔人根据条约所保护的投资享有独立的诉因，而且目前的争议直接源于投资。② 最终，该案仲裁庭关于管辖权问题的结论是 CMS 是适格的仲裁申请人。

关于该案实体问题的裁决，仲裁庭表示，CMS 有权获得以美元计算并在账单日兑换成比索的关税。阿根廷政府不遵守其义务，违反了《美阿 BIT》中公平公正待遇的标准和"保护伞条款"，裁决阿根廷政府向 CMS 支付损害赔偿，并在支付赔偿后将 CMS 股份的所有权转让给阿根廷政府。③

阿根廷政府声称裁决无效，主要理由是认为：（1）仲裁庭缺乏管辖权，因为 CMS 据称被侵犯的权利不是属于它自己，而是属于一家公司；（2）仲裁庭无权对公司股东就公司收入损失提出的索赔行使管辖权。

然而，该案的 ICSID 撤销委员会依然认为该案的管辖权决定是适当的。④ 该案适用的双边投资条约中投资的定义非常宽泛，包括了少数股东，而 CMS 作为投资者应当受到条约保护并且具有合法的诉讼理由。因此，该案的撤销委员会确认了"股东基于《美阿 BIT》规定的权利被侵害从而提出的索赔，属于仲裁庭的管辖范围"⑤。

鉴于《美阿 BIT》规定的条款，CMS v. Argentina 案的裁决代表

---

① See CMS Gas Transmission Company v. Argentina, ICSID Case No. ARB/01/8, Decision on Jurisdiction, 17 July 2003, para. 65.

② See CMS Gas Transmission Company v. Argentina, ICSID Case No. ARB/01/8, Decision on Jurisdiction, 17 July 2003, para. 68.

③ See CMS Gas Transmission Company v. Argentina, ICSID Case No. ARB/01/8, Award, 12 May 2005, paras. 138, 252, 281 and 303.

④ See CMS Gas Transmission Company v. Argentina, ICSID Case No. ARB/01/8, Decision on Annulment, 25 September 2007.

⑤ See CMS Gas Transmission Company v. Argentina, ICSID Case No. ARB/01/8, Decision on Annulment, 25 September 2007, para. 75.

以下四点主张：（1）股东的地位与其公司的地位不同，但是如果股东主张的权利与"投资有关"，那么根据《美阿 BIT》成立的投资仲裁庭则具有管辖权；（2）股东权利是指与其投资相关的法律、经济等方面的实质权利；（3）投资受到了阿根廷在 1999 年经济危机后采取的措施影响；（4）阿根廷违反了其对股东的承诺和义务。因为在该案中，"股东权利"被认为比股东身份有关的权利要广泛得多，包括了经济权利。这符合《美阿 BIT》对"投资"的宽泛定义，该定义援引的是一个经济概念，而不是一个法律概念。因此，仲裁庭认为阿根廷政府违反了其对股东的承诺和义务。

2. Poštová Banka and Istrokapital SE v. The Hellenic Republic（以下简称"Poštová v. Hellenic 案"）

Poštová v. Hellenic 案中申请人分别是一家斯洛伐克的银行 Poštová 和一家根据塞浦路斯国内法成立的有限责任公司 Istrokapital，而且 Istrokapital 曾持有 Poštová 的股份。[①] 2011 年 Istrokapital 与强生金融（J&T Finance）签署框架购股协议，强生金融收购了 Istrokapital 在 Poštová 的股份。尽管收购了股份，但是协议规定与希腊共和国（The Hellenic Republic）国债相关的风险依然由 Istrokapital 承担，如果希腊国债的价值回报没有达到收购成本，Istrokapital 需要承担赔偿义务。

2008 年的全球金融危机导致希腊的国债被评级机构调降评级，2010 年 1 月，希腊向欧盟提交了削减财政赤字的三年稳定计划，随后采取了紧缩措施。2010 年，斯洛伐克银行 Poštová 购买了希腊在 2007—2010 年发行 504000000.00 欧元的政府债券，受希腊法律管辖，并在 2012—2020 年的不同日期到期。

然而，从 2011 年 7 月开始，随着希腊局势的持续恶化，国际货币基金组织与希腊和欧洲当局一起通过了相关方案，重组希腊政府

[①] See Poštová Banka, a. s. and Istrokapital SE v. Hellenic Republic, ICSID Case No. ARB/13/8, Award, 4 November 2015, paras. 1-2.

的主权债务。2013 年，Poštová 和 Istrokapital 在 ICSID 提起了仲裁，理由是他们在希腊政府国债中的权利受到了损害。希腊基于几个理由提出了管辖权异议，包括政府国债不是受保护的投资，以及 Istrokapital 从未根据塞浦路斯和希腊的双边投资条约进行过受保护的投资。

该案仲裁庭主要基于以下两个方面裁决对该项争议没有管辖权：(1) 该案中股东申请人没有资格就其持有股份的公司的资产贬值提出索赔；(2) 股东对其持有股份的公司不享有索赔权利。

Poštová v. Hellenic 案的仲裁庭重申，国际法的默认立场是公司与股东法律资格或地位不同，这意味着只有公司才有权保护自己的资产。仲裁庭认为，申请人 Istrokapital 没有证明它对 Poštová 持有的国债拥有任何法律或合同权利，从而允许它就国债的贬值向希腊政府提出条约索赔。该案仲裁庭澄清，尽管股东很可能就针对该公司采取的措施对申请人股份价值的影响提出索赔，但是股东提出仲裁请求时，受保护投资的定义只限于"股份"，股东不得就干扰持股"公司资产"的措施提出索赔。只有当该公司是受保护投资者时，公司自己可以就其资产被侵害提出条约仲裁请求。[1]

第三节 股东请求仲裁管辖主要援引的实体待遇条款

根据投资仲裁实践案例的总结，当股份受到投资条约保护时，股东作为仲裁申请人最常通过有关征收和公平公正待遇标准的条约权利提起仲裁请求。[2]

---

[1] See Poštová Banka, a. s. and Istrokapital SE v. Hellenic Republic, ICSID Case No. ARB/13/8, Award, 4 November 2015, paras. 229, 232, 235 & 247.

[2] See Dolores Bentolila, "Shareholders' Action to Claim for Indirect Damages in ICSID Arbitration", *Trade Law and Development*, Volume Ⅱ, 2010, p. 121.

一 征收

双边投资条约通常包括限制征收的条款。1991 年美国与捷克签署的 BIT（1992 年生效，2003 年修订）中有一项经典条款，即第 3 条第 1 款规定的，除非是出于公共目的，依照正当法律程序，以非歧视方式，在支付及时、充足和有效的补偿后，否则不得通过等同于征收或国有化的措施直接或间接征收投资或将其国有化。[①] 从这一规定可以看出，投资条约中"征收"的定义可能是较为宽泛的，包括法律上的直接征收和事实上的间接征收。权威专家 Jan Paulsson 和 Zachary Douglas 对此解释说，直接征收是指剥夺了所有者对其财产的合法所有权；间接征收是指以更微妙的方式影响财产利益，但是财产的合法所有权不受干扰，相反，东道国的行为以某种方式削弱了它的创收潜力。[②]

将直接征收与间接征收的区别转移到股份上，股东可以直接对没收股份或股息的"直接或法律意义"上的征收提出索赔。然而，股东更多的时候也会诉称"间接或事实"上没收了他们的股份。[③] 在针对阿根廷政府的系列案件中就处理过这一问题。申请人投

[①] See Czech Republic-United States of America BIT (1991) Art. 3. 1 Investments shall not be expropriated or nationalized either directly or indirectly through measures tantamount to expropriation or nationalization ("expropriation") except: for public purpose; in a nondiscriminatory manner; upon payment of prompt, adequate and effective compensation; and in accordance with due process of law and the general principles of treatment provided for in Article II (2). Compensation shall be equivalent to the fair market value of the expropriated investment immediately before the expropriatory action was taken or became known, whichever is earlier; be calculated in a freely usable currency on the basis of the prevailing market rate of exchange at that time; be paid without delay; include interest at a commercially reasonable rate from the date of expropriation; be fully realizable; and be freely transferable.

[②] See Jan Paulsson & Zachary Douglas, "Indirect Expropriation in Investment Treaty Arbitrations", *Arbitration Investment Disputes*, 2004, p. 152.

[③] See Dolores Bentolila, "Shareholders' Action to Claim for Indirect Damages in ICSID Arbitration", *Trade Law and Development*, Volume II, 2010, p. 123.

资者声称，阿根廷政府在 2000—2002 年采取的措施"间接但事实上"有效地剥夺了投资者对其投资的使用和收益，包括剥夺了全部或很大一部分财产的经济效益，构成了相当于征收的措施。被申请国家阿根廷提出异议认为，这些公司仍在继续正常运营，而且投资者保留了他们的股份，所以就有继续获得股息（股份收益）的可能性。

在 CMS 案、LG&E 案和 Azurix 案中，申请人没有证明他们被剥夺了全部或大量财产，而且仍然拥有投资的所有权和控制权，阿根廷政府也没有管理公司的日常运营。最终，阿根廷政府的措施并没有被仲裁庭视为征收行为。

总而言之，股份股权征收可以是直接的，也可以是间接的，而受保护的利益被认为是股份的经济价值。如果股份受到保护不被征收，那么股东就会受到东道国采取的措施的保护。东道国的间接征收措施虽然不会影响其根据国内法享有的股东直接权利，例如所有权、分配股息等，但会降低其价值。股份的价值是基于预期的，而预期的价值取决于公司的业绩和资产。当然，对公司的直接侵害不等于对股份的损害。公司资产价值的减少也可能不会对股份价值产生相同比例的影响。无论如何，投资仲裁实践中对间接征收的认定是相当模糊的。但是，如果认为对股东的损害是间接的，也仅限于对股东个人的股份造成了损害。如果东道国的行为间接导致股东的股份价值大幅度降低甚至完全消失，那么在仲裁实践中则有较大可能被认定为事实上的征收行为。

二 公平公正待遇

股东独立仲裁请求中最常援引的条约权利就是公平公正待遇（Fair and Equitable Treatment，FET）。[1] 大多数 BITs 中都没有具体定

---

[1] See Dolores Bentolila, "Shareholders' Action to Claim for Indirect Damages in ICSID Arbitration", *Trade Law and Development*, Volume II, 2010, p. 124.

义公平公正待遇的标准，而是规定投资在任何时候都应得到公平公正的待遇，应享有充分的保护和安全，并在任何情况下不得低于国际法要求的待遇。投资仲裁庭试图笼统地定义或解释公平公正待遇，其中包括故意无视正当法律程序，可被视为不当和可耻的行为，武断、特殊、不公正、缺乏诚意以及缺乏正当程序和相称性。① 此外，仲裁庭普遍认为，东道国对投资者不公平或不公正的待遇不一定要求其出于"恶意"。②

而对于投资是股份的情况下，公平公正待遇的标准如何判断，需要视不同案件情况而定。核心问题是当东道国针对当地公司的措施违反了这一待遇标准且股东的股份价值受损时，股东是否可以援引这一条约权利独立提起仲裁请求？在上述阿根廷案件中，股东声称阿根廷政府施行的紧急状态法和冻结当地子公司的许可证，未能合法按照预期提供稳定的投资环境。部分案件的仲裁庭也裁判阿根廷政府违反了其根据投资条约中公平公正待遇标准应当承担的义务。

例如，Azurix 案中仲裁庭认为被申请国政府对当地公司特许权的行为和关税制度违反了公平公正对待申请人 Azurix 的义务。③ CMS 案中，被申请国政府的紧急法律框架也被认为违反了公平公正待遇原则。仲裁庭认为"稳定的法律和商业环境是公平公正待遇的基本要素"④。仲裁庭的结论认为东道国的措施"实际上完全改变作出投

---

① See Dolores Bentolila, "Shareholders' Action to Claim for Indirect Damages in ICSID Arbitration", *Trade Law and Development*, Volume Ⅱ, 2010, p. 125.

② See Mondev International Ltd. v. United States of America, ICSID Case No. ARB (AF)/99/2, Award, 11 October 2002, para. 190. 转引自 Dolores Bentolila, "Shareholders' Action to Claim for Indirect Damages in ICSID Arbitration", *Trade Law and Development*, Volume Ⅱ, 2010, p. 125。

③ See Azurix Corp. v. The Argentine Republic, ICSID Case No. ARB/01/12, Award, 14 July 2006, paras. 374 & 377.

④ See CMS Gas Transmission Company v. Republic of Argentina, ICSID Case No. ARB/01/8, Award, para. 274.

资决定时的法律和商业环境"①。而且,仲裁庭认为"法律框架及其各个组成部分提供的保证,对于投资决定而言至关重要"②。在之后的 Siemens 案和 LG&E 案中仲裁庭也提出了类似的观点。

从这些案例中可以得出以下结论:第一,违反公平公正待遇原则或标准的行为是针对当地公司的,当地公司是直接受到损害的主体,股东受到的损害是当地公司所受损失的间接损失反映。第二,仲裁申请人的期待利益实际上是基于股东对当地公司业绩收入的期望(即股东对公司利益的期待)。所以,这种"期待利益"是否会将股东的期待利益与当地公司的期待利益相混淆?投资法实践认为,条约应当保护股东对其股份投资的期待利益,而这种期待利益包括股份的经济价值。考虑到股份的经济价值与公司的经济价值之间的紧密联系,公平公正待遇标准也应当保护股东对公司业绩的期待利益。

而且,投资条约并不保护当地公司对其经济利益的期待,只保护股东对公司经济利益的期待。在一般国际法中,当地公司对自身经济利益的期待也很少受到国家的保护。此外,即使公司和股东最终都可以就东道国违反公平公正待遇的措施提出索赔,但是这两类索赔都是就自己受到保护的资产或权益遭受的损失提出索赔。即使投资条约保护股东对公司经济利益的期待并不会使股东成为公司的所有者,也不允许股东主张公司的权利。而且,从形式上来看,由于当地公司单纯的经济期待利益不受保护,而股东的此项利益受到保护,所以就不会造成重复的利益保护。但是问题在于,股东的经济利益直接与公司的经济利益相关联,即使公司无法就期待经济利益受损提出索赔,股东的索赔仍然会造成实质层面的利益重叠,从

---

① See CMS Gas Transmission Company v. Republic of Argentina, ICSID Case No. ARB/01/8, Award, para. 275.

② See CMS Gas Transmission Company v. Republic of Argentina, ICSID Case No. ARB/01/8, Award, para. 275.

而带来更多的问题，例如其他没有提出索赔的股东利益补偿问题、债权人的利益求偿问题，以及公司治理等问题。

总而言之，投资仲裁实践尤其是 ICSID 仲裁中，受到 BITs 保护的股东可以直接基于条约保护在 ICSID 提出仲裁请求，要求对他们所持有的条约权利的侵犯提出索赔。股东条约权利的侵犯包括资本贬值以及因损害当地公司权益而对股东造成的损失，从而容许了股东就直接或间接损害（即损害股东在其持有股份的公司的经济利益）独立提出仲裁请求。

第四节　管辖权规则与习惯国际法规则的关系

本节重点关注的是，对股东间接损失索赔的国际投资仲裁实践，尤其是其中的管辖权规则，是否形成了关于保护股东及其在仲裁庭中法律地位的习惯国际法规则？就目前来看，还没有形成这样的习惯国际法规则。主要是因为根据国际投资条约向公司和股东提供的法律保护的范围和程度不够一致，不足以构成任何习惯规则的基础。在国际投资法体系中，也没有充分的法律依据。此外，这样的习惯规则将违反在没有具体国家同意的情况下，公司和股东在国际仲裁庭以及国内法中的诉权或仲裁请求权的一般原则和规则。

习惯国际法是国际法的渊源之一，[1] 在习惯国际法下应给予外国投资者何种待遇的问题一直在各国引发争议。实际上，由于发达国家与发展中国家之间的分歧，对现有的国际投资法提供的法律保护一直没有达成广泛的国际共识。[2] 1970 年国际法院在巴塞罗那公司

---

[1] See Statute of the International Court of Justice Art. 38（1）（b），26 June 1945.

[2] See Stephen M. Schwebel, "The United States 2004 Model Bilateral Investment Treaty: An Exercise in the Regressive Development of International Law", *Transnational Dispute Management*, Volume 2, 2006, p. 1.

案中得出了相同的结论:"考虑到上半个世纪的重要发展,外国投资的增长和公司尤其是跨国控股公司国际活动的扩大,并考虑到国家经济利益的演变,虽然乍看起来似乎令人惊讶,但是这个问题在法律层面没有形成具体的、公认的国际规则。"[1]

实际上,正是由于缺乏既定的习惯原则或规则,各国在20世纪90年代缔结了数千个双边投资条约。[2] 同时,一些习惯国际法原则也在国际投资法领域发挥重要作用,例如东道国有义务向外国投资者提供"最低待遇";除非满足以下四个条件,否则东道国不能征收外国投资者的投资:(1)征收必须是为了公共目的;(2)符合法律规定;(3)必须以非歧视性方式进行;(4)应获得相应补偿。[3]

但是,目前还没有公认的关于股东间接投资仲裁的规则反过来发展成为习惯国际法规则。这主要是出于三个原因:第一,国际投资仲裁领域的此类"规则"不符合习惯国际法的定义;第二,承认该"规则"的后果之一是将违反"国际仲裁取决于国家同意"的原则;第三,承认该"规则"的另一后果是将与"仲裁庭的组成受到双边投资条约规定的限制"背道而驰。

习惯国际法的形成应当具备两个必要要素:(1)各国在其国际关系中"一贯持续和统一"的惯例;(2)相信这种惯例是法律所要求的,即达成了法律确信。[4] 这种"双重要求"是重要的、既定的原则之一,[5] 而以双边投资条约为基础的国际投资仲裁管辖权规则遗

---

[1] See Barcelona Traction, Light and Power Co., Ltd. (Belgium v. Spain), 1970 ICJ Reports, paras. 46-47.

[2] See R. Dolzer & A. von Walter, *Fair and Equitable Treatment: Lines of Jurisprudence on Customary Law*, Investment Treaty Lawm, Oxford Handbook of International Investment Law, Current Issues II, 2007, p. 99.

[3] See Ioana Tudor, *The Fair and Equitable Treatment Standard in International Foreign Investment Law*, Oxford Monographs in International Law, 2008, pp. 61-62.

[4] See *Statement of Principles Applicable to the Formation of General Customary International Law*, International Law Association, Final Report, 2000, p. 8.

[5] See Continental Shelf (Libya v. Malta), ICJ Judgement, 3 June 1985, p. 27.

漏了习惯国际法的这两个必要要素。

一　缺乏持续统一的国家实践

习惯国际法的第一个基本要求是证明国家实践是持续统一的。国际投资仲裁机制在 20 世纪 90 年代才加速发展，相对而言仍然是一个较新的机制，有关争议也在不断出现。国际法院在 North Sea Continental Shelf 案中指出，国家惯例必须"既广泛又实质统一"。[①] 如前文所述，现代国际投资条约通常将"投资"或"投资者"定义得非常广泛，以涵盖公司股份和多种类型的股东，也因此在理论和实践中均出现了较多争议，难以形成"既广泛又实质统一"的惯例。

美洲国家曾对本州的各国 BITs 进行了一项统计研究，凸显了公司国籍的定义存在极大的不一致和矛盾性。[②] 在研究的 40 项 BITs 中，研究人员发现有不少于五类不同的"投资者"定义，其中 5 项 BITs 完全基于注册地主义定义公司的国籍；15 项 BITs 结合了注册地主义和公司管理"或"经营地的标准定义公司国籍；9 项 BITs 规定了注册地主义、公司管理地"和"进行有效经济活动地的标准定义公司国籍；10 项规定了注册地主义、公司管理地"或"进行有效经济活动地的标准定义公司国籍；最后，只有 1 项 BIT 规定了公司注册地主义和实际控制地的标准。显然，通过以上研究可以认为这些 BITs 下的"投资者"实际上取决于每个条约的确切措辞，美洲国家并没有公认、一贯的标准。

实际上，世界其他地区也基本如此。一些条约要求公司不仅要在一个缔约国注册成立，而且其有效管理机构（例如其总部）也必

[①] See North Sea Continental Shelf (F. R. G. v. Denmark), ICJ Judgement, 1969 Reports, p. 75.

[②] See Lawrence Jahoon Lee, "Barcelona Traction in the 21st Century: Revisiting its Customary and Policy Underpinnings 35 Years Later", *Standford Journal of International Law*, Volume 42, 2006, pp. 272-273.

须位于该国；也有条约进一步要求该公司必须由注册成立国的国民控制；或者例如前文所述的荷兰，订立的某些BITs将保护范围扩大到甚至没有在该国成立的法人实体等极端情况。① 这些国家惯例或实践不一致的法律事实，足以证明其尚未构成任何习惯国际法规则的基础。

总而言之，根据国际投资条约提供给公司和股东的保护范围和程度大不相同，关于公司和股东的法律地位尤其是股东在间接仲裁中的法律地位并没有国际法上的依据，也缺乏持续、统一的实践惯例。

二 缺乏"法律确信"

习惯国际法的第二个基本要求是法律确信（*Opinio Juris*）。② 联合国国际法委员会在2018年的报告中对"法律确信"的界定和证据形式也进行了论述。要确定一项习惯国际法规则的存在及内容，必须查明是否存在一项被接受为法律（法律确信）的一般惯例。有关惯例的采用必须带有一种法律权利或义务，被接受为法律（法律确信）的一般惯例不同于单纯的常例或习惯。③

联合国国际法委员对"法律确信"的证据要求提出了以下三点：（1）被接受为法律（法律确信）的证据可有多种形式。（2）被接受为法律（法律确信）的证据形式包括但不限于：以国家名义发表的公开声明、官方出版物、政府的法律意见、外交信函、各国法院的判决、条约规定、与国际组织通过的或在政府间会议上通过的决议

---

① Anthony C. Sinclair, "The Substance of Nationality Requirements in Investment Treaty Arbitration", *ICSID Review-Foreign Investment Law Journal*, Volume 20, 2005, p. 374.

② See Patrick Dumberry, "Are BITs Representing the 'New' Customary International Law in International Investment Law?", *Penn State International Law Review*, Volume 28 Issue 4, 2010.

③ 参见联合国国际法委员会报告，第七十届会议和七十三届会议正式记录，编号：A/73/10，第142页。访问地址：https://documents-dds-ny.un.org/doc/UNDOC/GEN/G18/252/66/PDF/G1825266.pdf?OpenElement，最后访问日期：2020年10月12日。

有关的行为。(3) 在有关国家有能力做出反应并且有关情况也要求做出某种反应的情况下，对一种惯例经过一定时间而没有做出反应，可用作已接受其为法律（法律确信）的证据。①

根据联合国国际法委员会对"法律确信"的有关规定，可以发现国际投资仲裁机制的实践并没有创造出符合"法律确信"概念和证据要求的一般惯例。正如 Schachter 所解释的，"双边条约中共同条款的重复并没有创造或支持这些条款形成习惯法的推论"，因为"维持这种习惯要求"必须证明除了条约本身之外，这些条款中的规则也应当被认为是强制性的义务。② UPS v. Canada 案的仲裁庭也指出，"尽管 BITs 数量众多但覆盖范围有限，就法律确信而言，没有迹象表明它们反映了一种普遍的义务意识"③。

事实上，各国主要是根据其所需要的经济利益和政策因素缔结双边投资条约。Salacuse 曾指出，"发达国家与发展中国家之间的双边投资条约建立在大笔交易的基础上，承诺保护资本以换取未来更多资本的前景"④。Guzman 也指出，根本不可能根据 BITs 反映法律确信的观点来解释欠发达国家对外国投资的自相矛盾的行为，因为这些 BITs 并不反映法律义务，而是各国利用其掌握的国际工具追求其经济利益的结果。⑤

---

① 参见联合国国际法委员会报告，第七十届会议和七十三届会议正式记录，编号：A/73/10，第 144 页。访问地址：https://documents-dds-ny.un.org/doc/UNDOC/GEN/G18/252/66/PDF/G1825266.pdf?OpenElement，最后访问日期：2020 年 10 月 5 日。

② See Oscar Schachter, "Compensation for Expropriation", *American Journal of International Law*, Volume 78, 1984, pp. 121 & 126.

③ See United Parcel Service of America v. Government of Canada, UNCITRAL, November 2002, p. 97.

④ See J. W. Salacuse, "The Treatification of International Investment Law?", *Law & Business Review of the Americas*, Volume 3, 2007, pp. 155 & 159.

⑤ See Andrew T. Guzman, "Why LDCs Sign Treaties That Hurt Them: Explaining the Popularity of Bilateral Investment Treaties", *Virginia Journal of International Law*, Volume 38, 1998, p. 687.

总而言之，BITs 是国家之间权衡和相互让步的结果，是利益冲突折衷的表现，其内容取决于缔约各方的政治和经济讨价还价能力。各国并不是根据任何公认的法律义务缔结条约，条约仲裁的实践规则，尤其是关于股东独立仲裁的管辖权规则也尚未发展成为习惯国际法规则。

本章小结

国际投资仲裁实践中对股东的条约保护迅速发展。这些新的发展有其重要性和政策原因，但是并没有形成习惯国际法规则，尤其是对股东间接损失的条约保护存在较多争议和法律风险。

一方面，国际投资条约通常将其管辖范围限制在涉及投资和违反条约规定的索赔中，例如，要求公平公正待遇或对被征收的适当补偿。BITs 对投资的定义中也可能包括了以股份进行的资本投资，而且不仅限于多数股份，也可能包括少数股份。但是，即使 BITs 规定了投资的概念和范围，但这并不能消除股东与其所投资的公司之间法律地位上的根本差异。而且，股东进行的投资与公司进行的投资是"分开且不同的"。股东与公司之间的区别应当在国际法上保持一致，而目前这种区别是在国内法层面进行的，除非相关条约直接赋予股东权利可以独立进行间接仲裁。

另一方面，也必须承认 BITs 为公司和股东提供了更大的程序性和实质性权利保护。这些 BITs 和仲裁实践对所涵盖的投资者，尤其是外国股东投资者，以及投资待遇产生了重要影响。由于部分宽泛的 BITs 文本允许不同层级的股东基于股份价值的间接损失对东道国提起仲裁请求，因此，东道国越来越难以预测和判断潜在的投资争议。然而，投资条约和仲裁实践又使得东道国必须承担这些难以预测的条约义务和损害赔偿责任。

股份投资具有高度的流转性，由此带来的风险不应该由东道国承担。否则，国际投资条约存在的意义仅仅在于为越来越多的外国资本和投资者提供越来越高的国际待遇。投资仲裁庭在一定条件下或许可以支持股东间接损失的索赔，以维护股东作为投资者的条约利益。但是，相关条件和法律依据应当明确、充分，平衡东道国主权利益，后文会进一步对有关法律依据和条件限制进行分析。从根上来说，国际投资条约及其争议解决机制的确定来源于国家授权，如果不重视和解决好上述股东独立仲裁引发的问题，国际投资法和国际投资仲裁机制的可持续发展将会饱受争议和难以维系。

自巴塞罗那公司案以来，国际法中关于股东权利的讨论已经走过了很长一段路。现在，根据国际投资条约的规定和投资仲裁的实践，持有公司的股份也是一种受到国际投资条约保护的投资形式。如果受到侵害的公司不符合相关条约的国籍要求，但是其股东符合相关条约的国籍要求，国际投资法制度也会支持赔偿相关损失的诉求。这一种情况在公司拥有东道国国籍而不符合外国投资者资格的情况下尤其经常出现。在这种情况下，公司不会被视为投资者，而是被视为一种投资。然后，当地公司的外国股东可以利用他们的外国投资者身份，根据条约享有和行使权利。而且，这项权利不依赖于任何多数或者"控制股东"，延伸到"少数股东"。在这种情况下，投资仲裁庭可以对股东提出的仲裁请求进行管辖。

在股东通过"中间主体"间接持有受侵害公司股份的情况下，股东的权利也能得到保护。在这种情况下，无论直接持有受影响公司股份的中间公司是在申请人母国、被申请东道国还是第三国注册成立，都与股东权利保护无关。也有主张认为在东道国以外的国家注册成立或总部设在其他国家的公司的股权也可以受到保护。因此，即使股东持有股份的投资公司不符合国籍要求，只要股东符合投资条约的国籍要求，也可以提出索赔。东道国违反条约保障，影响公司经济地位的不利行为也会赋予股东仲裁请求的权利。

如上所述，这种做法为股东提供了广泛的保障，包括多数、少数、直接以及间接的股东及其股份。如果仲裁索赔是并行的，特别是由不同的股东提出索赔，则可能会出现更多实际的法律风险。此外，受影响的公司本身可能会寻求某些补救措施，而一些股东则可能会寻求不同的补救措施。如果通过中间公司间接持股与少数股份相结合，情况就会变得更加复杂。在这种情况下，不同级别的股东和公司可能会采取相互冲突或相互竞争的诉讼策略，这些策略可能难以相互协调或妥协。这些程序上的困难本身并不足以成为拒绝向某些股东群体提供法律保障的充分理由。但它们需要详细和创新的改革来协调不同的程序，包括充分分析股东独立仲裁的可受理性问题，通过合并案件、按比例裁决、灵活适用待决案件和既判力原则，以及其他方法防范或减少股东独立仲裁引发的实际法律风险，后文会对此问题进一步分析。

第四章
股东独立仲裁请求的可受理性

根据第三章对股东独立仲裁请求的分析，如果仅从国际投资仲裁的一般管辖权表面要件来分析"股东独立仲裁"，一旦投资条约将"股份"纳入了投资的形式之一，很容易就能够满足属事管辖权要件；而当股东属于"投资者"时，也就满足了属人管辖权要件。对于直接侵犯股东依据股份享有的条约权利的情况，股东也的确享有提起投资仲裁请求的条约权利。然而，股东"间接"仲裁请求的复杂性远远超出了管辖权方面的法律问题。

当前，股东独立"间接仲裁"在投资条约仲裁实践和学术文献中愈加受到质疑。大多数研究是将股东的间接仲裁请求当作"管辖权"问题进行分析，但是此类投资条约仲裁更本质的问题是"股东仲裁请求的可受理性"问题，而不仅是"仲裁庭的管辖权"问题。本章讨论了根据国际法一般原则，特别是在独立的法人资格原则下，股东对间接损失的仲裁索赔是否可受理。原则上认为此类仲裁请求通常是不可受理的，但也探讨了可以认定为可受理的具体情况。建议在国际投资条约中规定明确的实体保护内容，以为某些特定情况提供法律依据与保护。

本章首先对可受理性的概念进行了界定，将可受理性问题与管辖权问题以及实体问题的分析进行区分比较；其次，探讨了在股东独立仲裁请求中，可受理性问题分析的必要性和判断标准；再次，提出了在国际投资仲裁机制中，可受理性的概念和仲裁庭决定可受理性问题的权力范围以及例外情形；最后，本章论证了适用于股东间接仲裁请求的可受理性事项或规则。

第一节 可受理性的界定

可受理性（admissibility）问题或事项在国际法中是一个"难以捉摸但却根深蒂固的概念"。[①] 就国际投资仲裁制度而言，可受理性是指仲裁庭为了维护公认的法律原则而限制或以特定方式行使其管辖权的要件。虽然在某些情况下，可受理性与维护司法职能的合法性有关，但可受理性问题涵盖的范围更广。首先，可受理性问题包含了仲裁请求权的具体条件。其次，在某些情况下，研究可受理性问题的作用是为了尊重第三方的权利和相关法律规定，并不是为了限制裁判权的行使。最后，可受理性的主要目标是防止诉讼或仲裁程序以及对索赔的裁决影响受法律保护的其他利益主体，包括争端一方、第三方甚至国际社会的利益。[②]

本书提出的可受理性问题是基于股东间接仲裁的"实质"，而不是基于投资者的"程序要求"。具体指的是"间接仲裁请求的实质可受理性"，并与管辖权问题区分开来，后者意味着仲裁庭"是否有法律资格作出任何裁决"。Brownlie Ian 对两者做出了如下区分：管辖权异议如果成立，将停止本案的所有诉讼（仲裁）程序，因为它们不符合法院（仲裁庭）就诉求的实体问题或可受理性问题作出裁决的权限。而对诉求的实质可受理性异议如果成立，法院（仲裁

[①] See Gabriel Bottini, "The Admissibility of Shareholder Claims: Standing, Cause of Action, and Damages", University of Cambridge, Dissertation for the degree of Doctor of Philosophy, 2017, p. 31.

[②] See Kolb Robert, *The International Court of Justice*, Oxford: Hart Publishing, 2013, pp. 202-203.

庭）则应以不具有可受理性的理由驳回起诉（仲裁请求）。[1] 国际投资仲裁中可受理性问题的核心依据是股东的某些（主要是间接仲裁）国际投资仲裁请求与非国际性索赔之间的潜在重叠，导致部分股东仲裁请求不具有可受理性。

一 可受理性的定义

如前文所述，无论是国际投资法体系、投资条约条款还是仲裁裁决都没有对可受理性进行明确定义，更不用说达成一个被广泛接受的定义了。管辖权问题、可受理性问题以及案件的实体问题之间有相当大的重叠，因此很难对可受理性作出一个涵盖所有情况的单一定义。

就整个或部分仲裁请求而言，可受理性异议有时与管辖权或案件实体问题的抗辩交织在一起。在这种情况下，可受理性被定义为与仲裁请求或申请人有关的法律理由，即在有管辖权或假定有管辖权的情况下，投资仲裁庭在听取相关抗辩后，也可以不审理、全部或者部分驳回仲裁请求。[2] 因此，可受理性问题更加侧重于仲裁请求本身和申请人的实质法律特征，同时在部分情况下也可能与仲裁庭的特征相关。例如，在全部或部分源于合同违约的条约仲裁中，就可受理性问题而言，由于投资仲裁庭不是解决合同纠纷的机构，因此能够以不具有可受理性为由驳回仲裁请求。此外，如果投资仲裁庭裁定某一特定申请人的某些索赔不具有可受理性，并不意味着不同的法院或者司法机构也应当认定同一申请人或另一申请人的同一索赔是不具有可受理性的。是否具有可受理性，需要结合不同的争议解决程序特征进行具体分析。

---

[1] See Brownlie Ian, *Principles of Public International Law* (5th edition), Oxford: Clarendon Press, 1999, p. 479.

[2] See Salles Luiz E., *Forum Shopping in International Adjudication The Role of Preliminary Objections*, Cambridge University Press, 2014, p. 173.

区分管辖权和可受理性的根本问题在于抗辩焦点是针对"仲裁庭"还是"仲裁请求本身"。① 管辖权异议是被申请人为了"否认对仲裁庭管辖权的同意",而可受理性异议则是基于整个仲裁请求本身,尤其是争议实体问题上的异议,并不是为了从程序上质疑仲裁庭的权力。

同时,也有观点提出,在考虑仲裁请求是否可受理之前,必须先确认对该争议享有管辖权。因为如果没有管辖权,仲裁庭可能根本不会审查该类案件。② 然而,关于该"先后顺序"问题的仲裁实践并不一致。Fitzmaurice 指出,已经受理案件的仲裁庭拥有"初步管辖权",在某些情况下可以不考虑其管辖权问题或者在做出管辖权裁决之前,就可受理性异议作出决定。③ 在明确决定有关仲裁案件不可受理的情况下,仲裁庭可以直接作出驳回的决定,以避免司法资源的浪费。因此,从司法经济的角度来看,这也是可取的。

此外,虽然本书认为可受理性问题侧重于每一项仲裁请求的具体案情实质,难以达成统一的标准或概念,但它也有可能关系仲裁程序中管辖权事项之外其他程序的正当性。如果仲裁程序违反了"准据法"规定的规则或原则,也可能产生不予受理的理由。例如,Hochtief 案仲裁庭在其管辖权裁决中指出:"不得不考虑被申请人的一项异议,即申请人没有按照本案适用的双边投资条约规定将争议首先提交至当地法院。"④ 而该案仲裁庭在决定是否可以通过最惠国

---

① See Walters, Gretta L., "Fitting a Square Peg into a Round Hole: Do *Res judicata* Challenges in International Arbitration Constitute Jurisdictional or Admissibility Problems?", *Journal of International Arbitration*, Volume 29, 2012, p. 660.

② See Wehland, Hanno, *Jurisdiction and Admissibility in Proceedings under the ICSID Convention and the ICSID Additional Facility Rules*, ICSID Convention after 50 Years: Unsettled Issues, The Hague: Kluwer Law International, 2017, p. 232.

③ See Shany Yuval, *Questions of Jurisdiction and Admissibility before International Courts*, Cambridge University Press, 2015, p. 133.

④ See Hochtief AG v. The Argentine Republic, ICSID Case No. ARB/07/31, Jurisdiction, 24 October 2011, paras. 12 & 111.

待遇条款（MFN）的适用从而"绕过"这一条约规定时指出，"仲裁庭可以自行决定其受理的、在其管辖范围内的仲裁请求不可受理（inadmissible）"①。

Hochtief 案提出了管辖权和可受理性之间的区别，而且指出："仲裁庭认为，关于仲裁请求可否受理的原则不仅植根于成熟和完善的仲裁领域之中，而且也植根于适当的司法行政领域。可受理性问题既与仲裁请求本身有关，也与仲裁程序相联系。"② 尽管 Hochtief 案仲裁庭也没能对"可受理性"作出具体、明确的定义，但是其裁决已明确可受理性问题与管辖权问题不同，而且即使仲裁庭对争议案件具有管辖权，也可以基于仲裁请求不具有可受理性作出决定。

本书认为没有必要对二者的"先后顺序"进行约束。管辖权决定和可受理性决定既可以先后做出，也可以同时做出，对其进行顺序的区分并没有法律层面的"实质意义"。唯一可能需要考虑的是从"法经济学"角度而言，如果仲裁庭已经在先对仲裁请求做出了不具有可受理性的决定，则一般情况下可以不用再继续就管辖权问题单独做出决定，否则可能造成司法资源的浪费，对案件各方当事人也会增加更多的经济压力。

国际法院《法院规则》（*Rules of Court*）第 79 条明确区分了管辖权和可受理性，但是也没有对这两个概念进行具体定义。③ 国际法院指出，对可否受理的异议通常采取以下主张："即使国际法院对案件拥有管辖权，并且假定申请人陈述是真实的，但仍然有理由证

---

① See Hochtief AG v. The Argentine Republic, ICSID Case No. ARB/07/31, Jurisdiction, 24 October 2011, para. 94.

② See Hochtief AG v. The Argentine Republic, ICSID Case No. ARB/07/31, Liability, 29 December 2014, para. 206.

③ See ICJ Rules of Court, Preliminary Objections, Art. 79（1）: Following the submission of the application and after the President has met and consulted with the parties, the Court may decide, if the circumstances so warrant, that questions concerning its jurisdiction or the admissibility of the application shall be determined separately.

明法院不应当对案情继续进行审查。"① 国际法院判例中也有关于管辖权和可受理性之间区别的经典论述：对管辖权的异议和对诉讼请求实质可受理性的异议之间存在明显的法理区别。前者是对法院本身根本无权就该诉求的实体问题或可受理性作出任何裁判的抗辩；而后者是对法院应根据案件以外的其他理由（即其他受法律保护的利益或主体等）裁定其不可受理的抗辩。②

国际投资法中 Zachary Douglas 对可受理性的定义提出了较具有代表性的观点。Douglas 在界定可受理性时，一方面提出了国际投资法中管辖权的判断取决于是否存在外国投资和对仲裁机制的"同意"；另一方面指出，可受理问题处理的是仲裁请求从实体层面是否"适合"被审理。③ 可受理性问题实际上涉及仲裁庭管辖权的行使和每一项仲裁请求的具体问题。

相反，也有观点质疑在投资仲裁机制中区分管辖权和可受理性问题的必要性，或者称之为"作用"。例如 Heiskanen 认为，管辖权涉及国家同意仲裁的范围，可受理性指的是仲裁请求的时间性、人身性和实质性等特征。但管辖权和可受理性是"同一个概念，只是从不同的角度来分析。一个从仲裁庭权限的角度，另一个从可受理性的角度分析，没有必要进行区分而且仅仅以不具有可受理性就驳回仲裁请求"。④

然而，如前文所述，将重点放在仲裁请求的可受理性上是因为可受理性问题可能既涉及仲裁庭的仲裁程序，又涉及仲裁请求本身。

---

① See Oil Platforms (Islamic Republic of Iran v. United States of America Oil Platforms), ICJ Judgment, Merits, p. 29.

② See G. Fitzmaurice, The Law and Procedure of the International Court of Justice, ICJ Report 1986, pp. 438–439.

③ See Zachary Douglas, *The International Law of Investment Claims*, Cambridge University Press, 2009, p. 146, para. 306.

④ See Heiskanen Veijo, "Ménage à trois? Jurisdiction, Admissibility and Competence in Investment Treaty Arbitration", *ICSID Review – Foreign Investment Law Journal*, Volume 29, pp. 242–243.

而且可受理性问题还有可能涉及案件的实体问题，仲裁庭也有可能在实体争议的裁判阶段做出不具有可受理性的决定。因此，投资仲裁庭有权通过可受理性问题的适用来处理股东间接仲裁请求带来的后果，包括重复赔偿的风险和对第三人权利的侵害等问题。

二　可受理异议与管辖权异议、实体抗辩理由的辨析

国际投资仲裁中允许股东提出间接仲裁的实践既引发了一定的法律和政策反思，也有对股东机会主义、重复赔偿、债权人利益保护、条约选购和公司治理原则等有关问题的批评。[①] 对股东间接仲裁可受理性问题的分析旨在厘清股东是否有权就其间接损失提出条约仲裁请求。从实证主义立场来看，股东关于间接损失的索赔问题是国际投资仲裁机制的"立场问题"，应通过研究可受理性与管辖权之间的区别来帮助其进一步解决。

可受理性异议可能很难与管辖权异议完全区分开来，毕竟这两类异议通常都属于"初步异议"。如果抗辩成功，这两类异议都可能导致仲裁案件的法律程序全部或者部分结束，而且这两种方式都与仲裁案件经过实体问题审理后而结束不同。

另外，可受理性问题也可能与案件的实体问题密切相关。事实上，根据某些关于可受理性的定义，例如"投资者的请求是否能从投资条约的实质性保护中受益"，可受理性问题与案件实体问题之间的联系是显而易见的。因此，在可受理性问题与管辖权以及案件实体问题之间可能都存在一个"模糊地带"。

（一）可受理性异议与管辖权异议的区分

判断是否具有可受理性的关键不在于仲裁庭是否享有审理一项仲裁请求的程序性权力，而是在于是否还有其他法律原因要求投资

---

① See David Gaukrodger, *Investment Treaties and Shareholder Claims for Reflective Loss: Insights from Advanced Systems of Corporate Law*（2014）2, OECD Working Papers on International Investment, p. 3.

仲裁庭不应当审理该仲裁请求或者对争议问题作出裁判。首先，虽然"同意"是管辖权争议中最核心的法律要件之一，但与"同意"有关的事项可能也会在可受理性决定中发挥重要作用。例如，对投资仲裁庭管辖权的同意与对国内法下司法机构管辖权的同意，两者之间的"重叠"则是可受理性问题需要考虑的事项。其次，虽然投资条约仲裁中的管辖权分析往往集中在国际法规定上，但影响可受理性问题的法律依据可能源于准据法的任何条款，包括国内法。

国际法院强调区分可受理性问题与管辖权问题的重要性，因为管辖权涉及的问题是"同意仲裁"的条件，而不符合可受理性的要求并不影响这种"同意"本身。[①]国际投资法和仲裁实践在区分可受理性与管辖权方面目前尚未有一致的理论和实践做法。但是总体而言，可以做出如下判断：第一，国际投资仲裁机制的管辖权问题基本包括属人管辖权（ratione personae）、属事管辖权（ratione materiae）和属时管辖权（ratione temporis）三个方面，对其中任何一个方面的异议都构成对管辖权的异议，而不是可受理性的问题。第二，管辖权问题与"仲裁庭本身的权力和仲裁机构的规则"有更直接的联系，而可受理性问题则与案件的具体内容有关，并不是针对广义的"投资争议"而言。本书认为可以将这种区分方法称为"仲裁庭与仲裁请求的二分法"。投资仲裁实践中，例如 Achmea 案和 Micula 案的仲裁庭裁决也支持通过"仲裁庭与仲裁请求的二分法"作为区分标准。[②]

总而言之，投资仲裁庭普遍认为，可受理性与管辖权"是国际

[①] See Gabriel Bottini, "The Admissibility of Shareholder Claims: Standing, Cause of Action, and Damages", University of Cambridge, Dissertation for the degree of Doctor of Philosophy, 2017, p. 48.

[②] See Achmea B. V. v. The Slovak Republic, UNCITRAL, PCA Case No. 2008-13, Award, para. 115; Micula and others v. Romania, ICSID Case No. ARB/05/20, Award, para. 63.

法上的两个截然不同的法律概念"①。管辖权指的是仲裁庭以当事人同意为基础对争议作出裁决的权力。然而，在国际投资法中，没有普遍同意的标准来区分管辖权和可受理性。大多数仲裁庭和学术观点都认为：（1）是否具有可受理性并不意味着是否同意仲裁。可否受理涉及仲裁庭裁判权的"行使"，并不侧重于这一权力是否"存在"；（2）虽然仲裁庭裁判权的存在和范围取决于整个争议的基本特征，即属人、属事和属时等层面，但可受理性问题可能会受到每一项仲裁请求具体内容的影响。

与管辖权不同，可受理性与仲裁庭原则上的"权力"无关。仲裁庭要有这样的权力，不仅需要有对一般国际管辖权的同意，而且所涉争议也必须属于同意的范围。否则，即为存在管辖权缺陷，而不是可受理性缺陷。管辖权的基本问题是，仲裁庭是否有法律依据传唤某人作为当事人出庭。或者，就临时仲裁（ad hoc）的管辖权而言，是否有成立仲裁庭审理有关案件的法律依据。另外，可受理性异议是为了阻止对具体的仲裁请求行使裁判权，但并不否认这一权力的存在。

（二）可受理性异议与实体抗辩理由的区分

可受理性异议包括一系列广泛的法律理由，虽然从广义上说，有些理由与程序方面有关，但另一些则涉及实质性理由。国际法院法官Rosenne认为，所有关于可受理性的异议都需要讨论案件的实体问题，管辖权异议也可能与案件实体问题紧密相关。② 因此，可否受理与案件的实体问题分析之间往往也是密不可分的。

在国际投资仲裁中，Methanex案仲裁庭虽然否认有"明示或默示的权力以不可受理为由驳回仲裁请求"，但同时也指出，国际法院

---

① See Gabriel Bottini, "The Admissibility of Shareholder Claims: Standing, Cause of Action, and Damages", University of Cambridge, Dissertation for the degree of Doctor of Philosophy, 2017, p. 39.

② See Rosenne, Shabtai, *The Law and Practice of The International Court: 1920-2005*, Martinus Nijhoff, 2006, p. 83.

《法院规则》第 79 条中的区别可能会导致可受理性问题的异议与案件实体问题的抗辩之间存在"细微差别"。[1] Enron 案仲裁庭指出,《ICSID 公约》没有区分可受理性与管辖权。[2] 然而,Enron 案仲裁庭依然将与股东地位有关的异议定性为可受理性问题的异议,并对其做出了裁决,而且指出"成功的可受理性异议通常会导致以与案情相关的理由驳回仲裁请求"[3]。

可受理性与案件实体问题的关联程度取决于可受理性异议的内容和特点。例如,在 Methanex 案中,美国便将可受理性异议从案件实体问题的抗辩中分离出来。美国提出的可受理性异议是"即使假定 Methanex 声称的所有案件实体事实属实,仍有可能不构成违反 Methanex 提出的条款规定"。美国提出的异议意见需要解释 NAFTA 的实质性条款,包括国民待遇、最低待遇标准和征收条款等。而且美国方面认为,被指控的措施不是"被指控损失的直接原因",这些措施给予相关行业的所有投资者同等待遇,申请人本身没有遭受任何损失。[4] 而在投资条约仲裁中,仲裁案件的最终实体问题是指被指控的措施"是否违反了相关国际投资条约所包含的任何待遇标准,以及任何此类违法行为会带来什么后果"[5]。如果一项异议是依据案件事实,认为没有违反任何国际投资条约的待遇标准,则这项异议是对案件实体问题的抗辩,而不是一项可受理性异议。

---

[1] See Methanex Corporation v. United States of America, UNCITRAL Methanex, Jurisdiction, paras. 125-126.

[2] See Enron Corporation and Ponderosa Assets, L. P. v. Argentine Republic, ICSID Case No. ARB/01/3, Jurisdiction I, para. 33.

[3] See Enron Corporation and Ponderosa Assets, L. P. v. Argentine Republic, ICSID Case No. ARB/01/3, Jurisdiction I, para. 52.

[4] See Methanex Corporation v. United States of America, UNCITRAL Methanex, Jurisdiction, paras. 84-95.

[5] See Rudolf Dolzer and Christoph Schreuer, *Principles of International Investment Law* (2nd edition), Oxford University Press, 2012. Generally on IIA standards of treatment.

第二节 可受理性问题与投资仲裁庭的权力

可受理性的概念在投资仲裁庭的权力方面涉及不同层面的内容。第一，概括而言，这些仲裁庭处理和决定可受理性问题异议的能力。鉴于仲裁规则和国际投资条约中没有明确赋予仲裁庭这种权力的规定，仲裁庭是否有权受理此类异议并做出决定？认为仲裁请求不可受理的决定如何与仲裁庭行使管辖权的义务相协调？第二，假设仲裁庭有此权力，这项权力的行使是否取决于当事人提出可受理性异议？如果一方当事人放弃了潜在的可受理性异议，仲裁庭是否仍然可以主动以不具有可受理性为由拒绝全部或部分仲裁请求？第三，管辖权和可受理性裁决或决定在"可复审性"（reviewability）方面有什么差异？

一 仲裁庭的固有权力

国际法院《法院规则》第79条规定，被申请国有权反对"法院的管辖权或申请的可受理性"，而且此异议可以被视为"初步反对意见"。① 而且该异议一般也指就案件实体问题进行任何进一步程序之前，提出的任何"要求作出决定的其他反对意见"。② 但是，在国际投资仲裁体系中，包括《ICSID公约》及其仲裁规则、《ICSID附加便利规则》以及1976年《UNCITRAL仲裁规则》等广泛使用的仲裁法律依据和规则中，都没有类似规定可受理性问题的内容。

由于投资仲裁规则对可受理性规定的缺失，适用《UNCITRAL仲裁规则》Methanex案的仲裁庭得出结论认为，虽然仲裁庭有权对

---

① See ICJ Rules of Court, Art. 79 (1).

② See ICJ Rules of Court, Art. 79 (1).

管辖权异议作出裁决，但没有对"可受理性"异议单独作出决定的权力。① 而且，投资仲裁机制本身在该问题上也没有"默示的权力"。② 同时，Zeiler对ICSID仲裁规则第41条（Objections to Jurisdiction）提出了类似的立场，认为该规则规定了对ICSID的管辖权或仲裁庭权限异议的处理，但不涉及仲裁请求的可受理性问题。③

然而，近年来分析可受理性问题的投资仲裁庭几乎普遍认为，它们有权作出可受理性决定。④ 虽然通常情况下是由被申请国家首先提出可受理性的异议，但是在Micula案中，仲裁庭认为根据《ICSID公约》第41条规定"（1）仲裁庭应是其本身权限的决定人；（2）争端一方提出的反对意见，认为该争端不属于中心的管辖范围，或因其他原因不属于仲裁庭的权限范围，仲裁庭应加以考虑，并决定是否将其作为先决问题处理，或与该争端的实体问题一并处理"⑤，对被申请人提出的管辖权和可受理性异议作出裁决的问题上，当事各方之间没有争议。⑥

事实上，即使有关仲裁规则没有区分可受理性和管辖权，投资

---

① See Methanex Corporation v. United States of America, UNCITRAL Methanex, Jurisdiction, para. 107.

② See Methanex Corporation v. United States of America, UNCITRAL Methanex, Jurisdiction, para. 123.

③ See Zeiler Gerold, "Jurisdiction, Competence, and Admissibility of Claims in ICSID Arbitration Proceedings", *International Investment Law for the 21st Century-Essays in Honor of Christoph Schreuer*, Oxford University Press, 2009, pp. 90-91.

④ See Gabriel Bottini, "The Admissibility of Shareholder Claims: Standing, Cause of Action, and Damages", University of Cambridge, Dissertation for the degree of Doctor of Philosophy, 2017, p. 115.

⑤ See ICSID Convention Art. 41: (1) The Tribunal shall be the judge of its own competence. (2) Any objection by a party to the dispute that that dispute is not within the jurisdiction of the Centre, or for other reasons is not within the competence of the Tribunal, shall be considered by the Tribunal which shall determine whether to deal with it as a preliminary question or to join it to the merits of the dispute.

⑥ See Micula and others v. Romania, ICSID Case No. ARB/05/20, Award, para. 58.

仲裁庭有时也会做出关于可受理性问题的决定。例如，Urbaser 案仲裁庭认为《ICSID 公约》不包含类似于"可受理性"仲裁请求的概念，因此对这两者的区分表示质疑。但是，仲裁庭另一方面也认为可以对可受理性问题的异议做出决定，因为这些异议提出的阶段在"争议解决框架内"，而且也可以"与案件实体问题合并"。①

虽然可受理性在国际法中的界定从来都不是完全精确的，但在国际裁决中，可受理性似乎是一个被普遍接受的概念。② 国际法院在《法院规则》第 79 条规定之前，已经通过 Ambatielos 案和 Nottebohm 案承认了管辖权和可受理性之间的区别。在 Nottebohm 案中，国际法院指出："无论该区别是否已经确定，它必须行使其权力，对管辖权问题或诉求的可受理性问题做出判决。"③ 因此，从一般国际法授权的角度而言，投资条约仲裁庭有其内在权力（inherent power，或称为"固有权利"）对可受理性问题做出决定。

国际法是投资仲裁案件适用法律的一部分，在国际投资条约下运作的仲裁庭必须通过明示或默许的方式适用有关国际法规则。而且，也有学术观点认为，决定可否受理异议的权力是国际投资仲裁庭的"固有权力"。④

不过，将投资仲裁庭决定可受理性问题的权力概念化为一种"固有权力"的同时也需要注意三个重要的问题。第一，决定是否具体可受理性涉及投资仲裁庭在国际层面上维护法治的必要性。但是，如果仲裁庭在可受理性决定中适用的法律原则与规范有可能违反该

---

① See Urbaser S. A. and others v. The Argentine Republic, ICSID Case No. ARB/07/26, Jurisdiction, 9 Decemeber 2012, paras. 125-126.

② See Shany Yuval, *Questions of Jurisdiction and Admissibility before International Courts*, Cambridge University Press, 2015, p. 49.

③ See Nottebohm (Liechtenstein v. Guatemala), ICJ Preliminary Objection, para. 122.

④ See Shany Yuval, *Questions of Jurisdiction and Admissibility before International Courts*, Cambridge University Press, 2015, pp. 50 & 138.

适用法规定的其他法律原则或规定，仲裁庭也应当避免做出此类决定。① 这也就是为什么不可能列出一份能够适用于可受理性决定的全面清单的原因，可受理性问题的法律依据不可能与具体的案件情况相脱离而发挥作用。第二，通过不具有可受理性的决定拒绝仲裁请求时，通常涉及仲裁庭管辖权的"行使"。在管辖权已经得到确认的情况下，有关可受理性问题的决定通常会涉及案件实体方面的问题。②

第三，尽管对可受理性问题做出决定属于仲裁庭的"固有权利"，但是当仲裁庭在没有审查全部案件实体问题的情况下，③ 如果做出了不可受理的决定，那么争议各方主体将没有机会全面陈述自己的案件和理由。针对该问题，Hochtief 案认为，当可受理异议与仲裁权请求的实体问题"捆绑"在一起，并且仲裁庭拥有管辖权时，原则上仲裁庭应该在做出可否受理的决定之前听取整个案件。④ 然而，即使在这种情况下，仲裁庭仍应当将可受理性作为一个"初步问题"（preliminary question），⑤ 仲裁庭也不会就案件的最终实体问题作出裁决。

二 仲裁庭的权力与当事人意思自治

有观点认为，虽然投资仲裁庭在必要时应当"自行"审查管辖权问题，但对于可受理性问题，只有当事各方提出有关可受理性的

---

① See Salles Luiz E., *Forum Shopping in International Adjudication The Role of Preliminary Objections*, Cambridge University Press, 2014, p. 140.

② See Kolb Robert, *The International Court of Justice*, Oxford: Hart Publishing, 2013, p. 247.

③ 前文已经分析了可受理性问题与案件实体问题之间的联系和区别，可受理性问题的决定中可能部分涉及案件实体问题。

④ See Hochtief AG v. The Argentine Republic, ICSID Case No. ARB/07/31, Liability, 29 December 2014, para. 206.

⑤ See Hochtief AG v. The Argentine Republic, ICSID Case No. ARB/07/31, Liability, 29 December 2014, para. 178.

异议时，仲裁庭才能审查这些问题。① 也就是说，争议各方有权但不一定提出可受理性问题的异议。而投资仲裁庭可能会认为，没有提出这些异议的一方当事人"默许了"任何违反可受理性要求的行为。由于可受理性问题没有严格的投资法制度加以规定，因此，与管辖权问题的情况不同，"当事人意思自治通常应优先于制度性考虑之上"②。

但是，通过"当事人意思自治"理论来对可受理性问题进行限制，并没有充分的法律依据，也不是合理的方式。国际投资仲裁机制中，当仲裁庭的"司法职能"受到威胁时，有权做出拒绝受理的决定，而不需要当事人提出可受理性异议。③ 国际法院也曾指出："作为法院，在行使司法职能方面存在固有的限制性，然而即使违背争议双方的意愿，这些限制也必须得到强制执行。"④ 此外，即使当事各方没有在这方面提出异议，享有合法利益的"第三方"也可能受到裁决的影响，因此在这种情况下，审查诉讼或仲裁请求是否具有可受理性并做出决定也应该是合理的。

与管辖权问题不同，仲裁庭在处理可受理性问题方面享有"一定程度的灵活性"，以便针对不可受理的情况作出适当的回应。⑤ 相比之下，管辖权问题是"二元"的，要么被确认要么被拒绝。此外，

---

① See Waibel Michael, "Investment Arbitration: Jurisdiction and Admissibility", *International Investment Law: A Handbook*, Oxford: Nomos-C. H. Beck-Hart, 2015, p. 1212.

② See Salles Luiz E., *Forum Shopping in International Adjudication The Role of Preliminary Objections*, Cambridge University Press, 2014, pp. 152, 154-155.

③ See Gabriel Bottini, "The Admissibility of Shareholder Claims: Standing, Cause of Action, and Damages", University of Cambridge, Dissertation for the degree of Doctor of Philosophy, 2017, p. 47.

④ See John R. Stevenson, "Case Concerning the Northern Cameroons (Cameroon v. United Kingdom): Preliminary Objections", *The American Journal of International Law*, Volume 58, No. 2, 1964, p. 45.

⑤ See SGS v. Republic of the Philippines, Decision of the Tribunal on Objections to Jurisdiction, paras. 163-177.

与管辖权问题不同的另一点是，管辖权问题往往取决于相对客观的因素，在投资仲裁中也有管辖权问题的"有限清单"，例如属人、属事或属时管辖权问题。而可受理性问题可能涉及各种不同的理由，又往往与实体问题交织在一起。这有助于将仲裁请求分成不同的部分进行可受理性的分析，并可以认定仲裁请求的部分内容是不可受理的。

三 可受理性决定的可复审性

仲裁庭关于管辖权的决定与关于可受理性的决定在多大程度上可以由另一司法机构（包括仲裁机制或法院）"复审"（reviewability）是不同的。[1] ICC 国际仲裁院副主席 Paulsson 指出，区分管辖权和可受理性的重要性依据之一正是因为"可复审性"。[2] 仲裁裁决如果超出了管辖权的范围，那么裁决可能由复审机关宣布无效。相反，仲裁庭关于可受理性问题的决定并不一定会受到此问题的影响。[3]

对仲裁裁决的审查，必须区分 ICSID 裁决和非 ICSID 裁决，前者受 ICSID 撤销程序（annulment process）的约束，后者一般受当地法院的约束，而且一般仅是"有限约束"。对于 ICSID 裁决，《ICSID 公约》第 52 条第 1 款规定了撤销裁决的 5 项理由，包括（1）仲裁庭的组成不适当；（2）仲裁庭显然超越其权力；（3）仲裁庭的成员有受贿行为；（4）有严重的背离基本程序规则的情况；（5）裁决未

---

[1] See Waibel Michael, *Investment Arbitration: Jurisdiction and Admissibility*, *International Investment Law: A Handbook*, Oxford: Nomos-C. H. Beck-Hart, 2015, p. 1277.

[2] See Jan Paulsson, *Jurisdiction and Admissibility*, *Global Reflections on International Law, Commerce and Dispute Resolution: Liber Amicorum in honour of Robert Briner*, Paris: ICC Publishing, 2005, p. 605.

[3] See Gretta L. Walters, "Fitting a Square Peg into a Round Hole: Do *Res judicata* Challenges in International Arbitration Constitute Jurisdictional or Admissibility Problems?", *Journal of International Arbitration*, Volume 29, 2012, p. 676.

陈述其所依据的理由。① 从广义上而言，该条款载明的理由实际上包含管辖权、可受理性以及案件实体判决涉及的法律问题。因此，根据《ICSID 公约》第 52 条的规定，ICSID 裁决中关于仲裁请求可受理性问题的决定将有可能受到"复审"。

而对于非 ICSID 裁决，地方法院审查仲裁裁决的权力范围取决于相关的国内法律规定和适用的国际条约在国内法体系中的效力。管辖权问题通常可以作为拒绝承认和执行仲裁裁决的理由，而无论是国内法还是国际条约基本都没有明确提到基于可受理性或类似的理由。当然，这也不能完全排除可受理性决定属于国际条约或者国内法律规定中可用于撤销仲裁裁决的依据的可能性。仅就目前的研究来看，相对于管辖权问题，非 ICSID 仲裁庭做出的可受理性决定基本没有遇到类似的国际法或者国内法限制。

第三节 可受理性分析的必要性与判断标准

Zachary Douglas 指出："到目前为止，投资条约仲裁制度的最大问题或许与'股东仲裁请求'有关。产生这一问题的根源是错误地将股东仲裁请求的问题描述为管辖权（jurisdiction）问题，而不是可受理性（admissibility）问题。"②

---

① See ICSID Convention Art. 52 (1) Either party may request annulment of the award by an application in writing addressed to the Secretary-General on one or more of the following grounds: (a) that the Tribunal was not properly constituted; (b) that the Tribunal has manifestly exceeded its powers; (c) that there was corruption on the part of a member of the Tribunal; (d) that there has been a serious departure from a fundamental rule of procedure; or (e) that the award has failed to state the reasons on which it is based.

② See Zachary Douglas, *The International Law of Investment Claims*, Cambridge University Press, 2009, p. 398.

一 可受理性分析的必要性

从属人管辖权和属事管辖权两个方面来看，仲裁庭确认股东的国籍和投资者身份并不困难，对确认该股东基于当地公司的股份提出的仲裁请求是否具有属事管辖权也并不困难。股份投资已经是投资条约中受到保护的普遍内容。但这并不是解决这个问题的关键。如果具有必要国籍的仲裁请求人就东道国征收土地的行为寻求赔偿，仲裁庭的管辖权可能是不存在争议的。然而，可能存在其他的实质性问题，需要由仲裁庭作为初步事项做出决定。例如假设申请人对所涉土地的权利属于租赁性质，在东道国征收土地以后，东道国只是简单地将自己取代先前的出租人，并根据租约条款履行出租人的义务，从而使承租人（申请人）对土地的权利完全不受影响。那么，仲裁庭是否应当继续受理申请人提出的索赔请求？

这种情况下答案应该是否定的。不是因为仲裁庭缺乏管辖权，而是因为索赔请求权应当属于土地的原始所有者。换言之，这类案件中的申请人（承租人）提出的请求不可受理（inadmissibility）。从法律上讲，申请人对所涉投资财产（土地）没有必要的法律权益，因此无法提出投资条约仲裁请求。

考虑到这些区别，我们又回到了股东仲裁请求的问题上。假设一家大型外国石油公司在东道国政府的胁迫下，以低于市场价的价格将东道国一个油气项目的控股权转让给了一家国有企业。这家石油公司的董事会批准了这笔交易，这笔交易也记录在了这家国有公司与新股东的协议之中。然而这笔交易导致这家石油公司的股价贬值了，数以千计的股东受到不同程度的影响。假设其中大多数股东是与东道国签订了双边投资条约的国家的国民，那么，这家石油公司的每个股东提出的条约索赔是否可以受理？

如果这种情况下答案是肯定的，那么从法律的功能角度来看，投资条约仲裁制度作为一个可持续的投资保护体系将注定失败。该假设案例的目的是说明股东仲裁请求必须有一个可被接纳的"限制原则"。

如果任何股东（前提是其母国与东道国之间缔结了包含投资仲裁程序的条约）都可以因为所持股份价值的贬值，就东道国对当地公司造成任何损害的行为提出仲裁索赔，这显然是不正确的。

但是，投资条约仲裁案例所体现的立场恰恰是相反的。例如在 Camuzzi v. Argentina 案中，阿根廷政府认为如果承认股东在其股份利益受到影响时提出仲裁索赔的权利，这可能导致无限的索赔链。仲裁庭认为这在理论上是正确的。但同时提出，在实践中，任何对衍生损害赔偿的索赔都将受到仲裁条款的限制。[①]

投资条约中的"仲裁条款"可能会限制根据该条约诉诸仲裁的申请人类别，但这并不是解决可受理性问题的最佳方式。所有承认有限责任公司为独立法律主体的法律制度都坚持区分公司和股东。例如，股东不能以放弃等值股份作为补偿，没收公司的实物资产，因为股东对公司的资产中没有对物的权利。公司作为独立于股东的法人实体，为自己的利益和以自己的名义持有资产。公司并不是作为股东的代理人或受托人持有资产。同样，如果第三方非法侵占公司资产，则受侵害的受害者也不是股东而是公司。

这些法律规则已经普遍存在于国内法中，然而，在许多投资条约中，公司与股东之间的根本区别似乎被忽视或淡化到了不存在的地步。无论股东是就侵权行为提出索赔，还是以违反公平公正的待遇标准提出索赔，或是根据《欧洲人权公约》第 1 条议定书第 1 条，索赔的标的都是相同的——有限责任公司的股权。[②] 也就是说，股权本身的法律性质和内容是不变的，投资条约不能因为股权构成投资就为它创造一种新的股权性质，就像前文提到的土地征收案例一样，

[①] See Camuzzi International S. A. v. The Argentine Republic, ICSID Case No. ARB/03/2, Decision on Objections to Jurisdiction, 11 May 2005, para. 77.

[②] See Zachary Douglas, *The International Law of Investment Claims*, Cambridge University Press, 2009, p. 400, para. 750.

这并不会创造一种新的土地性质。

无论是一般国际法，还是投资条约体系，都不应该"当然地"改变国内法律体系的法律制度与规定。尽管包括中国在内较多国家在一定程度和具体情形下认可"国际法优于国内法原则"，但是这一原则的适用也需要遵照执行各个国家诸多不同的法律规定，包括具体可以适用的领域、适用的方式、直接适用或纳入或转化的问题，以及关于此原则本身"一元论"和"二元论"的争议，等等。而且，即使承认并适用了"国际法优于国内法"的原则，但是投资条约的本意是否真的是为股权保护创设了不同的法律性质，这本身就是一个需要讨论的法律问题。

因此，无论如何，投资条约体系都不应该当然地忽略和无视所保护的股权本身的性质，实践中不应该当然地只从管辖权问题去分析股东基于股份间接损失提出的仲裁请求。这也是讨论股东独立仲裁请求中的可受理性问题的必要性原因。

二 可受理性的判断标准

国际投资法中可受理性问题包括程序前置要件、滥用条约制度或投资者在进行投资时缺乏善意或不遵守东道国法律等事项。[①] 同时，可受理性问题也被适用于研究以下问题，包括：（1）合同之诉（或称合同救济）与条约之诉（或称条约救济）之间的相互作用；（2）外国股东对投资东道国针对当地公司采取的措施提出仲裁请求（即股东间接仲裁）的资格或地位（standing，国内法中也称为"起诉权"）问题。资格或地位是指就一项措施提起索赔的能力，取决于请求权人受有关法律保护的权利是否受到该措施的影响。[②]

[①] See Gabriel Bottini, "The Admissibility of Shareholder Claims: Standing, Cause of Action, and Damages", University of Cambridge, Dissertation for the degree of Doctor of Philosophy, 2017, p. 50.

[②] See Christian J. Tams, *Enforcing Obligations Erga Omnes in International Law*, Cambridge University Press, 2005, p. 29.

但是此处的当事人资格或地位问题与管辖权中对当事人主体的要求不同，管辖权中当事人主体地位问题即为"属人管辖权"问题，包括对投资者身份的判断和国籍要求等。如果东道国的不法行为是直接针对这些方面，那么股东作为投资者当然享有受条约保护的直接权利，可以提起直接仲裁请求。相反，此处的可受理性问题是在假定管辖权要件都存在的情况下，如何协调股东条约仲裁请求，尤其是股东间接仲裁，与涉及相同损害赔偿的公司索赔（包括公司通过国内法程序或条约仲裁机制等不同方式进行索赔）之间的关系。

本书旨在解决同一资产的不同权益所有人在国际投资法中的共存问题，以及在国内法和国际法层面产生的权利救济冲突。此处重点探析股东独立条约仲裁中决定可受理性问题时应当适用的相关标准。就投资仲裁实践而言，仲裁庭可能考虑的标准或因素更加复杂，本书提出的这些标准并不意味着就是详尽的。然而，它们旨在为仲裁庭提供一个"工具箱"，重点是研究股东依据东道国针对公司主体或其资产采取的措施提起仲裁请求的可受理性问题。而提出这些判断标准的主要目的是避免或最大限度地减少重复赔偿、损害第三方利益，裁决不一致和法律适用不正当等相关问题。

结合前文的研究，本书认为有以下六项可受理性问题的判断标准是仲裁庭可以考量的。

1. 股东条约仲裁请求与国内法的救济之间是否存在实质性重复？这是第一项标准，也是最基本的问题。如果没有实质或潜在的损害赔偿重复，股东条约仲裁即使与国内法的救济程序相互矛盾，但是由于没有重复赔偿的风险和对第三方的损害，那么国际性的争议解决程序也可以有其独立地位。

2. 股东和公司是否都能有效地索赔？第一，是否有一个适当的非条约仲裁救济程序对该公司的索赔拥有管辖权，这对于获得有效救济、尊重正当程序和不受东道国干涉具有重要意义。第二，该公司是否在法律上和事实上能够继续索赔。如果这两个问题中的任何一个的答案是否定的，那么重复赔偿的可能性理论上就会很低，或者根本不存在。再或者，该非条约仲裁的救济程序不会以其他方式质疑股东条约仲裁的可受理性问题。

3. 公司或股东是否向非条约仲裁的救济程序提出了索赔？该标准并不是为了制定严格的、类似于国内法中的"最先受理规则"，特别是当首先提起非条约仲裁程序救济的目的就是阻碍条约仲裁机制对投资的保护时，该标准自然就不应该得到适用。提出该标准的目的是让投资仲裁庭在案件审理的过程中，考虑已经或可能存在的其他救济程序，减少"竞争性管辖"和"不一致裁决"等问题。

同时，该标准还涉及另外两个问题：第一，最先受理索赔请求的司法机构是否符合第2项标准中所要求的"适当性"？第二，股东能否独立于公司在该非条约仲裁机制或程序中寻求救济，并且获得损害赔偿？如果股东的"间接损失"能够通过非条约仲裁的方式得到救济，那么条约仲裁自然有可能带来重复赔偿的问题，也就需要考虑相关仲裁请求是否具有可受理性。

4. 对于涉及与股东条约仲裁相同的损害赔偿的非条约仲裁索赔，如果公司本身放弃求偿，或公司已经通过和解或其他方式（例如通过事先在投资合同中的规定）结束了国际或国内司法救济程序的可能，那么股东的间接仲裁请求的可受理性问题应当如何判断？

对此，应当通过以下两种情形分别讨论：第一种，如果是公司已经在投资合同等协议中事先明确表示股东对间接损失的求偿权，那么作为公司的股东，无论是何时加入的公司，相关主体都应该已经知晓并且应当遵守这一合同约定。

第二种，如果公司是在投资争议发生以后，出于公司长远利益的考虑等原因，通过和解或其他方式结束了任何司法程序救济的可能性，那么又需要细分以下两种情况：（a）公司做出此决定首先一般是需要控制公司经营管理权的股东同意（具体要求根据各国国内法规定的差异而有所不同），如果该股东本身是外国股东，那么再去依据间接损失提起条约仲裁请求，应当是"不具有可受理性"的。而对于具有"少数股权的外国股东"，如果其不同意公司的和解方式，而且该方式未能对其遭受的间接损失提供救济，那么应当认可此类股东仲裁请求的可受理性；（b）如果该公司是一家当地公司，外国股东仅通过持股而且不具有经营控制决定权的方式投资，那么当地公司的和解"不应当然地"剥夺外国股东的条约救济权利。因为在这种情况下，如果外国股东并不同意公司的和解方式，那么其要么通过国内法的其他救济程序主张自己的损害赔偿，要么就通过条约仲裁的方式寻求救济。如果此时外国股东只有条约仲裁的方式可以援用，那么即使该当地公司达成了和解方案，外国股东的仲裁请求应当也依然具有可受理性。

5. 尽管存在重复赔偿或者损害第三人利益的风险，但投资仲裁庭是否有能力采取一些措施有效防止这些风险或问题的产生？如果仲裁庭能够有效防止这些风险的产生，例如对股东的间接损失赔偿予以限制，考虑国内法或其他救济程序的重叠性，以及考虑相关第三方的利益等，那么从理论上而言，投资仲裁庭也可以认为股东的仲裁请求都具有可受理性。但是，这种方法在仲裁实践中很难做到，无论是从国际性的条约仲裁机制与国内法救济程序的相互作用而言，还是从同类的国际性争议解决程序之间的竞争性管辖关系来看，以及投资仲裁机制本身的透明度问题，有些案件并不是公开的，仲裁庭都很难完全在实践中防止这些风险的发生。

6. 如果非条约仲裁机制能够做到第 5 项标准中要求的"防止风险产生"，那么条约仲裁支持股东间接仲裁可能引发的重复赔偿和对第三方不利影响的风险也就有可能得到控制。但是，和分析第 5 项标准时同样的原因，该标准也是在理论上可行，但在实践中难以实现。

此外，需要重申的一点是关于股东直接条约仲裁请求，因为其依据的是直接受条约保护的股东权利，基本上不需要考虑与公司权利可能重叠的部分，上述判断标准主要是应用于股东间接仲裁请求的可受理性决定。

根据前 3 项标准可以看出，原则上如果股东的条约仲裁请求与公司的索赔请求没有重叠,或者有重叠但没有适当的司法机构或程序处理,那么股东条约仲裁请求应当是具有可受理性的。因为这种情况下要么不存在重复赔偿的风险,要么替代股东条约仲裁的其他救济程序存在某些缺陷,这将使"不具有可受理性"的决定变得不合理和不公平。同样,公司的和解或放弃求偿与股东条约仲裁请求可受理性之间的管辖更加错综复杂,上述第 4 项标准已经做出详细的论述。第 5 项和第 6 项标准主要是提供一个参考,在实践中难以实现。

三 股东间接仲裁请求的可受理性问题

股东间接仲裁中如果"股份价值"是请求标的,那么附属于股份的权利应当源自于国内法律规定。[①] 投资条约仲裁庭不能仅仅因为仲裁请求的诉因出现在国际法中就完全摒弃股东财产和公司财产之间的基本区别。国际法学家 De Visscher 在近半个世纪前就曾指出:"从资产与人格区分中获益的股东,既要接受区分带来的好处,也要接受其坏处。"[②]

股东间接仲裁中根本争议之一在于股东的"法律地位"问题,也就是仲裁程序中的股东作为申请人的"资格"问题。厘清股东法律地位的问题有助于判断股东间接仲裁究竟是在管辖权问题还是可受理性问题中面临着根本障碍。

(一) 管辖权问题与可受理性问题的基础理据

整体而言,投资仲裁庭在案例实践中较少区分管辖权和可受理性问题。一般认为只要符合了仲裁庭管辖权的基本要求,就不必再分析仲裁请求的可受理性问题,也不会再进一步分析股东申请人的

[①] See Zachary Douglas, *The International Law of Investment Claims*, Cambridge University Press, 2009, p. 400, para. 751.

[②] See De Visscher, *La Protection Diplomatique des Personnes Morales*, 1961, Hague Recueil 395, p. 465. 转引自 Zachary Douglas, *The International Law of Investment Claims*, Cambridge University Press, 2009, p. 400, para. 752.

资格问题。[1]

在 CMS 案中，阿根廷在初步反对意见（preliminary objection）中提出，因为该案争议的许可证是 TGN（阿根廷公司）获得的，因此申请人缺乏申请人资格，即 CMS 无权提出索赔。[2] 但是，仲裁庭仅根据适用的 BIT 和股东的"直接诉权"确认其管辖权，而并未提及可受理性要求，最终拒绝了这一反对意见。[3] 在 Azurix 案中，仲裁庭认为该案适用的投资条约将"股份"定义为一种投资形式，因此赋予了投资者"间接权利要求"，同时强调股东的直接诉权源于条约的规定，在申请人身份资格方面也得出了类似 CMS 案的结论。[4] 同样，在 Suez and Vivendi 案中，仲裁庭拒绝了被申请人提出的关于申请人法律资格的异议，回避了管辖权之外可受理性问题的分析，并得出结论认为，申请人之所以满足法律资格的要求，是因为该案适用的投资条约赋予了股东为保护其股份而诉诸仲裁的权利。[5] 在 Levy de Levi 案中，仲裁庭也遵循 CMS 案的做法，指出"包含了股份的投资定义，为股东提供了根据投资条约享有的权利，这使股东能够根据《ICSID 公约》要求保护这些权利"[6]。

---

[1] See Eda Cosar Demirkol, "Admissibility of Claims for Reflective Loss Raised by the Shareholders in Local Companies in Investment Treaty Arbitration", *ICSID Review - Foreign Investment Law Journal*, Volume 30, No. 2, 2015, p. 393.

[2] See CMS Gas Transmission Company v. Argentine Republic, ICSID Case No. ARB/01/8, Decision of the Tribunal on Objections to Jurisdiction, 17 July 2003, para. 36.

[3] Seee CMS Gas Transmission Company v. Argentine Republic, ICSID Case No. ARB/01/8, Decision of the Tribunal on Objections to Jurisdiction, 17 July 2003, para. 65.

[4] See Azurix Corp. v. Argentine Republic, ICSID Case No. ARB/01/12, Decision on Jurisdiction, 8 December 2003, paras. 73-74.

[5] See Suez, Sociedad General de Aguas de Barcelona SA and Vivendi Universal SA v. Argentine Republic, ICSID Case No. ARB/03/19, Decision on Jurisdiction, 3 August 2006, para. 51.

[6] See Renée Rose Levy de Levi v. Republic of Peru, ICSID Case No. ARB/10/17, Award, 26 February 2014, para. 144.

不过，也有案例中注意到当地公司遭受的损失与外国投资者直接或间接遭受的损失之间的区别。例如 EnCana v. Ecuador 案仲裁庭认为，"损失"是决定仲裁案件中申请人地位的一个核心因素。① Enron 案仲裁庭将阿根廷政府对申请人身份的异议视为是否"可受理"的问题，而不是简单地将其归为管辖权问题之中。② 但是，该案仲裁庭最后拒绝了阿根廷政府的异议，因为仲裁庭认为该案的申请人是通过阿根廷政府的"邀请"成为投资的所有者。③ 对于此类实践，Zachary Douglas 指出，参考东道国是否已向外国投资者发出"邀请"这一问题来确定股东就间接损失提出的仲裁索赔是否可受理性并不构成一项法律依据，除非这些被视为邀请的文书在投资者和东道国之间建立了直接的法律关系。④ 在 GAMI 案中，仲裁庭提出了关于申请人仲裁请求可受理性问题的另一个判断标准，即"被申请人违反条约义务与申请人遭受的损失之间是否具有足够的直接关联性"。⑤ 本书认为该"判断标准"在理论上是相对正确且合理的。但是，该案仲裁庭按照这一标准，并未得出与其他仲裁庭关于股东间接仲裁可受理性问题不同的结论。⑥

关于股东在投资仲裁中法律资格的讨论对于解决股东是否可以依据间接损失提出仲裁请求这一问题具有重要意义。尤其是在保护

---

① See EnCana Corporation v. Republic of Ecuador, LCIA Case No UN3481, UNCITRAL, Award, 3 February 2006, para. 118.

② See Enron Corporation and Ponderosa Assets, LP v. Argentine Republic, ICSID Case No. ARB/01/3, Decision on Jurisdiction, 14 January 2004, para. 52.

③ See Enron Corporation and Ponderosa Assets, LP v. Argentine Republic, ICSID Case No. ARB/01/3, Decision on Jurisdiction, 14 January 2004, para. 56.

④ See Zachary Douglas, *The International Law of Investment Claims*, Cambridge University Press, 2009, p. 438.

⑤ See GAMI Investments, Inc v. The Government of the United Mexican States, UNCITRAL, Final Award, 15 November 2004, para. 33.

⑥ See GAMI Investments, Inc v. The Government of the United Mexican States, UNCITRAL, Final Award, 15 November 2004, paras. 116-121.

"小股东"的权利时,这一问题变得尤为重要,因为根据《ICSID 公约》第 25 条第 2 款(b)项或 NAFTA 第 1117 条,"小股东"无权获得条约保护。

股东依据间接损失提出仲裁请求的基础事实是"东道国直接针对当地公司的不法行为"。也就是说,间接仲裁请求与侵犯"股东权利"无关,而是针对独立法人实施的措施。在 GAMI 案中,美国提交的对 NAFTA 第 1128 条的解释意见中明确地指出,即股东关于间接损失索赔的"资格问题",如果投资者通过在东道国注册成立的独立的法人实体进行投资,则该投资者"没有资格"对该法人所遭受的损失或损害提出索赔,因为该投资者没有遭受直接侵害。[①]

关于股东法律地位或资格的研究,并不单纯是投资仲裁机制中属人管辖权或者属事管辖权的问题。首先,"股份"在晚近的投资条约通常被纳入投资条约所保护的"投资"范畴,因此,股东仲裁表面上已经满足了必须"由投资引起的争议"要求。其次,外国股东属于有关投资条约和《ICSID 公约》(如果适用)中的另外缔约国的国民,符合投资者的国籍要求。在这种情况下,投资仲裁庭的管辖权要素已经基本满足。但是,股东对间接损失的索赔引发了实质性问题,而不是与管辖权相关的问题。关于这一点,Douglas 解释说,将此问题归为管辖权问题导致对投资条约"法理学的误解"。[②] 股东是否有资格独立于其公司,从而提起间接索赔关系的并不是管辖权问题,而是可受理性的问题。[③]

但是,也有观点认为该问题属于管辖权问题。例如 Gabriel

---

① See GAMI Investments, Inc v. The United Mexican States, UNCITRAL, Submission of the United States of America, 30 June 2003, para. 11.

② See Zachary Douglas, *The International Law of Investment Claims*, Cambridge University Press, 2009, p. 398.

③ See Stanimir Alexandrov, "The 'Baby Boom' of Treaty-Based Arbitrations and the Jurisdiction of ICSID Tribunals: Shareholders as 'Investors' and Jurisdiction Ratione Temporis", *The Law and Practice of International Courts and Tribunals*, Volome 4 Issue 19, 2005, p. 28.

Bottini 认为，由于东道国缺乏对股东"间接索赔"的特别同意，所以除了《ICSID 公约》第 25 条第 2 款（b）项规定的"外国控制"情形以外，股东基于其持股公司的权利而提起的仲裁请求与《ICSID 公约》不符。① Gabriel Bottini 还认为，参考公约的缔约准备工作（travaux préparatoires），公约起草人拒绝扩大《ICSID 公约》下的管辖权至"间接仲裁"案件，因此投资条约无法赋予 ICSID 仲裁庭对这类仲裁案件享有管辖权。② 尽管此类观点同样反对 ICSID 投资仲裁庭对股东间接仲裁案件的管辖，但是所依据的法理基础与具体依据却并不相同。而且，研究《ICSID 公约》缔约历史文件，其第 25 条第 2 款（b）项的目的是允许以其他方式在 ICSID 下启动仲裁程序，但是该条款并没有限制或者禁止股东按照一般管辖权规则提起仲裁请求。所以，如果认为该问题属于"管辖权"范畴，仍然存在较多争议空间，并不能合理解决股东间接仲裁引发的问题。相反，从可受理性范畴来研究股东间接仲裁，则更为清晰、合理与充分。

（二）可受理的股东间接仲裁请求应符合的"资格要求"

投资条约的保护范围对于确定哪些仲裁请求可受理，以及在何种情况下外国股东在投资仲裁中享有法律资格具有决定性作用。股东的地位取决于其受保护权利的程度，如果股东提出的索赔主张并非源于其法律上受保护的权利，则他们将不会在投资条约仲裁庭中享有仲裁申请人的资格或地位。股东个人权利与公司权利之间的区别是授予股东独立于其持股公司地位的一个重要理论依据。尽管股东可能在投资仲裁中具有一定的"资格"，但厘清对股东资格保护的类型和程度，对于确定特定类型投资仲裁的可受理性问题至关重要。

---

① See Gabriel Bottini, "Indirect Claims under the ICSID Convention", *University of Pennsylvania Journal of International Law*, Volume 29 Issue 3, 2007, pp. 563 & 571.

② See Gabriel Bottini, "Indirect Claims under the ICSID Convention", *University of Pennsylvania Journal of International Law*, Volume 29 Issue 3, 2007, p. 570.

东道国的不当措施可能会剥夺投资者控制和管理自己的股份以及利用其股份获得其他利益的权利。这种不正当措施侵犯的是投资者的"股东权利"（shareholder rights），因侵犯此类权利而引起的投资争议涉及股东的"直接索赔"。由于该类索赔涉及投资者自身的直接权利，股东具有提起仲裁请求的"法律资格"，因此可以直接由股东提起。例如，当东道国实施一项新规定，部分剥夺了股东获得股息分配的权利（例如，对外国股东征收额外的特定税），外国股东就可以提出具有可受理性的、直接违反其股东权利的投资仲裁请求，即"直接仲裁"。

由于公司是国内法而非国际法的产物，因此，股权产生的股东权利受公司成立所在国的"国内法约束"。尽管不同国家的法律制度可能为股东提供具有不同内容的权利保护，但大多数国内法规则（主要是公司法）中保护的主要股东权利是：（1）收取股息的权利；（2）出席股东大会和投票的权利；（3）转让股份的权利；（4）反对更改某一类股份所附权利的权利（如果股份分为几类）；（5）对董事提起诉讼的权利；（6）清算时参与资产分配的权利。[①] 例如，中国《公司法》（2018年修正）第4条对股东权利进行了规定，即公司股东依法享有资产收益、参与重大决策和选择管理者等权利。[②] 而在第20条中明确规定了股东禁止的行为，即不得滥用股东权利损害公司、其他股东或者债权人的利益，否则应当依法承担赔偿责任或对公司债务承担连带责任。[③] 而股东间接仲裁无论是在理论上或者实

[①] See Stephen Girvin, Sandra Frisby & Alastair Hudson, *Charlesworth's Company Law* (18th edition), Sweet and Maxwell, 2010, pp. 131–138.

[②] 参见《中华人民共和国公司法》（2018年修正）第4条。

[③] 参见《中华人民共和国公司法》（2018年修正）第20条：公司股东应当遵守法律、行政法规和公司章程，依法行使股东权利，不得滥用股东权利损害公司或者其他股东的利益；不得滥用公司法人独立地位和股东有限责任损害公司债权人的利益。公司股东滥用股东权利给公司或者其他股东造成损失的，应当依法承担赔偿责任。公司股东滥用公司法人独立地位和股东有限责任，逃避债务，严重损害公司债权人利益的，应当对公司债务承担连带责任。

践中都可能对公司、其他股东或者债权人利益造成不利影响,后文会对此问题进一步展开分析。

国际法院判决的巴塞罗那公司案和 Diallo 案都强调了"公司权利"与"股东权利"的分离。在巴塞罗那公司案中,国际法院强调了"权利"(rights)受到损害与"利益"(interest)受到损害之间的区别。① 股东只有在其权利而不是其利益受到侵犯的情况下才有索赔"资格"。国际法院在 Diallo 案中进一步证实了这种做法,指出东道国的不法行为侵犯了外国股东的"直接权利"时,外国股东具有相应的索赔"资格"。②

此外,在部分投资条约下,还有一种东道国针对当地公司的不法行为可以使股东具有索赔资格,即对当地公司的完全征收。由于对当地公司的征收相当于对外国股东股份的"间接征收",因此针对当地公司的不法行为会同时侵犯股东的直接权利。尽管东道国的征收行为是针对当地公司的财产权,然而,对当地公司的完全征收将使股东的股份变得毫无价值,也就相当于间接对股东的股权进行了征收。③ 因此,股东可以针对这种措施提出仲裁请求。但是,这种情况不同于仅征收"部分"当地公司财产而股份"价值"下降但并未完全丧失其价值的情况。股份价值的"减少"仅影响股东的经济利益,而股份价值的绝对性和永久性"灭失"则等同于占有外国投资者的合法财产。④

---

① See Barcelona Traction, Light and Power Company Limited (Belgium v Spain), Judgment, 1970 ICJ Report 3, para. 46.

② See Case Concerning Ahmadou Sadio Diallo (Republic of Guinea v Democratic Republic of the Congo), Preliminary Objections, 2007 ICJ Reports, p. 582.

③ See Zachary Douglas, *The International Law of Investment Claims*, Cambridge University Press, 2009, p. 426.

④ See GAMI Investments, Inc v. The Government of the United Mexican States, UNCITRAL, Final Award, 15 November 2004, para. 128.

第四节　不具有可受理性的股东间接仲裁请求

一　当地公司的独立法人资格及其影响

法人资格独立已经是不同法域达成共识的法律原则之一，外国投资者持股的当地公司也具有自己独立的权利、地位和法律关系。[1] 根据该原则，公司具有与股东不同且独立的法人资格，对公司的不当行为并不构成对股东的不当行为，股东原则上不应对公司的过失和债务承担责任。[2] 这一原则得到了强有力的政策考虑的支持，即保护债权人对实体资产的优先权，并通过其程序权利确保公司合同承诺的履行。[3] 诚然，股东可以从公司的资产、交易、利润或其他权利中获得经济利益。但是，这并不等于股东与公司共享了这些"权利的所有权"，或者成为公司所进行的交易的当事方。

由于存在独立法人资格原则，根据国内法规则，股东无权就其间接损失追索损害赔偿。[4] 实际上，根据绝大多数国家的公司法规则，如果公司本身有对损失的请求权即诉因（cause of action），则股东不能以间接损失为诉由要求获得损害赔偿。[5] 该规则可以理解为，

---

[1] See David Gaukrodger, *Investment Treaties and Shareholder Claims for Reflective Loss: Insights from Advanced Systems of Corporate Law*, OECD Working Papers on International Investment 2014/02, p. 13.

[2] See Robin Hollington, *Shareholders' Rights* (6th edition), Sweet and Maxwell, 2010, p. 389.

[3] See David Gaukrodger, *Investment Treaties and Shareholder Claims for Reflective Loss: Insights from Advanced Systems of Corporate Law*, OECD Working Papers on International Investment 2014/02, pp. 13-15.

[4] See OECD Roundtable on Freedom of Investment, *Summary of Roundtable Discussions by the OECD Secretariat*, No. 18, 2013, p. 5.

[5] See Eilís Ferran, *Litigation by Shareholders and Reflective Loss*, The Cambridge Law Journal, Volume 60, 2001, pp. 245-247.

如果股东的索赔与公司的索赔重叠，则股东无权主张赔偿其基于公司的损失而遭受的间接损失。因此，在国内法规制下，外国股东无权提出间接损失索赔，更无权施行当地公司在国内法规则下享有的权利。尽管国家的某些措施可能对于公司及其股东而言都会造成侵害，但是基于更广泛的考虑，只有公司享有此类追索权利，公司应当根据适当的程序机制主张这些权利。只要公司可以追回其损失，就不允许股东基于间接损失提起诉讼请求。①

公认的股东索赔第一案"巴塞罗那公司案"中，国际法院明确指出公司遭受的损失不会赋予股东要求赔偿的权利，只有权利受到侵犯的公司本身才能以东道国为被告提出可受理的诉讼请求。② 国际法院在 Diallo 案中重申了这一原则，强调了公司的资产不会与股东的资产合并，因为公司的责任也不能由股东承担。③

国际法院的上述实践也遭到了一些质疑或批评，认为"国际法院无视由双边和多边条约的发展以及国际仲裁庭的裁决所构成的，关于股东仲裁可受理性的习惯国际法"。④ 然而，国际法院对此观点也进行了强有力的回应，指出尽管有国际投资法体系的发展、国际投资的增长以及公司国际性活动的扩大等现象，但是"法律的发展并没有进一步……除了基于双边同意而缔结的条约之外，没有在国际层面上形成或确立任何被普遍接受的规则"⑤。

此外，在另一起国际法院审判的股东诉讼案件 ELSI 案中，法院

---

① See Robin Hollington, *Shareholders' Rights* (6th edition), Sweet and Maxwell, 2010, p. 389.

② See Barcelona Traction, Light and Power Company Limited (Belgium v. Spain), Judgment, 1970 ICJ Report 3, para. 44.

③ See Case Concerning Ahmadou Sadio Diallo (Republic of Guinea v. Democratic Republic of the Congo), Merits, 2010 ICJ Reports, p. 639.

④ See Richard B Lillich, Two Perspectives on the Barcelona Traction Case, American Journal of International Law, Volume 65 Issue 3, 1971, pp. 522, 525-528.

⑤ See Barcelona Traction, Light and Power Company Limited (Belgium v. Spain), Judgment, 1970 ICJ Report 3, para. 89.

决定该案具有可受理性。因此,该案也被一些观点"误解"为是股东独立仲裁的习惯国际法一般规则实践。但是,该案实际上与巴塞罗那公司案并不矛盾,因为该案涉及的是股东基于条约享有的直接权利,即管理公司清算的权利。该直接权利受双边条约保护,而不是受习惯国际法的保护。① 此外,ELSI 案的 Oda 法官也提出,投资条约不能改变构成国内公司法基础的一般法律原则(即前文所述的"非间接损失"原则)。② 许多投资仲裁庭出于片面的投资仲裁机制利益考虑,认为投资条约的发展和仲裁实践的演变塑造了习惯国际法。③ 但是,这些实践在法理学视野下并无法合理论证习惯国际法中允许股东通过替代公司而得到保护的例外情况。综上所述,股东基于间接损失提起的仲裁请求在"一般国际法"中是不具有可受理性的。

二 投资条约制度对股份的保护程度

尽管对于股东直接仲裁请求的可受理性问题并未引起太多争论,但对于股东间接仲裁请求的可受理性问题则有不同的观点和仲裁实践案例。在股东间接仲裁中,股东并未主张其根据有关国内法所享有的因持股而产生的权利。

在国际投资法框架内和在投资仲裁实践中,对寻求间接损失赔偿的股东仲裁请求的限制被忽略了。④ 尽管在国内法和一般国际法

---

① See Christopher F., *Dugan and Others*, *Investor-State Arbitration*, Oxford University Press, 2011, p. 64.

② See Case Concerning Elettronica Sicula SpA (ELSI) (United States of America v. Italy), Judgment, Separate Opinion of Judge Oda, 1989 ICJ Report 83, p. 86.

③ See Telefónica SA v. Argentine Republic, ICSID Case No. ARB/03/20, Decision of the Tribunal on Objections to Jurisdiction, 25 May 2006, para. 83; Continental Casualty Company v. Argentine Republic, ICSID Case No ARB/03/9, Decision on Jurisdiction, 22 February 2006, para. 82.

④ See Michael Waibel, *Coordinating Adjudication Processes*, University of Cambridge Faculty of Law Research Paper, No. 6/2014, p. 23.

中，均不认为股东对间接损失的索赔诉求是可以受理的，但是在投资仲裁实践案例和部分学术文献（甚至可以说是大部分学术文献）中，几乎都认可了股东间接仲裁的可受理性。对此现象一直持反对意见的 Zachary Douglas 在其担任仲裁员的 2020 年最新裁决的 ICSID 仲裁案件 Daniel W. Kappes and Kappes, Cassidy & Associates v. Republic of Guatemala 中，依然坚持其反对意见。[①] 本节也将重点分析国际投资条约制度是否提出了与一般国际法和国内法不同的规则或原则？投资仲裁实践中的肯定性做法究竟是否合法、合理？

无论是根据国际法还是国内法，多数股权将得到控制或管理当地公司的权利。但是，此类"控制或管理"并没有消除公司的独立法人资格。投资条约本身也并不授予股东凭借其外国投资者身份刺穿当地公司"面纱"的权利。股东有权对影响其国内法承认的"直接权利"的国家行为提起仲裁请求，从而要求东道国的国际责任。然而，由于东道国针对当地公司采取的不当措施，股东也可能蒙受"经济损失"（economic loss）。对于股东而言，这种类型的损失通常是股息减少或股份价值减少等原因带来的间接损失。在国际投资仲裁制度中，股东是否有"资格"以自己的名义独立提出仲裁请求，以寻求对这类间接损失的赔偿成为问题的关键之一。

与国际法院的判决实践相反，在投资条约仲裁的裁决实践中，股东对间接损失的仲裁请求一般被认为是可受理的（admissible）。[②] 无论在投资仲裁理论还是实践中，支持股东间接仲裁具有可受理性的观点可能是基于多种理由，其中一个较为重要的理由是认为"国际法院对有关股东仲裁案件的判决是在外交保护的背景下作出的，不能被视为投资条约仲裁中的法律渊源

[①] See ICSID Case No. ARB/18/43.

[②] See David Gaukrodger, *Investment Treaties as Corporate Law: Shareholder Claims and Issues of Consistency. A Preliminary Framework for Policy Analysis*, OECD Working Papers on International Investment 2013/03, p. 25.

或依据"①。ICSID 仲裁庭裁决的 Suez and Vivendi 案采纳了这一观点，认为该案适用的基础投资条约中规定了股东是投资者，因此股东有权诉诸国际仲裁以保护其股份免受违反条约义务的东道国不法措施的不利影响。② 同样地，CMS 案仲裁庭也认为国际法院的判决与股东仲裁案件无关，认为在投资仲裁制度中，投资条约赋予了股东作为投资者的法律地位。③ 此外，在涉及股东间接损失的其他投资仲裁案件中，许多仲裁庭也采纳了相同的观点和理由。④

总结上述仲裁案件的观点，其核心理由是认为投资条约的投资定义中包括了"股份"，因此可以为"股东"提供国际索赔的附加权利，认为投资条约也保护当地公司中股权所产生的"经济利益"。从这一观点出发，较多学术文献认为，尽管根据投资条约"当地公司不符合外国投资者的资格"，但外国股东对当地公司的持股被认为是条约保护的"投资"，因此，股东能够针对东道国损害当地公司的价值和盈利能力的不利行为提起仲裁。⑤ 还有观点认为，根据投资条约提出的国际保护标准，例如公平公正待遇，也为股东提供了非常

---

① See Patrick Dumberry, "The Legal Standing of Shareholders before Arbitral Tribunals: Has Any Rule of Customary International Law Crystallised?", *Michigan State International Law Review*, Volume 3 Issue 18, 2010, pp. 353 & 360.

② See Suez, Sociedad General de Aguas de Barcelona SA and Vivendi Universal SA v. Argentine Republic, ICSID Case No. ARB/03/19, Decision on Jurisdiction, 3 August 2006, para. 50.

③ See CMS Gas Transmission Company v. Argentine Republic, ICSID Case No. ARB/01/8, Decision of the Tribunal on Objections to Jurisdiction, 17 July 2003, paras. 43–45.

④ See Sempra Energy International v. The Argentine Republic, ICSID Case No ARB/02/16, Decision on Objections to Jurisdiction, 11 May 2005, para. 153; Teinver SA. v. Argentine Republic, ICSID Case No ARB/09/1, Decision on Jurisdiction, 21 December 2012, paras. 217–219; Bogdanov v. Republic of Moldova, SCC Case No. V (114/2009), Final Arbitral Award, 30 March 2010, para. 67.

⑤ See Christopher Schreuer, "Shareholder Protection in International Investment Law", in Pierre-Marie Dupuy and others, *Common Values in International Law: Essays in Honor of Christion Tomuschat*, NP Engel, 2006, p. 606.

广泛的实质性保护,只要东道国的行为违反了这些国际标准,股东便能够寻求救济。①

与此同时,更"有趣"的是 Enron 案的裁决,该案仲裁庭指出条约"并未赋予"股东要求赔偿因公司权利受到侵害而造成的间接损失的权利。② 但是,该案仲裁庭又进一步认为,尽管条约对这一问题保持"沉默",但是并不意味着应以排除股东间接仲裁权利的方式来解释条约。③ Azurix 案的特设(ad hoc,或称临时)委员会则在撤销决定中更为"激进地"指出,即使外国投资者不是一项投资资产的实际合法所有者,或者不是构成投资的合同权利的实际当事方,该外国投资者仍可能在其中拥有"财务或其他商业利益"。委员会认为投资保护条约没有理由不能保护外国投资者的这种"利益"(interests),如果违反条约的行为与这种"利益"相关,外国投资者就有权提起仲裁程序。④

也有观点认为,不应适用国内法来解释投资条约中的"股份"一词。⑤ Dolores Bentolila 援引《维也纳条约法公约》(VCLT)的规定,认为条约条款应具有普通含义,因此"股份"一词应当是商业或经济的概念。⑥ 这种观点还认为,"公司无权"就影响股份价值的措施要求损害赔偿。股份价值作为一项受法律保护的

---

① See Stephan W Schill, *The Multilateralization of International Investment Law*, Cambridge University Press, 2009, p. 217.

② See Enron Corporation and Ponderosa Assets, LP v. Argentine Republic, ICSID Case No. ARB/01/3, Decision on Jurisdiction, 14 January 2004, para. 46.

③ See Enron Corporation and Ponderosa Assets, LP v. Argentine Republic, ICSID Case No. ARB/01/3, Decision on Jurisdiction, 14 January 2004, para. 46.

④ See Azurix Corp v. Argentine Republic, ICSID Case No. ARB/01/12, Decision on the Application for Annulment of the Argentine Republic, 1 September 2009, para. 108.

⑤ See Dolores Bentolila, "Shareholders' Action to Claim for Indirect Damages in ICSID Arbitration", *Trade Law and Development*, Volume II, 2010, pp. 87 & 97.

⑥ See Dolores Bentolila, "Shareholders' Action to Claim for Indirect Damages in ICSID Arbitration", *Trade Law and Development*, Volume II, 2010, p. 97.

权利（而不仅仅是一项经济利益），影响股东股份价值的任何措施都侵犯了股东的权利，即使股东遭受的损失属于间接损失。①

尽管有上述这些观点，但在东道国法律不赋予股东对间接损失主张索赔的权利时，除非投资条约有明文规定，否则不能认为国际法赋予了股东这一权利。阿根廷在 Impregilo 案中强调，由于股份价值的减少而允许股东提出具有"间接性质"的仲裁请求是"无视国内法体系中股份所附权利的基本框架"。② 美国在提交给 GAMI 案仲裁庭的意见中也表示，在缺乏明确意图的情况下，一项国际条约无法构成默认的国际法基本原则。③ 出于这一立场，美国明确主张 NAFTA 第 1116 条允许投资者对其所遭受的损失或损害提起仲裁，但该条款并未反映出有意减损习惯国际法的意图。④ 美国曾在 Pope & Talbot 案中提交过类似的意见，认为 NAFTA 第 1116 条没有赋予股东基于间接损失提出仲裁的权利。⑤

国际投资条约可以为保护外国投资者的经济利益而引入实质性权利。但是，仅以条约中投资的定义包含了"股份"这一事实不足以达到为股份价值（即经济利益）引入实质性保护的目的。VCLT 中也没有支持将"股份经济利益纳入投资条约所保护的权利"的法律基础。所以，将"股份"视为投资的一种形式，并不足以将股份带来的"经济利益"视为受到国际法保护的权利。在这种情况下，东道国行为是针对当地公司的权利，而不是股东的权利。投资条约

---

① See Dolores Bentolila, "Shareholders' Action to Claim for Indirect Damages in ICSID Arbitration", *Trade Law and Development*, Volume Ⅱ, 2010, pp. 97-99.

② See Impregilo S. p. A. v. Argentina, ICSID Case No. ARB/07/17, Award, 21 June 2011, para. 114.

③ See GAMI v. Mexico, Submission of the United States (non-disputingparty), 30 June 2003, para. 33.

④ See GAMI v. Mexico, Submission of the United States (non-disputingparty), 30 June 2003, para. 14.

⑤ See Pope & Talbot, Inc v. Government of Canada, UNCITRAL, Seventh Submission of the United States of America, 6 November 2001, para. 9.

不包括保护股份经济价值的单独实体权利的内容，更何况经济价值损失是间接地来源于东道国针对当地公司的行为。因此，东道国的行为也就不存在违反投资者权利或者投资待遇标准的问题。

投资仲裁庭对股东间接仲裁的受理与裁决，绝大部分是混淆了东道国违反对股东的条约义务与违反对当地公司的合同义务，忽视了公司权利与股东权利之间的区别。[1] 正如 El Paso v. Argentina 案的法律意见所指出的，在公司继续运作的情况下，股份仍然完好无损，公司是唯一有权针对东道国行为提出仲裁请求的主体，并且股份价值的下降不足以使投资条约中的股东提起仲裁请求。[2]

此外，对于涉及"一人公司"（或称独股公司、独资公司）的股东仲裁也有相关实践。在 Salomon 案中，法院指出即使是"一人公司"也必须充分尊重其独立的法人资格。只有在索赔人本身享有的特定承诺遭到侵害的情况下，索赔人才享有索赔程序中的法律地位。而违反了对公司某些义务并不会赋予股东索赔资格。[3] 而在 Telefónica 案中，仲裁庭认为，由于索赔人是当地公司的唯一股东，不仅对当地公司进行了投资，而且还通过当地公司进行了投资，因此当地公司的权利应当属于索赔人。[4] 对于后案的裁决，本书认为即使索赔人拥有当地公司 100% 的股份，也不能使股东对因公司受损而造成的间接损失的索赔合法化。原因在于受侵害的权利主体依然是当地公司，而即使股东作为当地公司"股份的唯一所有者"也并不会使股东成为当地公司"权利的所有者"。因此，可以得出结

---

[1] See Monique Sasson, *Substantive Law in Investment Treaty Arbitration*, Wolters Kluwer, 2010, p.132.

[2] See El Paso Energy International Company v. Argentine Republic, ICSID Case No ARB/03/15, Legal Opinion of M. Sornarajah, 5 March 2007, para.9.

[3] See Robin Hollington, *Shareholders' Rights* (6th edition), Sweet and Maxwell, 2010, pp.424–425.

[4] See Telefónica SA v. Argentine Republic, ICSID Case No. ARB/03/20, Decision of the Tribunal on Objections to Jurisdiction, 25 May 2006, paras.81–82.

论，即使案件涉及的是"一人公司"，股东的索赔也并不具有可受理性。

第五节　具有可受理性的股东间接仲裁请求的特殊情形

根据上文的分析，投资条约法律体系并没有为股东在间接仲裁请求中提供具有可受理性的"法律资格"。但是在国际投资仲裁实践中，面对东道国违反条约义务直接侵害当地公司利益的举措，如果仅有当地公司有权对损失进行追索，那么也有可能使股东处于不利地位。基于这样的考虑，股东可以在例外情形下提起间接损失仲裁请求。同时需要强调的一点，本节重点在于分析这些特殊情形，而这些特殊情形的例外适用也会带来其他问题或弊端，例如重复赔偿等问题，本书第六章会对股东仲裁的不利影响进行详尽分析，并提出有助于解决具体问题的法律建议。

一　当地公司遭受"拒绝司法"

根据投资条约仲裁机制的目的和规定，除了《ICSID 公约》第 25 条第 2 款（b）项规定的由"外国控制"的当地公司符合公约对于投资者"国籍"的认定外，一般的当地公司通常不符合投资条约仲裁的国籍要求。因此，当地公司的任何索赔理论上都应提交至具有管辖权的争议解决机制，通常是东道国的国内法院。但是，在这些诉讼或其他索赔程序中，当地公司可能会在寻求权利救济时面临国内司法机关的不公正待遇，即"拒绝司法"（denial of justice）。

拒绝司法在国家实践中可能以各种形式出现。以诉诸司法程序为例，索赔人应有权通过国家法律体系提供的法律救济程序寻求法律保护。① 国家实践中任何违反该原则的表现,即"没有"针对这种情况的当地救济办法,将构成拒绝司法的形式之一。当地公司寻求针对东道国行为的救济过程中,国内司法机关在合理的时间内未能作出判决,违反正当程序,作出有法律偏见的裁判以及剥夺索赔人损害赔偿权利的等情况,可以视为其他形式的拒绝司法。当用尽国内法律体系提供的所有法律救济程序时,才会构成拒绝司法。②

同时,联合国国际法委员会(International Law Commission)《外交保护条款草案》(Draft Articles on Diplomatic Protection)第15条第1款(a)项中也规定了用尽当地救济措施的5种例外情形,③ 其中有3种例外情形与"拒绝司法"紧密相关:(1)不存在合理的、可得到的、能提供有效补救的当地救济,或当地救济不具有提供此种补救的合理可能性;(2)救济过程受到不当拖延,且这种不当拖延是由被指称应当负责的国家造成的;(3)受害人明显地被排除了寻求当地救济的可能性。

按照上述观点,如果当地公司用尽当地救济程序但是依然被"拒绝司法",或者属于《外交保护条款草案》规定的用尽当地救济例外情形时,那么该公司外国股东的利益就难以得到保护。因此,在符合国际投资仲裁机制其他要求的条件下,外国股东提出间接仲

---

① See Francesco Francioni, "Access to Justice, Denial of Justice and International Investment Law", *European Journal of International Law*, Volume 20 Issue 3, 2009, pp. 729-730.

② See Jan Paulsson, *Denial of Justice in International Law*, Cambridge University Press, 2005, p. 125.

③ See Draft Articles on Diplomatic Protection, Article 15 Exceptions to the local remedies rule, Local remedies do not need to be exhausted where: (a) There are no reasonably available local remedies to provide effective redress, or the local remedies provide no reasonable possibility of such redress; (b) There is undue delay in the remedial process which is attributable to the State alleged to be responsible; (c) There was no relevant connection between the injured person and the State alleged to be responsible at the date of injury; (d) The injured person is manifestly precluded from pursuing local remedies; or (e) The State alleged to be responsible has waived the requirement that local remedies be exhausted.

裁请求则是具有可受理性的。

尽管"拒绝司法"针对的是当地公司而不是股东，但由于公司或股东没有其他的法律救济方法，因此应该为投资者寻求间接损失赔偿提供"例外"。在当地公司受到损害，而且寻求权利救济而遭受司法拒绝的情况下，应允许外国股东通过投资仲裁机制采取适当措施以弥补其损失。[①] 当"股份"成为国际投资保护的类型之一时，从法理学的角度考虑，此项"例外"是在东道国统一司法与消除保护股份的主权风险之间构建法律平衡所必需的。因此，将当地公司遭遇"司法拒绝"作为股东间接仲裁请求可受理的情形之一，是切实可行的做法。

此外，这种例外情形也不会造成重复赔偿的可能性，因为在这种情况下授予股东法律地位的原因是，当地公司没有任何国内法上法律救济措施，或者在其寻求的法律救济程序中未获得应有的赔偿，自然也就不具备重复赔偿的现实条件。

二 当地公司解散或者丧失了提出索赔的法律资格

如果当地公司解散或者丧失了提出索赔的能力，也就意味着当地公司已经没有资格或能力由自己提出索赔。在这两种情况下，外国股东通过国际投资仲裁机制主张其间接损失索赔具有可受理性。

对于第一种"公司解散"的情况，国际法院在巴塞罗那公司案中也认为，"在当地公司根据东道国法律解散的情况下，公司的法人资格将不再作为公司实体存在，因此，公司将被剥夺行使权利和保护股东利益的法律能力"[②]。当地公司在法律上丧失其法人资格或对东道国的不法行为采取行动的能力，可能是由于东道国国内法规定

[①] See Zachary Douglas, *The International Law of Investment Claims*, Cambridge University Press, 2009, p. 430.

[②] See Barcelona Traction, Light and Power Company Limited (Belgium v. Spain), Judgment, 1970 ICJ Report 3, para. 64.

的变化或公司自身的解散措施所致。无论哪种原因或者方式，公司都被实际剥夺了维护自己的权利和追回所受损失的法律能力。在此前提下，外国股东在间接投资仲裁中应当具备提起可受理的仲裁请求的申请人地位或资格。

不过在实践中，这种情况发生的可能性不大。因为公司解散后大多数国家规定了清算程序，所以从理论上而言，股东的间接损失可以通过清算程序获得一定的补偿。当然，能否获得补偿以及补偿是否足额等这些问题也都不是确定的。例如，中国《公司法》（2018年修正）第186条清算程序条款中明确规定"在清偿全部公司债务前，不得向公司股东分配公司财产"①。

第二种情况更为常见，即当地公司丧失了针对东道国的不法措施提出索赔的"能力"。② 上述第一种情况的重点在于公司"法律资格上的不能"，而第二种情况的重点是在于公司的"事实不能"。尽管当地公司的法人资格在法律上仍然存在，但事实上该公司已经没有能力保护自己的权利和股东利益。

但是，国际法院巴塞罗那公司案中的多数意见并不承认这一例外情况。尽管在该案中认可巴塞罗那公司在"经济意义上完全瘫痪"，但同时认为这与"该公司的法律地位本身无关"③。所以，国际法院的观点只承认公司"法律资格上的不能"剥夺了股东通过公司获得救济的可能性，但没有就此认为股东在这种情形下提起的索

---

① 参见《中华人民共和国公司法》（2018年修正）第186条，清算程序：清算组在清理公司财产、编制资产负债表和财产清单后，应当制定清算方案，并报股东会、股东大会或者人民法院确认。公司财产在分别支付清算费用、职工的工资、社会保险费用和法定补偿金，缴纳所欠税款，清偿公司债务后的剩余财产，有限责任公司按照股东的出资比例分配，股份有限公司按照股东持有的股份比例分配。清算期间，公司存续，但不得开展与清算无关的经营活动。公司财产在未依照前款规定清偿前，不得分配给股东。

② See Zachary Douglas, *The International Law of Investment Claims*, Cambridge University Press, 2009, p. 428.

③ See Barcelona Traction, Light and Power Company Limited (Belgium v. Spain), Judgment, 1970 ICJ Report 3, paras. 65-66.

赔诉求具有可受理性。

不过，本书认为结合已有的国际投资仲裁案例和投资法体系的宗旨与规定，当公司在经济意义上不能提出索赔时，可以赋予公司股东独立仲裁请求的权利。国际投资法体系的宗旨之一是保护投资，不同于一般国际法或国际法院实践中对法律原则和依据的严格要求，当"保护投资"的目标没有任何途径可以达成时，从公平性的角度来考虑应当赋予股东寻求救济的权利。在公司"事实不能"提出索赔时，即使东道国直接侵犯的依然是公司的权利，但在事实层面已经对股东造成了损失，而且股东无法通过其他国内法或者国际法路径寻求救济。那么，对此进行例外规定也符合国际投资法体系的根本性要求。

三　违反国内法中股东代表诉讼制度

大多数国家通过国内法建立了多种保护股东权利的方式，其中最有代表性的即是股东代表诉讼制度（在不同法域中或称为派生诉讼、代位诉讼等）。股东代表诉讼制度是指股东依据东道国国内法规定，在满足法定要件时有权提起诉讼的制度。股东代表诉讼中，原告股东只是享有名义上的诉权，胜诉后的利益仍然归于公司，提起诉讼的股东只是由于拥有股份从而间接受益。例如，中国《公司法》（2018 年修正）规定，董事、高级管理人员违反法律、行政法规或者公司章程的规定，损害股东利益的，股东可以向人民法院提起诉讼。[1] 各国关于股东救济权利的规定不同，其中一些国家的制度仅赋予了股东在一定条件下对公司成员提起索赔的权利，例如董事会成员违反职责，导致公司损失的情况。还有一些国家的法律制度允许股东针对造成公司损失的第三方提起代位诉讼。这些国内法中规定的股东救济权利通常附有一定的行使条件或者标准，例如股东为了代表公司提出索赔，可能需要符合最低股本比，以减少股东滥诉的

---

[1] 参见《中华人民共和国公司法》（2018 年修正）第 152 条。

情况。

但是，外国股东在国内法的股东代表诉讼制度中仍然可能会遭受国际不法行为影响，例如根据习惯国际法遭遇拒绝司法，或其他违反投资条约的行为。在投资仲裁中，外国股东可以指称其在行使股东代表诉讼有关的权利过程中，遭受到了东道国的国际不法行为影响。此时，该投资仲裁请求就具有了可受理性，因为投资者直接受到东道国实施的国际不法行为的影响。但是，值得注意的是，在这种情形下，国际不法行为针对的是股东提起的代表诉讼，其"直接"侵犯的也就是股东本身就享有的法律权利。因此，这实际上仍不能被视为股东"间接"仲裁不具有可受理性的适当例外。

在股东代表诉讼制度中，投资者本身不会直接遭受任何损失。因为其是代表公司提起的，股东不会在此诉讼中主张自己的利益。尽管国际不法行为针对的是股东权利，但这种不法行为造成的损失又与公司权利有关。在这种情况下，只有认为股东"间接"仲裁请求具有例外的可受理性，外国投资者才能向投资仲裁庭索赔其间接损失。否则，投资者可以"直接"依据这些国际不法行为提起国际条约仲裁，而无须根据东道国法律提起股东代表诉讼。因此，在这种情况下，外国股东的"间接损失"仍然无法得到有效保护。

可以设想一个更具体的例证，如果外国投资者与一家为大股东的当地国有企业一起经营一家商业公司，当该公司由于外国投资的参与而受到东道国国际不法行为影响时，如果该具有经营决定权的当地企业"没有选择"根据东道国的国内法提出索赔。那么，外国投资者只能根据国内法的股东代表诉讼制度寻求公司权利救济，或者，依据直接侵犯其权利的国际不法行为提起"直接"条约仲裁。那么对外国股东"间接损失"的国际保护依然存在空白。

在这种"法律空白"的情况下，投资仲裁庭可以认为股东对间接损失的索赔具有可受理性。否则，外国投资者的间接损失将得不到任何法律救济。尽管由于存在这种"法律空白"，使得股东间接仲裁在特定条件下具有可受理性。但是，这类特定条件的满足也具有较强的灵活性，有可能引发股东滥诉的问题。为了平衡国内法与国际法救济程序的平衡，有必要在投资条约中明确约定，当少数外国股东寻求当地救济措施并代表该公司在索赔中受到国际性侵犯，或者无法为间接损失寻求任何补救措施时，投资仲裁庭可以认为股东间接仲裁请求具有可受理性。

本章小结

尽管较难理解，但是索赔请求的可受理性已是国际法中的既定概念。[①] 然而，即使在国际法院的规则中，也没有关于可受理性确切和普遍接受的定义。[②] 可受理性问题对管辖权和实体问题的限制并不固定，也不容易得出结论。[③] 在国际投资法中，仲裁请求可受理性的概念并不比一般国际法中的概念更为精确。[④] 尽管如此，投资仲裁实践中已经越来越多地做出关于可受理性问题的决定。

国际投资仲裁机制的管辖权取决于争议双方的"同意"，虽然每个案件中认定"同意"的达成可能有所不同，但是仲裁庭基本都可以根据相关的法律约定（不限于投资条约）确认是否存在受保护的投资和投资者，进而根据违反条约的表面证据（*prima facie*）确认其是否享有对争议案件的管辖权。相比之下，可受理性问题并不是指"是否同意"或"同意的范围"。可受理性问题包括各种各样的理由

[①] See John Collier & Vaughan Lowe, *The Settlement of Disputes in International Law: Institutions and Procedures*, Oxford University Press, 1999, p. 155.

[②] See Shany Yuval, *Questions of Jurisdiction and Admissibility before International Courts*, Cambridge University Press, 2015, pp. 1–2.

[③] See Andre Newcombe & Lluís, *Law and Practice of Investment Treaties: Standards of Treatment*, Kluwer Law International, 2009, p. 221.

[④] See Waibel Michael, *Investment Arbitration: Jurisdiction and Admissibility*, *International Investment Law: A Handbook*, Oxford: Nomos-C. H. Beck-Hart, 2015, p. 1214.

和法律依据，仲裁庭可以依据这些理由不受理仲裁请求，或受理仲裁请求但不对案件争议的实体问题作出裁判。不过，可受理性决定也可能涉及对争议实体问题的考虑。然而，以是否具有可受理性为由对仲裁案件做出决定，不仅在法理学层面有其必要性与合法性，更有助于避免条约仲裁程序与其他司法或非司法救济程序的重复，对仲裁程序上也有更为经济性的帮助，有助于降低裁决结果不一致的风险，保护相对人或第三人的权利与利益。

外国投资通常是通过持有在东道国注册成立的当地公司的股份来进行的。[1] 大多数国际投资条约中也确认"股份"属于投资的形式之一，因此表面上而言符合投资仲裁庭的属事管辖权。实际案件中，绝大部分仲裁庭也是据此认为对相关股东仲裁请求案件具有管辖权。然而，投资仲裁庭却忽略了东道国实施针对当地公司的行为从而损害了当地公司的权利，进而股东遭受了间接损失的情况下，股东仅依据其所遭受的间接损失提起的间接仲裁请求是否具有可受理性的问题。

本章提出的可受理性问题判断标准主要解决了股东独立条约仲裁尤其是间接仲裁中可能出现的两个问题：重复赔偿和对第三人权益的损害。这些可能受影响的权益属于投资仲裁适用法保护的权益，而且既包括国际法也包括国内法。后文也会对适用法问题再进一步展开专章研究。

国际投资仲裁庭具有认定某些仲裁请求不具有可受理性的固有权力，能否将可受理性问题适用于股东仲裁请求，首先取决于是否存在重复的损害赔偿索赔，无论该重复赔偿是实际的还是潜在的。其次取决于是否存在一个适当的替代机制。同时，本章也提出了其他的可受理性问题的判断标准，包括是否存在重复赔偿和对第三方权益损害的真实可能性，以及投资仲裁庭是否能够防止或者降低上

---

[1] See Rudolf Dolzer and Christoph Schreuer, *Principles of International Investment Law*, Oxford University Press, 2012, p. 57.

述风险等判断标准。总而言之，本书认为对于股东独立仲裁应当考虑其可受理性问题，对于股东"直接仲裁"而言或许较少受到此问题的影响；但是对于股东"间接仲裁"而言，由于其索赔基础的特殊性，不仅需要考虑传统的管辖权问题，更为关键的是需要分析其可受理性问题。

股东间接仲裁从法理上而言并不具有可受理性，仅在实践中基于特殊条件和标准才可以受理，从而更好地维护国际投资法体系对国际投资的保护，协调其与国际法、国内法以及基本法律原则的关系。研究股东间接仲裁的"核心"不是管辖权问题，而是仲裁请求的可受理性问题。外国股东的地位是决定股东提出的仲裁请求是否可受理的关键因素。当争议的实质问题是东道国违反投资条约直接侵犯股东权利时，股东独立仲裁请求中的股东直接仲裁具有可受理性。但是，当仲裁请求索赔标的为东道国针对当地公司的不法行为而对股东造成的间接损失时，只有少数几种特定情况下股东才具有投资仲裁机制中的法律资格或地位，股东间接仲裁也因此才具有可受理性。因为在一般情况下，公司主体具有独立的法人资格，东道国侵犯的也是公司独立享有的权利，股东在这类争议中并不具有相应的索赔资格。只有在当地公司遭遇"拒绝司法"、当地公司解散或者其丧失提出索赔的能力时，以及根据东道国法律在股东代表诉讼行为中遭受国际不法行为，而且外国股东没有其他途径为间接损失寻求救济时，股东间接仲裁才具有可受理性。

然而，既定的投资仲裁判例与法理学视野下以及投资条约中有关可受理性问题的法律规则背道而驰。造成这种现象的原因有很多，核心可以归纳为两点。第一个原因是对"股份"作为投资的条约保护的误解。第二个原因则是第一个"误解"的必然结果，是出于政策原因的解释而意图不断扩大投资条约的保护范围。例如，仲裁庭在 Urbaser 案中明确指出："实际上，如果国内公司法的规定导致外国投资者不受投资条约保护，那么外国投资者根据东道国公司法进行投资，在东道国领土上经营，又只能依据东道国内法去寻求救济，那么外国股东成功的经济可能性又是多少?"①

诚然,建立了投资条约制度的政策目标之一是保障国际投资更安全,免受东道国法律风险的影响,从而鼓励和保护世界范围流动的国际投资和国际投资者。如果投资东道国的法律制度无法为外国投资和投资者提供充分的保护,就有可能通过当地公司对股东造成间接损害。② 但是,政策目标并不能够设立国际法上的权利和义务。每项权利义务都必须有法律依据,例如条约规定、国际习惯或者国内法。国际投资仲裁机制中,仲裁申请人资格合法性争议与权利的缺乏将带来诉因不足的法律问题。在这种情形下,只有在股东间接损失依据东道国国内法将不会有任何法律救济措施或路径时,才可以承认特定的例外情形,即特定股东间接仲裁具有可受理性。

为了扩大对外国股东投资的保护,或许可以考虑通过各国之间缔结的条约来发展国际法的新概念。事实上晚近签署的投资条约也已经将"股份"纳入条约保护的范围,投资仲裁庭也在实践中根据此类条约规定支持了股东间接仲裁请求,保护了股份的"经济价值"并且忽略其与"股份权利"之间的区别。然而,投资仲裁判例法不能反映一般国际法,也不能以令人满意和有说服力的方式体现国际投资法与一般国际法采用不同规则的合法性。而且,股东间接仲裁带来的诸多弊端和对国内法与国际法的违反也是客观存在的。

为了解决这些问题并使理论与实践保持一致,本书提出的解决方案之一是在投资条约中引入"实质性权利",以使股东在间接损失的索赔中享有法律资格。为了使外国少数股份或者多数股份获得国

---

① See Urbaser SA and Consorcio De Aguas Bilbao Bizkaia, Bilbao Biskaia Ur Partzuergoa v. Argentine Republic, ICSID Case No. ARB/07/26, Decision on Jurisdiction, 19 December 2012, para. 244.

② See Ben Juratowitch, "Diplomatic Protection of Shareholders", *British Yearbook of International Law*, 2011, pp. 281 & 322.

际投资条约的保护，在两种情况下，有必要在投资条约中明确肯定其仲裁请求的实质性权利。

第一种情况是当地公司为了寻求其权利救济而遭受东道国拒绝司法。如前文所述，由于公司具有独立的法人资格，因此股东不会直接遭受"拒绝司法"的侵害。如果公司遭受拒绝司法，投资条约制度本身又没有规定股东对其间接损失救济的权利或方式。在这种情况下，由于缺乏国内法的任何法律救济措施，应在条约仲裁制度中肯定股东在此情形下提起间接损失仲裁请求的权利。尽管在投资仲裁判例中已经承认这一例外，但将关于此例外的规定纳入投资条约是一个更好的选择，以便使这类仲裁请求的法律依据变得明确。

第二种情况是当地公司未能针对东道国的不法行为采取措施，或者外国股东在其投资者有权享有的股东代表诉讼制度中遭受国际不法行为的情况下，外国股东仲裁（无论直接仲裁还是间接仲裁）也具有可受理性。特别是当当地公司的控股或多数股权为国有实体时，对于该公司的少数外国股东而言，这一点尤其重要，因为少数外国股东将难以迫使公司董事对影响股份价值的东道国措施采取行动。在这种情况下，根据东道国公司法，股东被赋予提起诉讼的权利，在整个法律程序中，股东都遭受了国际性的不法行为侵害。国际投资仲裁制度应承认这种情况为例外情形（或称特殊情形），并赋予投资者索赔间接损失的权利。国际投资条约应当以一项明确反映这种情形的条款确认此项权利。

本章关于"可受理性"问题的分析证明了已有的股东独立仲裁实践，尤其是股东间接仲裁在"合法性"上存在的问题。但是，尽管存在这些问题，也不可否认其在实践中的需要和地位。因此，本章也提出了相应的解决方案，引入更明确的权利规范，旨在明确股东在特定情形下提起间接仲裁的法律资格或地位，而不是提供无限制和模糊的条约保护。同时，各国应酌情通过国内法的修订和完善，赋予外国投资者更为广泛的保护，使股东可以就其遭受的间接损失提出国内法下的索赔。如果国内法提供了更好的救济途径，那么国际投资仲裁制度也需要慎重考虑股东关于支持间接损失索赔的特殊情形，包括是否有可能造成重复赔偿、与国内法规定完全冲突、不符合国际法基本原则或者造成国内法与国际法严重不一致等问题。

第 五 章

股东独立仲裁请求的法律适用

股东独立仲裁请求中具有较多争议的另一问题即是间接仲裁中法律适用的问题。股东间接仲裁的争议标的来源于公司资产,而公司资产及相应的财产权利实际上应当受到公司所属国法律制度的约束。① 因此,国内法和国际法都必然与这些股东间接仲裁的争议有关。投资仲裁的准据法一直是学术界和实务界争论不休的话题,在很大程度上,争论的重点即是国内法与国际法之间的相互作用。

国际投资法体系中最难解决的问题之一正是国内法的适用。投资仲裁实践中,国内法一般不是国际仲裁庭的正式法律渊源。② 有观点认为,从国际法和国际法院或投资仲裁机制的立场来看,国内法是表达国家意愿和构成国家活动的事实。③ 如果将国内法作为"事实",表明其在一般国际法下的不同目的,国际仲裁庭也可能在具体

---

① See Jarrod Hepburn, *Domestic Law in International Investment Arbitration*, Oxford University Press, 2017, General View.

② See Florian Grisel, "The Sources of Foreign Investment Law", *in The Foundations of International Investment Law: Bringing Theory into Practice*, Oxford University Press, 2014, p. 213.

③ See Gabriel Bottini, "The Admissibility of Shareholder Claims: Standing, Cause of Action, and Damages", University of Cambridge, Dissertation for the degree of Doctor of Philosophy, 2017, p. 234.

案例中认为有必要适用某一特定国家的国内法，并且可能在特定情况下必须适用国内法。

例如，国际法院在审理的第二起股东索赔案"ELSI案"中，在该案的可受理性问题和实体问题中都考虑了国内法，并且指出"国内法可能对法院的案件审判至关重要"。[1] 早在常设国际法院（The Permanent Court of International Justice，以下简称"PCIJ"）审理的"塞尔维亚贷款案"中，PCIJ就提出该案的争议"完全"是受国内法约束的关系。[2]

如果这些国际法院的案件对国际法与国内法适用关系的声明和实践，在某种程度上反映了一般国际法下国际法与国内法的关系和适用的规则，那么这些关系和规则也应当在投资仲裁机制中得到应用。在国际法的其他领域，国内法的作用并不总是显而易见的，但是在国际投资法领域，投资者和东道国之间的关系首先就受到国内法的管辖。[3]

投资所在国家法律的相关性体现在许多国际投资条约都要求投资必须在东道国境内进行。而且，国内法通常是当事人通过国际投资条约选择的准据法的组成部分。然而，仲裁庭在解决投资争议时如何适用国内法的方式各不相同，无论是在管辖权方面还是实体

---

[1] See Gabriel Bottini, "The Admissibility of Shareholder Claims: Standing, Cause of Action, and Damages", University of Cambridge, Dissertation for the degree of Doctor of Philosophy, 2017, p. 237. The PCIJ observed that in Certain German Interests it found, "from the standpoint of municipal law", that a right of ownership had been "validly acquired", which constituted a "condition essential to the Court's decision".

[2] See Gabriel Bottini, "The Admissibility of Shareholder Claims: Standing, Cause of Action, and Damages", University of Cambridge, Dissertation for the degree of Doctor of Philosophy, 2017, p. 236. Pellet argues that when Serbian Loans was decided "the chapeau of Art. 38 did not include the phrase expressly defining the function of the Court as the application of international law" and that the ICJ likely would have expressed a different reasoning as to the application of national law.

[3] See History of the ICSID Convention, Volume Ⅱ-1, p. 571.

问题上都是如此。其中最突出的问题是条约索赔和合同索赔（即基于国内法的索赔）两者之间法律适用的实质性重叠。这两类索赔往往源于相同的事实，需要考虑是否违反了相关国家的法律规定。

本章首先对股东独立仲裁请求的法律适用条款进行界定，对国际投资条约一般性的法律适用条款进行概括性分析。其次，对股东独立仲裁请求的管辖权问题和实体问题的法律适用进行分析，重点分析《ICSID 公约》和国内法有关规定的适用。股东独立仲裁请求实质上是国内法与国际法的"混合索赔"，需要对这两种法律制度的适用进行分析。最后，研究和探析在可受理性问题中，仲裁庭应当考虑国内法和国际法的依据。第一，投资仲裁案件的准据法不仅限于国际投资条约，还包括一般国际法和国内法。第二，公司成立所在国的国内法与国际投资条约以及一般国际法共同影响着股东的权利范围。第三，鉴于投资仲裁案件复杂的诉因，仲裁庭不应忽视其对主权国家层面的影响。所以，面对股东独立仲裁请求问题，需要全面地考虑国际投资法的所有法律依据，尤其是面对现在已知的矛盾与冲突，更应当加强从国内法的适用进行分析。

第一节　股东独立仲裁请求的法律适用条款

一　界定

国际投资争议解决的法律基础主要是国际投资条约和国际仲裁规则。然而，国际投资条约本身往往没有具体规定适用于解决条约争议的准据法。在这种情况下，首先，相关仲裁规则可能包含默认的解决方案，例如《ICSID 公约》第 42 条的规定，仲裁庭应依照双方可能同意的法律规则对争端作出裁决。如无此种协议，仲裁庭应适用作为争端一方的缔约国的法律（包括其冲突法规则）以及可能适用的国际法规则。①

其次，一般而言，可以通过国际投资条约的管辖权条款确定准据法，或者通过条约中的法律适用条款确定准据法。② 管辖权条款一般规定了可以提交国际投资仲裁的争议类型，而且至少会规定适用条约和一般国际法。更广泛的管辖权条款可能会规定更加具体的法律适用制度。例如，国际投资条约中管辖权条款对于"投资争议"的确立，原则上是授权仲裁庭适用国际法和国内法判断。③

最后，国际法和国内法的适用可能直接源于国际投资条约的规定，而不是管辖权条款或者法律选择规范。例如，"参照国内法以确定是否可以被视为缔约国国民或者受保护的投资"④，以及"参照国际法以界定某些待遇标准的范围"⑤ 等投资条约的规定均属于这一类。

然而，尽管国际投资条约可能规定了仲裁庭应当适用的准据法，但是仲裁请求只能基于管辖权条款提出，而不能基于仅仅在准据法中规定的内容。此外，根据管辖权条款，仲裁庭的最终裁决可能只是裁判它是否具有管辖权、仲裁请求是否可受理、是否有不符合管辖权条款的内容以及其后果是什么。原则上，仅属于法律适用条款而不属于管辖权条款中的规则，不能成为仲裁庭管辖权裁决的一部分，但是法律适用条款和准据法本身对仲裁庭管辖权裁决的法律论证而言有着必不可少的作用。

---

① See ICSID Convention Art. 42 (1): The Tribunal shall decide a dispute in accordance with such rules of law as may be agreed by the parties. In the absence of such agreement, the Tribunal shall apply the law of the Contracting State party to the dispute (including its rules on the conflict of laws) and such rules of international law as may be applicable.

② See Lorand Bartels, "Jurisdiction and Applicable Law Clauses: Where does a Tribunal Applicable to the Case before it?", *Multi - sourced Equivalent Norms in International Law*, Oxford: Hart Publishing, 2011, p. 115.

③ See MTD v. Republic of Chile, ICSID Case No. ARB/01/7, Annulment, p. 61.

④ See Jamaica-Spain BIT Art. 1 (2).

⑤ See NAFTA Art. 1105 (1).

二 国际投资条约中的法律适用条款

国际投资条约中的条款规定原则上受国际法管辖。然而，也有部分国际投资条约规定了解决投资争议的法律适用条款。① 有些条款要求适用争议缔约国的法律以及条约本身和国际法；② 其他则简单地要求适用条约条款的规定，或者同一般的国际法基本原则或规则一起适用；③ 再或者规定适用与投资相关的特别协议的条款。④

然而，这些法律适用条款通常没有具体规定每个不同的法律依据在解决投资争议中的确切作用以及不同法律依据之间的关系。国际投资条约中的法律适用条款构成了争议各方之间的"协议"，投资者在同意仲裁时即接受了该协议，仲裁庭也应当尊重本协议的条款规定。⑤

然而，当投资条约中法律适用条款规定要求同时适用国内法和国际法时，在没有达成进一步协议的情况下，结果将与《ICSID 公约》第 42 条第 1 款中的规定没有太大区别。例如，根据这样的法律适用条款，SAUR 案的仲裁庭提出了一项规则，即每个争议问题都受到与该争议性质相对应的规则管辖。⑥ 但这种规则与《ICSID 公约》第 42 条第 1 款第二句中的问题一样，即关于国际投资条约中规定同时使用国内法和国际法的法律适用条款的效力，在理论界还没

---

① See Monique Sasson, *Substantive Law in Investment Treaty Arbitration: The Unsettled Relationship between International Law and Municipal Law* (2nd edition), International Arbitration Law Library, Volume 21, Kluwer Law International 2017, p. 274.

② See The Netherlands-Venezuela BIT, Art. 9 (5).

③ See France-Poland BIT, Art. 8. 3.

④ See Chile-Italy BIT, Art. 9 (5).

⑤ See August Reinisch and Christoph Schreuer, *International Protection of Investments: The Substantive Standards*, Cambridge University Press, 2020, p. 146.

⑥ See SAUR International SA v. Republic of Argentina, ICSID Case No. ARB/04/4, Decision on Jurisdiction and Liability, 6 June 2012, para. 327.

有达成共识。

当前的国际投资仲裁实践中，仍然是由仲裁庭来确定不同的争议问题是受国内法还是国际法管辖。这种做法对于一般的争议事项是可以接受的，但这并没有解释清楚投资仲裁中国内法和国际法之间的复杂关系。所有投资条约仲裁庭都对至少根据条约的一些实质性规定产生的争议拥有管辖权。即使在法律适用规定不包括东道国法律和管辖权仅限于条约索赔的情况下，通常也需要附带适用国内法。① 一般认为在条约索赔中受国内法约束的问题包括投资是否合法取得或合同是否有效订立。② 而当国内法是国际投资条约法律适用条款规定的渊源之一时，将需要特别适用国内法。

就整个投资争议而言，索赔的实质内容决定着准据法的选择与适用。当实质内容混合时，即争议既涉及合同又涉及条约时，国内法和国际法都将同样适用。在这种情况下，国内法和国际法是一种相互依存的关系。即使在国内法与国际法对国际投资中国家义务的规定明显冲突的情况下，仲裁庭放弃适用国内法律规定，这两个法律制度仍然都是与投资争议紧密相关的。③

原则上，设定权利义务的法律即决定了该权利义务的存在、范围以及与同一法律体系内其他权利义务的相互关系。国内法在国际投资仲裁中的具体作用第一取决于国内法是否对有关权利或义务作了相关的规定。第二，国内法关于投资待遇标准的规定。例如，国际投资条约中通常要求征收应当遵守相关国家的法律程序规定。第三，国内法作用的具体体现还取决于仲裁庭是在处理管辖权问题还是争议的实体问题。

---

① See Christoph Schreuer, "Jurisdiction and Applicable Law in Investment Treaty Arbitration", *Transnational Dispute Management*, 2014, p. 17.

② See Ole Spiermann, *Investment Arbitration: Applicable Law, International Investment Law: A Handbook*, Oxford: Nomos-C. H. Beck-Hart, 2015, p. 1387.

③ See Legal Opinion Prepared by Christoph Schreuer and August Reinisch in CME Czech Republic B. V. (The Netherlands) v. The Czech Republic, 22 May 2002, p. 93.

第二节 管辖权问题与实体问题的法律适用

一 《ICSID 公约》第 42 条的适用

《ICSID 公约》第 42 条第 1 款规定仲裁庭应依照各方可能同意的法律规则对争端作出裁决。如无此种协议,仲裁庭应适用作为争端一方的缔约国的法律(包括其冲突法规则)以及可能适用的国际法规则。① 公约对于"各方可能同意的法律规则"没有做出任何限制,第一句有关"法律规则"的表述,给予了双方当事人更大的灵活性,并容许他们将不同法律规则相结合;第二句中争端当事方国家的法律和国际法共同构成了准据法。

《ICSID 公约》的起草者以及 ICSID 仲裁庭的早期裁决认为,根据这一规定,国际法的主要作用是"填补适用的国内法中的空白或纠正其与国际法之间的任何不一致之处"②。尽管国际法作为准据法被普遍接受,但也有专家学者提出了不同的理论,试图对国际法的作用进行概念化。然而,这些理论也招致了许多批评意见。

例如,韦尔(Weil)对《ICSID 公约》试图"最大限度地减少国际法明确适用的范围"提出了质疑,认为无论国内法和国际法如何结合,这些"企图"都是徒劳的。根据《ICSID 公约》第 42 条第 1 款第二句,国际法与国内法的关系中总是具有优势地位并最终也是享有优势地位。在国内法被认为符合国际法或纳入国际法的情况

---

① See ICSID Convention Art. 42 (1): The Tribunal shall decide a dispute in accordance with such rules of law as may be agreed by the parties. In the absence of such agreement, the Tribunal shall apply the law of the Contracting State party to the dispute (including its rules on the conflict of laws) and such rules of international law as may be applicable.

② See Ibrahim F. I. Shihata and Antonio Parra, "Applicable Substantive Law in Disputes between States and Private Foreign Parties: The Case of Arbitration under the ICSID Convention", *ICSID Review-Foreign Investment Law Journal*, Volume 9, 1994, p. 202.

下，通过适用国内法，国际法也是间接占有优势地位；而在国内法被认为有缺陷或者空白时，或者与国际法相抵触的情况下，国际法则会占据优势地位。① 韦尔也指出，《ICSID 公约》第 42 条第 1 款提到了国内法，仅仅是为了确定其是否符合国际法，国内法的规定实际上是无关紧要的。这是一种"毫无意义的做法，其存在的唯一理由是为了避免冒犯东道国的敏感性"②。

无论对国内法和国际法在投资仲裁准据法中的作用持何种观点，《ICSID 公约》第 42 条第 1 款第二句都包含了有利于东道国法律的明确规定。③ 所谓"国内法无关紧要"的观点，主要的论据是认为国际法"足够完整，足以为每一起投资仲裁案件提供法律答案"。④ 尽管国际投资法不断发展，但目前的观点表明，完全排除国内法的适用是"不切实际的"，尤其是在案件涉及投资合同的情况下。⑤

投资仲裁实践中，在 Wena 案撤销裁决作出之后，CMS 案提出应采取更加"务实"的做法，如果投资争议的具体事实证明有充分理由，则允许同时适用国内法和国际法。⑥ Wena 案的撤销委员会提出，根据《ICSID 公约》第 42 条第 1 款第二句，国内法和国际法是

---

① See Prosper Weil, "The State, the Foreign Investor, and International Law: The No Longer Stormy Relationship of a Ménage À Trois", *ICSID Review – Foreign Investment Law Journal*, Volume 15, 2000, p. 409.

② See Prosper Weil, "The State, the Foreign Investor, and International Law: The No Longer Stormy Relationship of a Ménage À Trois", *ICSID Review – Foreign Investment Law Journal*, Volume 15, 2000, p. 409.

③ See Christoph Schreuer, *The ICSID Convention: A Commentary* (2nd edition), Cambridge University Press, 2009, p. 595.

④ See Prosper Weil, "The State, the Foreign Investor, and International Law: The No Longer Stormy Relationship of a Ménage À Trois", *ICSID Review – Foreign Investment Law Journal*, Volume 15, 2000, p. 408.

⑤ See Christoph Schreuer, *The ICSID Convention: A Commentary* (2nd edition), Cambridge University Press, 2009, p. 562.

⑥ See CMS Gas Transmission Company v. Republic of Argentina, ICSID Case No. ARB/01/8, Award, para. 116.

相关的，如果有正当理由，国内法（即本案投资东道国的法律）确实可以与国际法一起适用；而如果在另一个范围内找到适当的规则，国际法则可以单独适用。① 国内法的作用很大程度上取决于具体争议的性质和具体的法律事实，在投资仲裁实践中不应当简单地描述为需要同时适用国内法和国际法，但是也不应当认为单独以国际法为准据法就足够支撑投资仲裁制度和实践的合法性与合理性。

早期的 ICSID 仲裁实践更加突出国内法的适用，认为应当首先考虑国内法然后才是国际法。② 但是，晚近的投资仲裁实践似乎更倾向于忽略国内法的规定及其对案件的影响，这种现象可能与国际投资条约的迅速发展和有关的条约纠纷不断增加有关。③ 因为国际法在条约争议中的作用更为突出，但是国际投资争议往往也与投资合同紧密联系。但是，即使如此，条约仲裁庭也并没有明确提出将国内法限制在无关紧要的立场。

然而，即使国内法在条约争议中仍然适用，问题在于国内法的规定如何与投资争议相关？在仲裁案件中应该如何适用？国内法是否同样是投资者权利和预期利益的潜在来源？是否同样是投资者在条约索赔中的义务来源？

国际法的适用对投资者还是东道国更有利取决于每个案件的具体情况。但是，如果东道国不能依赖其本国法律作为投资者的义务来源，或者通过国内法对条约仲裁的法律问题提出疑问。那么，只有投资者单方面受益于国内法律在投资仲裁中的保护作用，投资者无论是基于国内法的直接保护，还是国内法对国际投资"预期利益"

---

① See Wena Hotels Ltd. v. Arab Republic of Egypt, ICSID Case No. ARB/98/4, Annulment, para. 40.

② See Zhinvali Development Ltd. v. Georgia, ICSID Case No. ARB/00/1, Award, 24 January 2003, p. 297.

③ See Monique Sasson, *Substantive Law in Investment Treaty Arbitration: The Unsettled Relationship between International Law and Municipal Law* (2nd edition), International Arbitration Law Library, Volume 21, Kluwer Law International, 2017, pp. 299-300.

的保护，都已成功地将他们的条约主张实质性地建立在投资东道国的国内法基础之上。

二 国内法在管辖权问题中的适用

国际投资仲裁的主流观点认为一般情况下国内法不适用于管辖权问题。① 在 CMS 案中，阿根廷政府的抗辩理由之一是认为根据其国内法规定，公司与其股东具有不同和独立的人格。② 但是仲裁庭拒绝了这一理由，认为该案管辖权问题中适用的法律规定只是《ICSID 公约》和案涉的双边投资条约，而不是国内法的规定。③

CMS 案仲裁庭的理由得到了 ICSID 临时委员会（ad hoc committee）的确认，该委员会指出："仲裁庭的管辖权受当事各方'同意 ICSID 仲裁'的条款管辖，而国内法的规定与此问题无关。"④ 较多投资仲裁庭也纷纷效仿 CMS 案的做法，强调有必要区分适用于管辖权的法律和适用于案件实体争议的法律。⑤

尽管如此，少数投资仲裁庭已经认识到东道国法律在管辖权问题裁决中的作用，例如 Siemens v. Argentina 案、MCI v. Ecuador 案以

---

① See Gabriel Bottini, "The Admissibility of Shareholder Claims: Standing, Cause of Action, and Damages", University of Cambridge, Dissertation for the degree of Doctor of Philosophy, 2017, p. 243.

② See CMS Gas Transmission Company v. Republic of Argentina, ICSID Case No. ARB/01/8, Decision on Jurisdiction, 17 July 2003, para. 42.

③ See CMS Gas Transmission Company v. Republic of Argentina, ICSID Case No. ARB/01/8, Decision on Jurisdiction, 17 July 2003, para. 42.

④ See CMS Gas Transmission Company v. Republic of Argentina, ICSID Case No. ARB/01/8, Annulment, 17 July 2003, para. 68.

⑤ See Siemens A. G. v. Argentine Republic, ICSID Case No. ARB/02/8, Decision on Jurisdiction, 3 August 2004, para. 31; MCI v. Republic of Ecuador, ICSID Case No. ARB/03/6, Annulment, 19 October 2009, para. 40; Daimler v. Argentine Republic, ICSID Case No. ARB/05/1, Annulment, 1 January 2015, para. 50; Sempra Energy International v. Argentina, ICSID Case No. ARB/02/16, Annulment Decision, 29 June 2010, para. 27.

及 *Sempra v. Argentina* 案等等。① Teinver 案仲裁庭指出，国内法可能与管辖权问题相关。国内法或许不能被用来定义管辖权的基本要求，但是可以用来确定仲裁申请人事实上是否满足了《ICSID 公约》和适用的国际投资条约中关于投资仲裁管辖权的法律要求。② 在 Urbaser 案中，阿根廷的管辖权异议之一即是认为该案适用的国内法和国际法中，没有规定股东间接索赔。③ 关于相关 BIT 中要求适用条约本身、东道国法律和国际法的法律适用条款，仲裁庭指出："虽然这一条款主要针对争议的实体问题适用的法律，但它可能在管辖权有关的具体问题上发挥作用。例如，在 BIT 中某些条款的实施需要考虑东道国国内法的规定。"④

将国内法适用于投资仲裁的管辖权裁决中是有充分依据的。Schreuer 提出，投资仲裁案件适用的国际投资条约中规定了国内法的适用，因此一些与仲裁庭管辖权相关的问题应当也受到国内法管辖。⑤ 事实上，国内法规定与某些管辖权问题本身就是直接相关的，例如，投资者的国籍和投资作出时的合法性判断等问题。而且，例如前述两个问题，对仲裁庭作出管辖权裁决不仅相关，而且具有十分关键和重要的作用。即使是仅基于条约提起的仲裁请求，投资仲裁庭在管辖权的争议解决阶段就这些问题作出的裁决往往都需要参考投资东道国国内法的规定。而在股东间接仲裁中，前文也已经论述了股东的权利义务和享有的经济利益更加离不开国内法的保护与

---

① See Christoph Schreuer and others, *The ICSID Convention: A Commentary* (2nd edition), Cambridge University Press, 2009, p. 552.

② See Teinver S. A. v. Argentine Republic, ICSID Case No. ARB/09/1, Decision on Jurisdiction, 21 December 2012, para. 227.

③ See Urbaser S. A. and others v. The Argentine Republic, ICSID Case No. ARB/07/26, Jurisdiction, 9 December 2012, para. 43.

④ See Urbaser S. A. and others v. The Argentine Republic, ICSID Case No. ARB/07/26, Jurisdiction, 9 December 2012, para. 54.

⑤ See Christoph Schreuer, "Jurisdiction and Applicable Law in Investment Treaty Arbitration", *Transnational Dispute Management*, 2014, p. 4.

约束。

国家对国际投资仲裁管辖权的同意往往体现在条约中，因此，有观点和仲裁实践认为投资仲裁管辖权问题仅仅与国际法相关，仲裁庭在管辖权阶段也只适用国际法。[1] 然而，当国内法也规定了同意国际仲裁的法律内容时，例如国内的《外国投资法》，投资仲裁庭对国内法的考虑则是不可避免的。对此类法律规范的解释完全适用国际法规则反而是没有法律依据的，并且有可能导致不公正的裁决。不过，按照同样的逻辑，国际法也自然在投资仲裁案件的管辖权问题中发挥作用，一般法律原则、条约规范或者国际仲裁规则在案件中也应当得到适用和解释。另外，即使在同意国际投资仲裁管辖权最普遍的方式即国际投资条约中，也通常会规定管辖权确立的具体条件，包括投资者的国籍和投资的合法性等方面，这些问题仍受到或者只受到国内法的制约。因此，尽管国际法是投资仲裁管辖权裁决阶段应当适用的法律，但这并没有否认国内法在投资仲裁庭管辖权裁决中的相关性和法律适用。

三　国内法在实体问题中的适用

国际投资仲裁机制和实践普遍接受对实体问题的裁判适用国内法。[2] 以《ICSID 公约》第 42 条为代表，国际投资条约中的法律适用条款明确选择适用东道国的法律裁决有关争议。尽管这类条款与管辖权问题裁决的相关性还没有达成共识，但它们在实体问题裁决

---

[1] See CMS Gas Transmission Company v. Argentine Republic, ICSID Case No. ARB/01/8, Decision of the Tribunal on Objections to Jurisdiction, 17 July 2003, para. 88; Azurix Corp. v. Argentine Republic, ICSID Case No. ARB/01/12, Decision on Jurisdiction, 8 December 2003, para. 50.

[2] See Gabriel Bottini, "The Admissibility of Shareholder Claims: Standing, Cause of Action, and Damages", University of Cambridge, Dissertation for the degree of Doctor of Philosophy, 2017, p. 245.

阶段的适用是得到普遍认可的。① 本节将继续分析在国际投资仲裁中，国内法在投资仲裁案件的实体问题裁判中究竟发挥了什么作用。

（一）国内法项下的权利

投资仲裁庭或者其他的国际争议解决机制传统上承认国内法在界定某些权利范围中的作用，即使国内法不在适用的法律渊源之列。PCIJ（Permanent Court of International Justice）在Panevezys-Saldutiskis案中指出，原则上，个人的财产权和合同权利在每个国家都取决于国内法的规定，因此更多地属于国内法院（仲裁）的管辖事项或范围。② 国际仲裁庭可能不得不将国内法作为附带或初步事项进行分析，尤其是为了确定根据国内法产生的权利义务的性质和范围。③ 由于财产权和合同权利通常是由某一国家的国内法规定，因此，国内法决定了财产权和合同权利以及所涉财产的范围与特征。国内法规定的这些权利可能与国际仲裁程序紧密相关，有必要至少将其作为仲裁程序的附带或初步事项进行分析。

部分投资仲裁实践也采纳了PCIJ这一推理。然而，与一般国际法相比，国内法在界定合同权利和其他财产权方面的作用在投资仲裁中没有那么直接和突出，因为投资仲裁本身是基于条约的争议解决机制，合同之诉与条约之诉的区分对其有重大影响。例如在Encana案中，适用的投资条约中的法律适用条款规定了条约和国际法的适用，但没有提到东道国的法律。然而，根据仲裁庭的裁决，如果投资或收益被征收，受影响的权利必须存在于产生这些权利的法律之中，而在该案中，这些权利是由投资东道国厄瓜多尔的国内

---

① See Christoph Schreuer, "Jurisdiction and Applicable Law in Investment Treaty Arbitration", *Transnational Dispute Management*, 2014, pp. 17-20.

② See The Panevezys-Saldutiskis Railway Case (Estonia v. Lithuania), PCIJ Judgment, 1939, para. 18. Available at: http://www.worldcourts.com/pcij/eng/decisions/1939.02.28_panevezys-saldutiskis.htm, 最后访问日期：2020年10月12日。

③ See Jarrod Hepburn, *Domestic Law in International Investment Arbitration*, Oxford University Press, 2017, p. 41.

法规定。①

但是，EnCana案中仲裁庭的部分异议意见也指出，东道国的法律适用于财产上的物权或关于不动产权利的法规，因为缺少处理这类错综复杂问题的国际公法层面的实体性法规。② 然而，尽管投资仲裁中的某些问题必须根据国内法初步决定，但是投资者"直接根据条约"产生并受条约以及通过条约受国际公法保护的合法权利或财产是投资者的"投资和投资收益"。③ 投资者受保护的所有权包括其投资的合法预期利益，而这种所有权直接受到条约的保护，并不依赖于东道国的法律。④

投资仲裁实践也确认了国内法在条约索赔中的相关性，尤其是在索赔涉及合同权利的情况下，仲裁裁决往往将东道国在吸引投资方面作出的有约束力的政策视为由国内法确定的事项。Douglas认为，由于在投资仲裁中构成投资的物权争议（包括物权的存在或范围等方面）不是关于法律证据的争议，而是一项法律权利争议，因此必须根据东道国的国内法来判断。⑤ 在这一概念下，鉴于一般国际法和国际投资条约都不包含"物权法的实体规则"，适用国内法的规定是必要的。例如，如果东道国辩称其征收行为是"非歧视性的"，并提出了以同样方式对待不同投资者的国内法，这些国内法就是投资条约仲裁庭判断在特定情况下东道国行为的法律事实依据。但是，尽管国内法在这类情况下很重要，它的作用也是有限的，因为最终

---

① See EnCana Corporation v. Republic of Ecuador, LCIA Case No. UN3481, UNCITRAL, Award, 3 February 2006, para. 184.

② See EnCana Corporation v. Republic of Ecuador, LCIA Case No. UN3481, UNCITRAL, Dissenting Opinion, 30 December 2005, para. 10.

③ See EnCana Corporation v. Republic of Ecuador, LCIA Case No. UN3481, UNCITRAL, Dissenting Opinion, 30 December 2005, para. 16.

④ See EnCana Corporation v. Republic of Ecuador, LCIA Case No. UN3481, UNCITRAL, Dissenting Opinion, 30 December 2005, para. 20.

⑤ See Zachary Douglas, *The International Law of Investment Claims*, Cambridge University Press, 2009, p. 70, para. 115.

判断东道国行为的国际合法性仍受国际法的管辖。

在投资仲裁案例实践中，确定某些"权利义务"的内容，特别是合同规定的权利义务的内容，与确定"国际责任"之间的区别是普遍的。例如，在 Total 案的管辖权裁决中，仲裁庭认为当资产和权利构成投资条约下受保护的投资时，对这些资产和权利的任何国内法规定则是无关紧要的。① 然而，在该案"法律责任"的决定中，仲裁庭又认为国内法不仅仅在于确定事实事项，东道国的法律决定了"投资者经济权利的内容和范围"②。El Paso 案仲裁庭提出，国内法决定了东道国对外国投资承诺的内容，以及与之相关的外国投资者权利内容。但是，修改或取消此类权利保护是否构成违反投资条约规定的权利义务，完全取决于条约本身和其他适用的国际法规则，即使这样的修改或者取消在国内法下具有法律效力。③

国际投资仲裁实践中普遍承认在实体问题裁判阶段，需要适用国内法判断一些问题，尤其是在界定受国内法规定或者管辖的权利义务方面的事项。但是这仅仅是指仲裁庭在案件实体裁判中可以适用的法律，至于仲裁庭的管辖权或可受理性问题与国内法院对这些权利的管辖权或者可受理性问题无关。

更"激进"的观点认为，国际法可以通过国际投资条约或其他方式直接保护某些资产或利益，而不需要对国内法有任何适用或考虑。④ 从理论上看，如果暂不研究关于资产保护的国际法基本原则和

---

① See Total S. A. v. Argentina, ICSID Case No. ARB/04/1, Decision on Objections to Jurisdiction, 29 August 2006, para. 80.

② See Total S. A. v. Argentina, ICSID Case No. ARB/04/1, Decision on Liability, 27 December 2010, para. 39.

③ See El Paso Energy International Company v. The Argentine Republic, ICSID Case No. ARB/03/15, Award, 31 October 2011, p. 135.

④ See Emmanuel Gaillard and Banifatemi, "The Meaning of 'and' in Article 42 (1), Second Sentence, of the Washington Convention: The Role of International Law in the ICSID Choice of Law Process", *ICSID Review-Foreign Investment Law Journal*, Volume 18, 2003, p. 388.

规则是否足以独立自主地运作并有效保护国际投资的资产和利益（实际上是远远不够的），这种方式似乎也是可能的。但是，核心问题在于条约仲裁中实质上与合同违约有关的法律问题在多大程度上能够独立于国内法？这个问题的答案并不取决于投资者的仲裁请求是被定性为条约索赔还是合同索赔，真正的问题在于条约索赔在实质上是否需要考虑国内法律规定的权利，包括受国内法约束的合同权利？

有观点认为，虽然国内法在界定投资、财产权以及合同权利等方面至关重要，但国际投资条约下的"责任"（liability）完全受国际法管辖。[①] 但是，界定财产权等概念不仅涉及确定权利的存在和通过国内法解释相关法律概念，而且至少初步界定了对投资仲裁中所涉资产"权利义务的性质和范围"。[②] 如果认可这也是国内法的作用，那么严格区分国内法与国际法在投资仲裁机制中的作用就变得困难了。在投资仲裁中，应当将国内法对财产权保护的影响与国际投资条约的有关规定一并考虑。此外，投资者对财产权的"最终确定"通常取决于国际投资条约中条款规定的范围。但归根结底，根据国际投资条约的保护标准，国内法和国际法都界定了违反这些权利可能导致的责任。

因此，认为条约责任完全独立于国内法之外是错误的。例如，在因被指控违反合同从而违反条约公平公正待遇（FET）的仲裁案件中，仲裁庭可以要求必须发生严重违约或任意修改或拆除合同框架，才能构成违反条约义务。但是，如果通过东道国的行为不能得出一个或多个"纯粹"违反合同的结论，就难以得出所谓"更严

[①] See James Crawford, *State Responsibility*, Cambridge University Press, 2013, p. 83. The terms liability and responsibility are used interchangeably in this thesis as referring to the legal relations which arise under international law by reason of the internationally wrongful act of a State.

[②] See Monique Sasson, "The Applicable Law and the ICSID Convention", *ICSID Convention after 50 Years: Unsettled Issues*, The Hague: Kluwer Law International, 2017, p. 297.

重"违反合同框架的行为。此外，国内法在某些权利的条约索赔中可能发挥着更广泛的作用。例如，国际投资条约保护的投资中也包括知识产权投资，但没有以其他方式确定其具体内容。在国内法中，通常详细规定了知识产权的确切范围、条件和时间限制等。国内法规不仅在确定权利的存在、范围和所有者方面有着重要的作用，而且在确定该权利的立法目的方面也很重要。① 例如，影响知识产权的法律规范或者东道国行为的目的，是否在于试图保证以低价获得至关重要的"药物"，将直接影响东道国行为的合法性与公平性，从而影响其在国际投资条约下的有效性。

（二）违反国内法规定

在投资条约仲裁裁决中，关于争议事项是否违反国内法的分析并不少见。违反国内法的具体表现可以分为两种，一种是表现在仲裁庭的法律论证推理过程中，另一种则是表现在关于赔偿责任的最终裁决之中。②

Enron v. Argentina 案就体现了第一种情况，尽管该案裁决书的结论中只包含违反条约的责任，但在对争议措施的分析中，裁决书又有一部分是根据阿根廷国内法分析了争议措施的合法性问题。该案中阿根廷违反了它在公共事业许可证下的义务，而该许可证在某些关键方面受阿根廷国内法约束。但是，阿根廷国内法对相关许可证法律政策的变化，又不影响该许可证"已经"在条约和国际法下取得的法律权利。③ 因此，阿根廷不能有任何基于国内法的理由，证明其不遵守对该争议许可证的义务是正当的。在 *Oxy* Ⅱ 案中，仲裁庭

---

① See CETA, Art. 8.1: ... conditioning coverage of certain intellectual property rights on whether such rights are provided by a Party's law.

② See Gabriel Bottini, "The Admissibility of Shareholder Claims: Standing, Cause of Action, and Damages", University of Cambridge, Dissertation for the degree of Doctor of Philosophy, 2017, p. 250.

③ See Enron Corporation and Ponderosa Assets, L. P. v. Argentine Republic, ICSID Case No. ARB/01/3, Award, 22 May 2007, para. 138.

最终裁决的关键部分，既得出了违反厄瓜多尔国内法的结论，也得出了违反条约的结论。[①] 这是前述的第二种表现形式，也进一步体现了国际投资仲裁案件中分析违反国内法的必要性及其对仲裁裁决结果的重要影响。

总而言之，在投资条约仲裁中，即使国内法没有被明确纳入应适用的法律之中，在个案中将违反国内法作为仲裁庭裁判理由的一部分是没有问题的。即使仲裁庭对违反国内法的行为没有管辖权，仲裁案件适用的法律也仅限于国际法时，也可能有必要考虑国内法的规定，包括潜在的违反国内法规定的行为，尤其是当条约仲裁以某种方式涉及国内法规定的权利义务的内容之时。

然而，当仲裁庭的管辖权仅仅限于条约之诉时，如果仲裁庭将违反国内法的行为纳入其最终裁决的赔偿责任之中，无论国内法是否属于适用法律的一部分，投资仲裁庭的最终裁决都有可能是超越其权力范围的。但是，如果仲裁庭通过更宽泛的管辖权条款，对合同争议或国内法争议或一般的"投资争议"都拥有管辖权，那么在裁决书的损害赔偿责任等关键部分作出基于违反合同或国内法的裁决应当也是没有异议的。

第三节 可受理性问题的法律适用

投资仲裁的准据法包括国际法和国内法。[②] 出现这种现象的原因包括上文分析的国际投资条约和仲裁规则中相关条款的规定、获得

[①] See Occidental Petroleum Corporation and Occidental Exploration and Production Company v. The Republic of Ecuador, ICSID Case No. ARB/06/11, Award, 5 October 2012, p. 325, para. 876.

[②] See Florian Grisel, "The Sources of Foreign Investment Law", *The Foundations of International Investment Law: Bringing Theory into Practice*, Oxford University Press, 2014, p. 233.

东道国投资保护的要求以及投资仲裁中必然涉及的国内法规定。出于类似的原因，股东间接仲裁的可受理性问题也应该结合国内法和国际法的具体规定以及相关程序来评估。

正如前文所讨论的，国际投资仲裁中管辖权问题与可受理性问题之间并非总是有明显的区别，但是可受理性问题在国际裁决体系（international adjudication）中得到了很好的承认。管辖权问题本身涉及的是"同意"和包含这种同意的法律文书。在投资条约仲裁中，管辖权取决于国际投资条约中缔约国同意仲裁的规定。然而，如上所述，不仅国际投资条约，一般国际法和国内法也与管辖权裁决息息相关。这一点同样适用于可受理性问题，国际法院将可受理性界定为拒绝索赔诉求实体方面的（法律）理由。[①] 这一概念十分宽泛，足以涵盖准据法的任何规定，以及诸如平行诉讼的影响或"当事各方同意使用另一种和平的争议解决方法"等情况所产生的理由。[②]

在股东独立仲裁中，认为涉及公司主体的管辖权和可受理性问题只应基于国际法的规定判断显然是错误的。在可受理性问题中当然需要考量国际法的"法律理由"，然而，国际投资法体系没有理由背离一般国际法的原则和规则，即在公司问题中，国际法应当关注相关国内法规则。

公司往往是根据一国的国内法成立的，而且国内法对公司主体的有关规定一般不受国际法（包括国际投资条约）管辖。根据一般国际法，国内法与确定股东（自然人或法人）权利是否受到侵犯紧密相关。[③] 这同样适用于股东间接仲裁的可受理性问题，特别是当该公司的合同条款是股东提出间接仲裁的法律基础的一部分时。在 Poštová Banka 案中，仲裁庭认为，根据国内法或国际法，股东申请

---

① See Application Genocide Convention Ⅱ, p. 120.
② See Application Genocide Convention Ⅱ, p. 120.
③ See Vaughan Lowe, *Injuries to Corporations*, *The Law of International Responsibility*, Oxford University Press, 2010, pp. 1012-1013.

人对公司资产没有"法律权利或合同权利",因此不能根据所谓的此类资产遭受损失径行提出条约索赔。① 这种对国内法、合同法和国际法相结合的分析,完全是为了司法目的而进行的,同样也适用于可受理性问题。Hochtief案仲裁庭认为,即使在条约仲裁中也没有法律理由认定投资者与东道国之间的协议不发生法律效力,因为该协议既限制了投资者的权利,也限制了投资者在某些情况下不得寻求任何救济措施。② 有观点认为,条约仲裁的权利存在于国际法层面,因此国内法的规定不能限制它们的范围。③ 然而,股东独立提出间接条约仲裁的权利涉及国内法(主要是合同法)以及国际法,法律基础是非常复杂的。

同时,国际投资条约的法律适用条款通常也规定了国内法和国际法相结合,仲裁庭决定争议事项不可受理的法律原因可能既涉及国内法规范也包含国际法。如果投资仲裁庭行使其固有权力,在必要时认定某些股东间接仲裁请求不可受理,以避免侵犯准据法承认的权利或原则,并不会与国际法发生冲突。Venezuela Holdings案的撤销委员会在其裁决中审议了该案的合同约定以及委内瑞拉立法机构的相关决议,以判断有关的合同或决议是否可以限制申请人根据该案适用的条约可能获得的赔偿。该案撤销委员会强调"不得援引国内法来规避国际义务"是指确定相关国内法规定没有"取代"委内瑞拉的国际义务,但这并不等同于确定这些国内法义务与国家的国际义务"毫无关系"。④

---

① See Poštová Banka v. Hellenic Republic, ICSID Case No. ARB/13/8, Award, 9 April 2015, para. 230.

② See Hochtief AG v. The Argentine Republic, ICSID Case No. ARB/07/31, Liability, 29 December 2014, para. 191.

③ See Dolores Bentolila, "Shareholders' Action to Claim for Indirect Damages in ICSID Arbitration", *Trade Law and Development*, Volume II, 2010, pp. 104-105.

④ See Venezuela Holdings v. Bolivarian Republic of Venezuela, ICSID Case No. ARB/07/27, Annulment, 9 March 2017, paras. 161 & 180.

股东间接仲裁的可受理性问题应当适用上述的国内法与国际法"相结合"的方法进行综合判断。某些股东间接仲裁案例被认为是不可受理的，恰恰是因为仲裁庭执行了不同准据法的规定。[①] 例如股东间接仲裁请求中，当地公司及其外国股东的权利可能受到国内法和国际法的双重规定和约束，那么适用于这些权利之间相互关系的法律又是什么？

国际法院在 2010 年对 Diallo 的判决中指出，"国际法一再承认国内法规定的原则，即公司具有区别于其股东的法人资格"。[②] 根据国内法的一般规定，该原则的具体内容主要包括：公司的权利和资产必须与股东的权利和资产相区分；公司的债务不是股东的债务；特别是，与第三方的债权债务关系仅属于公司，而不属于股东。

与巴塞罗那公司案一样，国际法院在 Diallo 案中也认为公司的独立人格是国际法承认的一项原则，公司的"权利、资产和负债"与股东的权利、资产和负债之间的区别也得到了进一步承认。[③] 国际法院同时也指出，"在确定一家公司是否拥有独立法人资格时，国际法将参照相关国内法的规则"。[④] 因此，股东和公司的权利都是由公司所在国家的国内法确定。但是，两案关于此问题的具体表述又有细微的差异。国际法院在巴塞罗那公司案中提到"国内法律体系普遍接受的规则"[⑤]，而在 Diallo 案中直接指出"将该公司的国籍国法律确定为必须适用的国内法"，适用的国内法应当

[①] See Jarrod Hepburn, *Domestic Law in International Investment Arbitration*, Oxford University Press, 2017, p. 85.

[②] See Case Concerning Ahmadou Sadio Diallo (Republic of Guinea v. Democratic Republic of the Congo), Merits, 2010 ICJ Reports, pp. 639 & 689.

[③] See Case Concerning Ahmadou Sadio Diallo (Republic of Guinea v. Democratic Republic of the Congo), Preliminary Objections, 2007 ICJ Reports, p. 606.

[④] See Case Concerning Ahmadou Sadio Diallo (Republic of Guinea v. Democratic Republic of the Congo), Preliminary Objections, 2007 ICJ Reports, p. 605.

[⑤] See Barcelona Traction, Light and Power Company Limited (Belgium v. Spain), Judgment, 1970 ICJ Report 3, para. 50.

"明确界定"公司股东或相关人员权利的确切性质、内容和限制。① 国际法院在 Diallo 案中也直接讨论刚果的"国内法"以区分涉案公司及其股东的权利,这比巴塞罗那公司案中参考"普遍接受的国内法规则"更可取。本书建议,在考虑可能影响索赔请求可受理性的法律依据时,应当将 Diallo 案中确认的规则作为"原则性"要求。

但是,也有学者对国际法院在 Diallo 案中依赖相关国内法规则承认公司独立法人资格进行了批评。例如 Müller 认为,参考国内法并不意味着将国内法关于公司的制度规定及其所有权利和义务提升到国际法层面。② Müller 的观点承认公司独立法人地位的范围和权利义务是由国际法"参考国内法"确定的,但是他又认为这种"参考"不足以将国内法上升到国际法的层面。对此,本书"部分同意"Müller 的观点,即对国内法的"参考"不足以"直接或完全"将国内法上升到国际法的层面。但是,与此同时也应当注意到,既然在研究诉讼或者仲裁请求可受理性问题时,国际法"应当参考"国内法的规定,那么无论国内法能否上升到国际法的层面,国内法的有关规定本身就已经成为"准据法"内容之一。因此,当与国际法不矛盾、不冲突时,或者国际法本身没有规定时,也就应当遵守国内法确认的原则和规则。

具体到国际投资法体系,当投资条约适用时,适用国内法来确定公司及其股东权利的性质和相互关系是否就被排除在外了? 回答这个问题需要分两种情况:第一,对于国际投资法体系本身已经规定的股东权利规则,那么可以认为没有必要再去适用国内法规定。第二,对于国际投资法体系本身没有规定或者规定不明确的内容,

---

① See Case Concerning Ahmadou Sadio Diallo (Republic of Guinea v. Democratic Republic of the Congo), Preliminary Objections, 2007 ICJ Reports, p. 606.
② See Daniel Müller, *La Protection de l'actionnaire en droit international*, Pedone: Paris, 2015, pp. 57-58.

那么只要条约的适用法条款中包含了国内法,就应当适用国内法规定。

无论是国际法还是国内法作为补充性规则,国际投资条约很难被描述为是与其相隔离的"自给自足的封闭式法律体系"。[1] 因此,国内法往往是国际投资条约体系的"必要补充",在国际投资条约中没有对股东和公司权利之间的关系进行详细规定的情况下,仲裁庭原则上应以适用的国内法中更详细的规定为指导。[2]

国际法院在 Diallo 案中适用法律的做法还受到了另一项质疑:如果国内法通过一般国际法确定股东权利,那么会导致一项永久性的、普遍适用于股东的"卡尔沃条款",将股东保护的标准留给了负责决定国内法内容的人。[3]

面对这一质疑,本书认为在确定股东权利或公司权利的范围时,适用国内法的规定并不意味着国际法的适用被排除在外。相反,适用的原则恰恰是国际法结合国内法,在国际法没有规定或规定不完善、有缺陷时,尊重并遵守国内法的规定。而且,国际法院无论是在巴塞罗那公司案还是在 Diallo 案中,都不认为股东在国内法中的资格或地位在国际法院程序中具有决定性的影响。[4] 因此,国际法的相关原则和规则也将得到适用,并不存在所谓的将股东保护的标准完全留给了国内法的"卡尔沃"条款。

总而言之,一般国际法在条约仲裁中的适用是没有争议的,但

---

[1] See Zachary Douglas, *The International Law of Investment Claims*, Cambridge University Press, 2009, p. 9.

[2] See Legal Opinion Prepared by Christoph Schreuer and August Reinisch in CME Czech Republic B. V. (The Netherlands) v. The Czech Republic, 22 May 2002, p. 93.

[3] See Ben Juratowitch, "Diplomatic Protection of Shareholders", *British Yearbook of International Law*, 2011, p. 313.

[4] See Gabriel Bottini, "The Admissibility of Shareholder Claims: Standing, Cause of Action, and Damages", University of Cambridge, Dissertation for the degree of Doctor of Philosophy, 2017, p. 128.

是直到最近才受到更多的关注和分析。① 就目前而言，大多数投资仲裁庭忽视了"公司与其股东各自独立的"的习惯国际法规则，也忽略了国际法参照或依赖国内法来"界定股东权利的确切性质、内容和限制"的规则。而且，在国际投资法体系中，没有明确的法律规定或理由拒绝这些规则。

国际法院对公司和股东权利之间的相互关系进行了详细的分析，在处理诉讼请求的实体争议时既适用了国际法又适用了国内法。国际投资仲裁庭在处理股东仲裁请求时，在管辖权阶段一般需要根据适用的国际投资条约来确认股东享有的权利。而对于国内法能否适用于投资仲裁管辖权阶段还存在较大争议。但是，对于股东间接仲裁请求而言，本书已经论证了其核心是关于可受理性的问题，那么当该间接仲裁请求涉及公司资产遭受的损失时，从适用法律的角度来看，不考虑相关国际法和国内法原则对于可受理性问题和实体权利义务的规定显然是不合理的。这也就是一般国际法和国内法在股东独立仲裁请求中，在原则层面上发挥作用的方式之一。

本章小结

国际投资仲裁制度一直被描述为"混合"制度，它涉及受到国际公法管辖的国家主体与国内法管辖的私人主体之间的条约。进一步而言，国际投资仲裁的"诉因"也可以说是"混合"的，因为即使其基本依据是"条约"，但是也结合了国内法与国际法要素。而股东间接仲裁的情况尤其如此，间接仲裁的关键特征是股东基于东道国直接损害公司资产的措施从而遭受了间接损失，而公司资产本身又受到国内法的约束。所以股东间接仲裁无论是在管辖权、可受理

---

① See Kate Parlett, "Claims under Customary International Law in ICSID Arbitration", *ICSID Review-Foreign Investmen Law Journal*, Volume 31, 2016, p. 434.

性还是实体问题等方面都与国内法的规定或原则紧密相关。

股东间接仲裁应当适用国内法和国际投资条约以及一般国际法的原因，不仅与股东间接仲裁的"混合"性质有关，而且也与投资仲裁的准据法规定有关。国际投资条约或国际争议解决机制中纳入了国内法的原则或规则，并不代表国内法"决定"了国际法的内容，也并不违反国际法与国内法的适用规则。这类错误结论是基于"国内法与国际法相分割"的理论，然而，国内法与国际法本身应当是相互作用、相互促进的。在没有具体矛盾或冲突的情形下，直接不考虑或者不适用国内法是没有充分理由的，也无法实质上解决以国内法和国际法为基础的仲裁请求的法律争议。

可受理性问题关乎仲裁庭对争议实体问题的裁判，理由在于股东独立仲裁请求和相关国家的国内法救济程序及规则之间的实质性重叠。国际法本身也包含例如防止重复赔偿的规则，而这一规则也得到了国内法的承认与执行。例如，投资仲裁庭可以对基于同一损害的不同条约索赔程序通过适用"程序滥用"规则应对相关的法律问题，对股东条约仲裁和国内诉讼程序之间的重叠程序或重复赔偿也采取了同样规则约束，尤其是当适用的国内法同样承认类似规则或原则之时。因此，本章认为股东独立仲裁中的适用法首先应当依据条约规定的法律选择条款进行选择和适用，而由于投资主体与东道国密不可分的法律关系，对条约没有规定的问题应当通过适用国内法规定、一般法律原则或习惯国际法规则等加以解决。

第六章

股东独立仲裁请求的法律风险与应对

第一节 无休止的索赔链问题

国际投资条约仲裁中已有较多管辖股东独立仲裁请求的实践，尤其是管辖股东基于股份价值间接损失而独立提起的仲裁请求。由于有关案件中股东投资者的范围可能包括少数股东和间接股东等，对股东独立请求仲裁的管辖实际上有可能导致无休止的"索赔链"。例如，如果外国 A 公司拥有外国 B 公司 40% 的股份，而外国 B 公司拥有东道国当地 C 公司 35% 的股份，这三家公司都可能依据东道国的行为或政策侵害 C 公司的权利独立提出仲裁请求。而且，每个仲裁申请人都可能向自己选定的仲裁机构提出独立的仲裁请求，各个仲裁机构之间目前也不存在合并或合作处理有关仲裁请求的机制，这将进一步导致索赔链和仲裁机构之间错综复杂的关系。对于东道国政府而言，也会导致其需要单独应对每一个仲裁请求进行辩护，国家一方的利益保护可能会更加被动和不确定，国家法治投资环境受到负面影响。

一 东道国难以预测股东独立仲裁请求

公司的国籍通常是公共信息，并且难以更改，这使东道国政府能够确定适用于公司请求仲裁的各项法律（包括投资条约）。① 相比之下，东道国政府可能很难确定股东的信息，特别是公司的间接股东。尤其是对处于非透明司法管辖区域的直接或间接股东，或者基于特殊目的而隐名的股东，东道国政府几乎不可能事先掌握有关信息，预判潜在的股东仲裁请求。同时，由于公司的内部交易或者与第三方的股份交易等行为，也会导致公司的股东尤其是小股东经常变化。

此外，股东在不同时间或阶段获得其股份也会影响其提起仲裁请求的资格问题。目前较为公认的观点是，在股东进行股份投资之前的大多数（不是绝对）已有的国家法律或政策，不受投资仲裁机制的挑战。② 因此，股份的投资时间不同，也意味着对于每个股东及其独立请求仲裁的权利而言，有关国家法律和政策状况的事实都是不同的。例如，在两起投资仲裁案件中，即 CMS 和 Total 作为同一公司 TGN 的两个股东分别针对阿根廷政府提起的仲裁请求，案件的仲裁庭重点分析了不同股东购买 TGN 股份的不同日期，并将其作为分析的主要考虑因素。③

再者，国际投资仲裁案件过程中，股东在涉及公司的投资争议发生之后但在争议解决之前获得了公司股份，那么股东通常能从争议解决结果中获得间接利益。但是在国内法管辖下，类似的情况可能导致股东在公司针对第三方的索赔中获得间接利益，而在第三方针对公司的任何未决索赔中则可能存在利益损失等间接风险。

---

① See David Gaukrodger, *Investment Treaties as Corporate Law: Shareholder Claims and Issues of Consistency. A Preliminary Framework for Policy Analysis*, OECD Working Papers on International Investment 2013/03, p. 32.

② See David Gaukrodger, *Investment Treaties as Corporate Law: Shareholder Claims and Issues of Consistency. A Preliminary Framework for Policy Analysis*, OECD Working Papers on International Investment 2013/03, p. 32.

③ See CMS Gas Transmission Company v. Argentina, ICSID Case No. ARB/01/8, Award, 2005; Total S. A. v. Argentina, ICSID Case No. ARB/04/01, Award, 2013.

国际投资中并非所有股东都愿意或者有能力，就遭受的间接损失独立提出仲裁请求，不同类型的股东也可能有不同的利益考量。如果一味地、不限定条件地允许股东根据其间接损失提起仲裁请求，可能会对股东与股东、股东与公司以及公司与国家之间解决损失、损害或侵权等相关问题造成进一步的阻碍。

（一）不同利益诉求的股东类别

尽管国际投资仲裁实践中允许股东间接仲裁，但是对于国家针对公司的、可能的不法行为而遭受间接损失的股东，有权作出不同的应对措施。根据股东的不同应对措施，可以将其分为三大类别。

1. 第一类股东："可能提请仲裁的股东。"这类股东愿意并且有资格[①]、有能力援用国际投资仲裁机制。一般而言，此类股东首先需要拥有足够的股份才会提出仲裁请求。其次，此类股东还需要准备承担提起仲裁的费用。最后，此类股东有能力在以公司的主体身份提请仲裁和以自己的名义提请仲裁之间做出选择，或者决定两项仲裁程序都进行。他们可能是投资仲裁实践或制度中允许股东独立提请间接仲裁的主要受益者。

2. 第二类股东："潜在但不太可能提请仲裁的股东。"此类股东最重要的特征是其本身受到投资条约的保护，但基于多种原因不太可能以自己的股东名义提请仲裁。可能是由于他们的投资规模有限，或者是他们的多元化投资策略所致，也有可能是因为他们属于"投资基金（机构）"，难以获得全部或绝大部分小股东的同意从而提出仲裁请求。这些不同的原因最终都导致了这部分本身受到投资条约保护的股东不太可能独立提出仲裁请求。

3. 第三类股东："不具有索赔人资格的股东。"此类股东包括投资条约未涵盖的外国股东和本国股东，这些股东既不能提出条约仲裁请求，一般情况下也不能根据国内法提出索赔。因此，此类股东

---

① 此处的"有资格"主要是指这类股东的母国与投资东道国之间缔结了包含投资仲裁程序的多双边投资条约，而且在争议解决时条约有效。

获得损害赔偿的路径基本上只能依靠公司，通过公司依据条约提出投资仲裁请求或者依据国内法提出诉讼请求获得赔偿，从而在公司治理结构中获得赔偿或补偿。

第一类和第二类不是严格的股东分类。这两类股东可能会根据具体事实的变化而改变。基于国内公司法的"非间接损失"原则，对于大多数股东而言，诉讼通常是不可取的救济路径。对于第二类投资者，如果他们的损失异常高且政府的不当行为严重，这类股东可能会被迫以自己的名义提出独立的间接仲裁请求。

（二）不同类别的股东间接仲裁请求

1. 非相互关联的股东分别独立提起仲裁请求

总体而言，横向的仲裁案件数量取决于第一类股东的数量和法律事实。鉴于投资仲裁案件的平均费用超过 800 万美元，一般只有拥有大量股份的股东才有可能提出仲裁请求。[1] 实践中，当事人或者仲裁庭有可能提出合并这些仲裁请求，以减轻当事人的法律成本，并有助于取得一致的裁决。但是，国际投资仲裁机制又缺少关于合并仲裁的具体规定。股东通常可以提出自己的理由寻求合并，但如果是政府一方当事人提出合并，则可能导致其缺乏"议价"的能力。因为投资仲裁机制的本身的特殊性，只能由股东提起仲裁请求，也就是说政府一方可能需要"被迫"同意申请人一方"偏爱"的仲裁庭。在这样的机制下，政府一方更有可能处于不利地位。

此外，横向仲裁案件的数量也可能取决于其他仲裁案件的结果和时效期限，一些股东可能更愿意在同类仲裁案件获得胜诉裁决之后提起独立的仲裁请求。例如，同为针对阿根廷政府的 CMS 案和 Total 案，申请人 CMS 和 Total 都是 TGN 公司的少数股东，不过两者之间没有股权上的关联。CMS 于 2001 年向仲裁庭提出了仲裁请求，

---

[1] See David Gaukrodger, *Investment Treaties as Corporate Law: Shareholder Claims and Issues of Consistency. A Preliminary Framework for Policy Analysis*, OECD Working Papers on International Investment 2013/03, p. 48.

2003 年 6 月获得管辖权胜诉裁决。随后，Total 便于 2003 年 10 月提出了自己的仲裁请求。

2. 相互关联但处于不同层级的股东分别独立提起仲裁请求

分出公司不同层级但是又紧密关联的主体，也可能分别独立提起仲裁请求，但是这种情况下则可能引发利益冲突的问题。例如，英国上诉法院在 Johnson v. Gore Wood & Co.（以下简称"约翰逊案"或 Johnson 案）的判决中指出，不允许股东基于间接损失提出索赔诉求，因为它可能造成公司董事（同时也是公司的股东）在具有个人利益的诉讼中与公司利益相互冲突。①

当投资争议发生时，公司董事的职责通常是为公司利益达成最有利的和解方案。但是，公司董事的此项义务又与其作为股东的利益相冲突。如果公司董事以自己的名义提起了仲裁请求并且为自己追求最大程度的赔偿，那么在不考虑重复赔偿的情况下，公司董事能为公司所寻求的救济就会相应变小，甚至只可能是最低程度的赔偿。而如果仲裁庭不考虑相关的其他仲裁案件，那么就会引发重复赔偿的问题，对政府一方则显然是不公平的。

例如，在 Lauder 案和 CME 案中，虽然两案申请人不同，但是 CME 实际上是由 Lauder 控股。而且，在 Lauder 案获得胜诉裁决之后六个月，CME 便又独立提出仲裁请求要求赔偿。在 Lauder 和 CME 之间的中间公司是 CEMEL，Lauder 是 CEMEL 的控股股东兼董事长，而 CEMEL 又拥有 CME 全部的股份。因此，当 CME 案胜诉获得赔偿金时，CEMEL 也享有其全部赔偿金。但是，Lauder 作为顶层股东，其独立仲裁请求并不会使 CEMEL 以及其他股东或者债券持有人直接受益（CEMEL 曾发行了约 1.6 亿美元债券）。②

---

① See Johnson v. Gore Wood & Co, UK Court of Appeal, 2002, p. 66.
② See David Gaukrodger, *Investment Treaties as Corporate Law: Shareholder Claims and Issues of Consistency. A Preliminary Framework for Policy Analysis*, OECD Working Papers on International Investment 2013/03, p. 50.

如果每一个案件的仲裁庭都能够考虑重复赔偿的问题，那么每一个后续提起的仲裁案件所能够裁判的损害赔偿责任都会更少甚至没有。这样对较低层级的股东或公司而言，则会影响其通过仲裁进行索赔的积极性和实际能获得的赔偿额。但是如果不考虑重复赔偿的问题，允许在"一个苹果上咬两口"，[1] 那么对国家政府一方而言显然又是不公平的，而且会影响投资仲裁机制的公平性。

二 加剧"条约挑选"

国际投资仲裁中条约挑选（或称条约选购，treaty shopping）是指当投资者认为其国籍国以及现有或潜在投资的东道国之间，要么没有任何投资保护条约，要么只有条款令人不满意的投资保护条约时，投资者通过重构自己的投资层级或设立具体的投资工具取得其需要的国籍身份，以获得最有利的投资条约程序性或实质性保护。[2]

在国际投资条约仲裁制度过去数十年的发展中，股东申请人对东道国政府提起的仲裁案件数量成倍增加，潜在的索赔人拥有了越来越多的选择仲裁庭的机会。而这些机会也越来越多地被认为是对东道国不公平，尤其是面临发达国家投资者索赔的发展中国家。[3]

例如，投资者 a 是 A 国的国民，A 国与东道国 B 之间缔结了含有投资仲裁条款的双边投资条约，并且投资者 a 通过股份投资了一

---

[1] See David Gaukrodger, *Investment Treaties as Corporate Law: Shareholder Claims and Issues of Consistency. A Preliminary Framework for Policy Analysis*, OECD Working Papers on International Investment 2013/03, p. 44.

[2] See John Lee, "Resolving Concerns of Treaty Shopping in International Investment Arbitration", *Journal of International Dispute Settlement*, Volume 6 Issue 2, Oxford University Press, July 2015, p. 355.

[3] See Joseph D'Agostino, "Rescuing International Investment Arbitration: Introducing Derivative Actions, Class Actions and Compulsory Joinder", *Virginia Law Review*, Volume 98 Issue 1, 2012, p. 148.

家公司 c，而公司 c 的母国 C 国与东道国 B 之间也有规定了投资仲裁条款的双边投资条约。那么，投资者 a 就可能依据这两个不同的投资条约提出两项仲裁请求。这种制度导致了许多潜在的索赔者可以选择多条不同的救济道路，也会根据不同的连接点采用不同的标准，然而无论投资者在哪里对东道国提出索赔，东道国都必须逐一为自己辩护。

经合组织（OECD）曾指出，允许投资者进行条约挑选的制度可能给政府带来更大的法律风险不确定性。如果投资者可以进行条约选购，有关投资条约的缔约国将难以确定其在缔结这些条约中的确切承诺范围及其保护的对象，这增加了各国与相关投资条约在法律上的不确定性。① 而如果投资仲裁庭受理股东基于间接损失的仲裁请求，则可能进一步加剧条约挑选的情形。

现代公司结构中，修改或调整股东的所有权结构并非难事。例如，可以在股份受益人和投资公司之间的不同司法辖区，创建中间控股的子公司，如果投资公司遭受损失，则每个中间子公司都可能成为依据不同条约规定的投资仲裁机制成为潜在的索赔人。而且，投资公司一旦被认定为受外国控制的当地公司，根据 ICSID 公约第 25 条第 2 款的规定，② 该投资公司本身也可以被视为另一缔约国国民并可以自己的名义提起条约仲裁请求。

诚然，理论上而言公司通过不同的法律结构去追求更有益的法律规则，本身在程序上或许并未违反法律规定。但是，在国际投资

---

① See OECD, *Summary of Roundtable Discussions by the OECD Secretariat*, *Roundtable on Freedom of Investment*, 20 March 2012, p. 20.

② See ICSID Convention Art. 25 (2) (b): any juridical person which had the nationality of a Contracting State other than the State party to the dispute on the date on which the parties consented to submit such dispute to conciliation or arbitration and any juridical person which had the nationality of the Contracting State party to the dispute on that date and which, because of foreign control, the parties have agreed should be treated as a national of another Contracting State for the purposes of this Convention.

仲裁中，此类条约挑选的行为对东道国带来更多不确定性的风险，增加了仲裁申请人的范围，对于解决实质的投资争议似难以起到积极作用。

三 难以结案与效率低下

平行的仲裁案件与无休止的索赔链条以及仲裁庭之间缺乏先例效力和协调机制，可能导致同一行为或事件引发的仲裁请求拖延多年难以结案。美国和加拿大之间长达20余年的Softwood Lumber案就是一个典型的案例。① 该案可谓是国际经济争端解决中碎片化问题的经典案例，涉案的不同索赔人在不同的法庭或仲裁庭根据不同的法律理论寻求不同的救济。

根据"非间接损失"原则，政府与公司就某一争议达成和解或司法机关作出裁判后，即禁止任何之后的股东诉求，公司通常无须征得股东同意即可解决索赔。② 这为被告提供了有力的解决问题的保证。相反，在股东可以独立基于间接损失提起仲裁请求的情况下，与公司达成和解对政府而言的吸引力可能大大降低。因为在政府与公司达成和解之后，公司的一个或多个股东仍然可能会基于同一事件而提出其他索赔。③

此外，如果公司与政府通过重新订立合同作为争议解决的方式，那么可以对股东放弃其索赔的权利进行一定的规定。但是，这仅仅对股东很少且获得股东一致同意的公司才可行，公司通常无权强迫

---

① See Andrea K. Bjorklund, "Private Rights and Public International Law: Why Competition Among International Economic Law Tribunals Is Not Working", *Hastings Law Journal*, Volume 59 Issue 2, pp. 275-276.

② See David Gaukrodger, *Investment Treaties as Corporate Law: Shareholder Claims and Issues of Consistency. A Preliminary Framework for Policy Analysis*, OECD Working Papers on International Investment 2013/03, p. 33.

③ See Eilís Ferran, "Litigation by Shareholders and Reflective Loss", *The Cambridge Law Journal*, Volume 60, 2001, pp. 245-247.

股东放弃其索赔的权利。① 所以，无止境的股东独立仲裁请求可能会导致有关案件难以解决。

同时，这种受保护的权利与利益一般可在某个法院强制执行，从而也会引发以下几个主要问题：（1）国际法中的平行诉讼或后续相关诉讼程序的问题，包括程序延误、费用增加、"压迫性"或"骚扰性"的诉讼策略、相互冲突的裁决和重复赔偿的风险；②（2）国际投资条约规定的股东权利与当地公司在国内法尤其是合同法中的权利之间的"权利重叠"问题，直接涉及国际投资仲裁庭与不是以条约为基础的国内法院或国内仲裁庭之间的关系；（3）如果公司没有提出索赔，或者由于其部分股东提出的国际投资仲裁请求而导致部分或全部的公司索赔中止，这不仅关系到公司的立场与保护，还可能影响到公司债权人和没有提出索赔的股东等其他第三方权利与利益的保护。

第二节 重复赔偿与裁决不一致

一 重复赔偿的产生与对司法经济的影响

投资重叠的外国投资者分别提出仲裁请求还可能导致重复赔偿。而且，如果当地公司是由外国控制，那么当地公司本身也可以提出自己的独立仲裁请求；如果不是，当地公司仍然可以向国内法院提起诉讼或选择其他争议解决方式。实践中，即使当地公司是由外国控制的，它依然可以在国内法院或根据国际投资条约提起诉讼或仲

---

① See David Gaukrodger, *Investment Treaties as Corporate Law: Shareholder Claims and Issues of Consistency. A Preliminary Framework for Policy Analysis*, OECD Working Papers on International Investment 2013/03, p. 34.

② See Brower Charles N. and Henin, Paula F., *Res judicata*, Conoco Phillips v. Venezuela, ICSID Case No. ARB/07/30, *Building International Investment Law: The First 50 Years of ICSID*, Kluwer Law International, 2016, p. 55.

裁，除非适用的投资条约另有规定，投资仲裁庭不必等待国内诉讼的结果之后再采取行动。① 根据标准经济理论，当投资者持股的企业得到补偿时，投资者通常通过获得更高股价的形式获得补偿，但如果投资者和他们持股的企业都赢得了投资仲裁或有关案件，那么投资者很容易就获得重复赔偿。② 如果一家拥有外国投资者的当地公司从国内法院获得损害赔偿，而外国股东从投资仲裁庭获得胜诉裁决，那么重复赔偿也尤其可能发生。

Eilís Ferran 曾提出过一个经典案例来解释重复赔偿的问题：③

以一家净现值为 100 万英镑的公司为例，该公司有 A、B、C、D 四个股东，分别持股 25%，即对应的现价价值分别为 25 万英镑。侵权行为人违反了对公司和股东本人的义务，对公司造成了 200 万英镑的损失。因为股东的损失是基于公司的损失，如果公司成功地追回全部 200 万英镑的损失，则四名股东也将获得相应的赔偿。但是，如果股东 A 可以独立以自己的名义起诉（或仲裁），索赔其个人的间接损失 50 万英镑，如果胜诉，这 50 万英镑将仅用于对 A 的赔偿。如果该公司随后提出索赔，则侵权行为人的责任应当不超过 150 万英镑。如果公司的索赔也成功，A、B、C、D 四个股东的个人持股价值将增加到 62.5 万（25 万+150/4 万）英镑。但是 A 股东的持有价值则为 62.5 万英镑加上其个人索赔中获得的 50 万英镑，共计 112.5 万英镑。

相反，如果不允许 A 股东 50 万英镑的独立索赔请求，则该公司

---

① See Joseph D'Agostino, "Rescuing International Investment Arbitration: Introducing Derivative Actions, Class Actions and Compulsory Joinder", *Virginia Law Review*, Volume 98 Issue 1, 2012, p. 143.

② See Joseph D'Agostino, "Rescuing International Investment Arbitration: Introducing Derivative Actions, Class Actions and Compulsory Joinder", *Virginia Law Review*, Volume 98 Issue 1, 2012, p. 144.

③ See Eilís Ferran, "Litigation by Shareholders and Reflective Loss", *The Cambridge Law Journal*, Volume 60, 2001, pp. 245-247.

能够提出200万英镑的诉求，从而每个股东的个人持股价值将达到75万（25万+200/4万）英镑。所以，当法院或仲裁庭既受理了A股东的独立索赔，又受理了公司的诉求之后，在股东和公司都胜诉的情况下，由于两个案件的重复赔偿，A股东最终会比其他股东获得更多的赔偿。

在上述案例设定的情况下，如果从保护其他股东权利和股份价值的角度考虑，侵权行为人只有在公司提起的索赔程序中承担200万英镑的赔偿责任，才能保证其他三位股东的股份价值恢复到原始价值75万英镑。但是这种情况对侵权行为人而言又是不公平的，因为其实际承担了250万英镑的赔偿责任，超过其造成的200万英镑损失。

正是因为重复赔偿困境的存在，导致了国际投资仲裁中股东独立诉求与公司诉求之间的矛盾难以解决，要么是对其他股东赔偿不足，要么是对侵权行为主体要求过度的赔偿责任。在国内司法程序中，由于法院的管辖权不一定完全需要建立在当事人同意的基础之上，法院可以通过司法权力将相关联的诉讼程序合并，或者使没有直接参与诉讼的利益主体也受到相关判决的约束。因此，在国内法院或许可以通过单一程序对大多数受影响的主体之间分配间接损失的赔偿。然而，投资仲裁庭的管辖权源于当事方的同意，如果公司和一个或多个股东提出仲裁请求，通常将涉及多个仲裁庭，而且国际范围内尚没有协调其程序或者裁决的机制。实践中，一些投资仲裁庭认为"重复赔偿并不是一个实际问题"。但是，这些仲裁庭通常没有提出解决这些问题的具体方法。而是将问题交给后续的法院或仲裁庭的相关程序，而这些后续程序又不一定会解决这些问题。[①]

[①] See Impregilo S. p. A. v. Argentina, ICSID Case No. ARB/07/17, Award, 21 June 2011, para. 139. The question of double compensation being granted would seem to the Arbitral Tribunal to be a theoretical rather than a real practical problem. It seems obvious that if compensation were granted to the company at domestic level, this would affect the claims that the shareholder could make under the BIT, and conversely, any compensation granted to the shareholder at international level would affect the claims that could be presented by the company before Argentine courts.

国内法院通常会强调，禁止股东提出间接损失的诉求，减少相关的案件数量，以符合国家的"司法经济"利益。① 因为公司自身可以直接通过诉讼等手段来保护股东权益，如果公司的诉求取得成功，所获得的收益既能确保公司的利益，又能成比例地保护每个股东的股份价值。相比之下，如果所有股东都以个人名义提起诉讼并且能够获得损害赔偿（暂不考虑重复赔偿的问题），那么这种情况将会导致国内法院需要处理成百上千的诉讼案件，而且这些诉求所依据的法律事实实际上是相同的。

但是，国际投资仲裁实践中允许股东间接仲裁，大大增加了被申请人（一般为国家政府）与申请人之间解决争议的成本。尤其是当投资公司的结构愈加复杂时，对于投资输入国家而言，有可能面临着大量而且复杂的不同实体所提起的大量仲裁索赔。国际投资仲裁程序本身就需要高昂的法律费用，而由于股东间接仲裁中需要高成本的专家证据来判断不同股东的利益占比以及遭受了多少间接损失，这自然也会进一步增加相关的法律费用。②

除了增加法律费用外，受理股东间接仲裁还可能使股东采取"索赔战术"。例如著名的有关俄罗斯石油公司尤科斯的一系列案件，不同股东在不同程序中对俄罗斯提起了多重索赔。其中一个西班牙小股东在 Quasar v. Russia 案中提出的 260 万美元的索赔，完全是由尤科斯的大股东资助了 1450 万美元以展开相关仲裁程序。③ 这种第三方资助的仲裁程序也引起了较多的学术讨论，这也让股东独立仲裁尤其是间接仲裁的实践受到更多争议。

---

① See David Gaukrodger, *Investment Treaties as Corporate Law: Shareholder Claims and Issues of Consistency. A Preliminary Framework for Policy Analysis*, OECD Working Papers on International Investment 2013/03, p. 37.

② See Valasek & Patrick Dumberry, "Developments in the Legal Standing of Shareholders and Holding Corporations in Investor–State Disputes", *ICSID Review – Foreign Investment Law Journal*, 2011, p. 73.

③ See Quasar de Valores SICAV, S. A. v. Russian Federation, SCC, Award, 2012.

国际投资仲裁中受理股东间接仲裁请求，可能是基于被申请国家对一家公司相同的潜在损害提出多种多样的重复索赔，下图列举了其中一些主要可能的情形。①

第一类：多项股东仲裁请求是由同一当地公司的不相关外国股东提出的。各个股东（或实体）之间是没有任何共同所有权的独立主体。

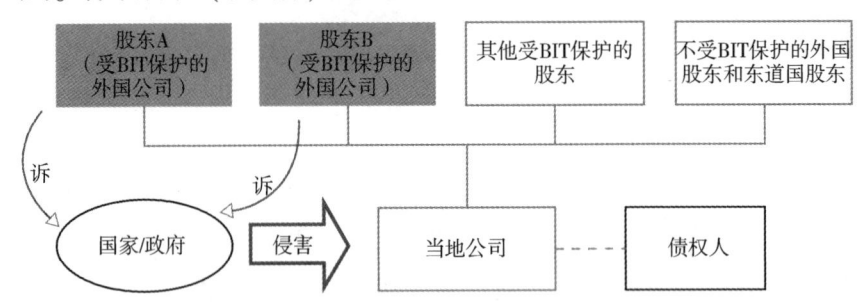

图1 不相关外国股东的独立投资仲裁请求

第二类：相关股东之间具有共同所有权，可以提出其他类型的多重索赔。这一类条件下又可以分为 A、B 和 C 三种具体情况。

A：一家国内当地公司无法通过国际投资仲裁机制索赔，可以在国内法院提出诉讼，而外国股东则提出投资仲裁索赔。

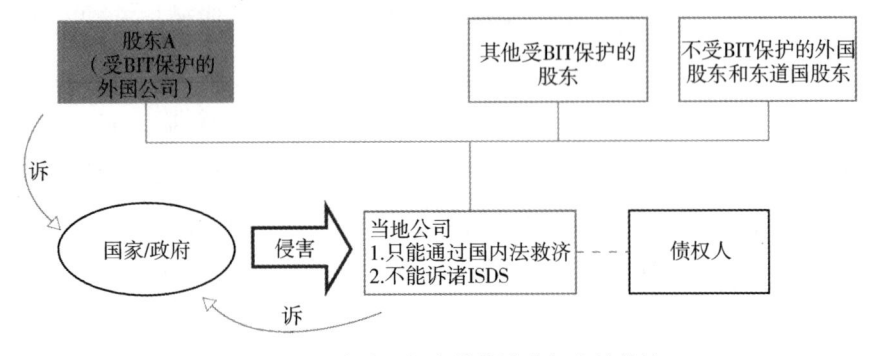

图2-A 股东独立投资仲裁请求与当地救济

---

① 下图主要参考了 David Gaukrodger（Senior Legal Adviser, Investment Division, OECD）在 UNCITRAL Working Group Ⅲ on ISDS Reform Resumed 38th Session 边会中有关"Claims for Reflective Loss under Investment Treaties"的报告，维也纳，2020 年 1 月 22 日；以及其在 OECD Working Papers on International Investment 2013/03 中的有关报告。

B：有权诉诸 ISDS 的外国股东和国内公司分别提出索赔。

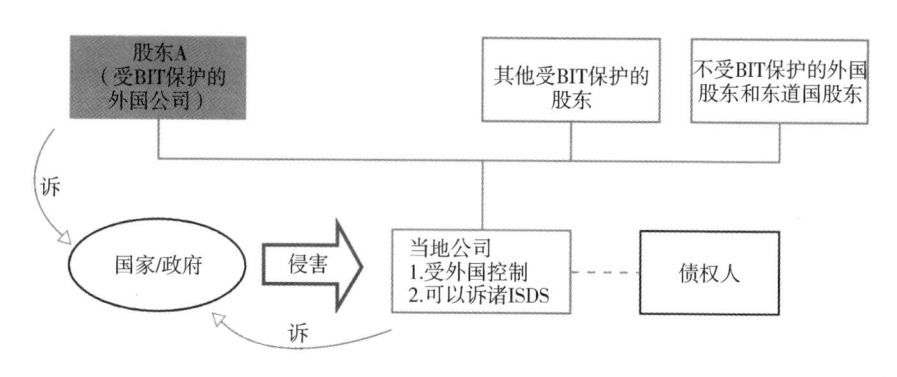

图 2-B　股东独立投资仲裁请求与当地公司投资仲裁请求

C：位于公司股份链不同级别的、多个不同的外国股东，都提出了 ISDS 索赔。

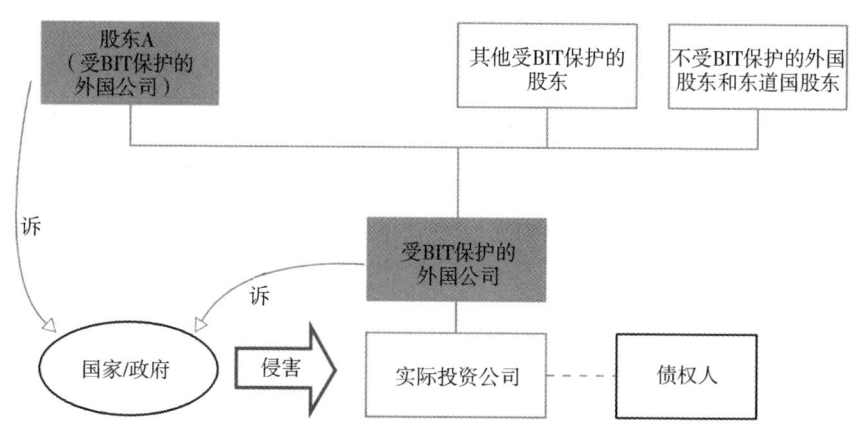

图 2-C　实际投资公司股份链上的股东独立投资仲裁请求

这些不同的索赔情形也可以同时组合。例如，不相关的外国股东提出的多重索赔也可能和公司通过国际投资仲裁机制或者国内法规定提出索赔同时出现。如果不存在对股东仲裁请求的法律限制，或许国际投资仲裁的高昂案件成本可以成为多重股东针对政府提起仲裁索赔的主要障碍。但是从对政府的成本影响来看，这可能会双向发展。虽然这些成本将减少多重仲裁案件的数量，但在每种情况下索赔的成本都会非常高。高昂的成本还引发了外国投资者之间诉诸司法的权利和平等待遇的问题。

允许股东基于间接损失提出仲裁请求的实践反映了国际投资仲裁制度对司法经济问题的忽视。仲裁员通常不会考虑个案中对案件的裁判以及对相关条约的解释对后续索赔的影响。在这种情况下，对于投资仲裁案件的被申请国家和遭受间接损失的非申请人而言，例如其他股东和债权人，都会造成不利影响。[1]

二 裁决不一致的风险

国际投资仲裁中多个股东分别提出仲裁请求会导致高昂的法律成本，并可能在相同的案件事实基础上产生"不一致"的裁决结果。而且，还可能让部分股东在有关事实一致或相同的案件中多次成为受益人。投资仲裁庭的裁决没有先例效力，目前也没有上诉机制或机构在条约解释、习惯国际法或仲裁庭裁决的"纠错程序"等方面具有约束力。尽管目前已经有较多关于投资仲裁制度"上诉机制"和"透明度"问题的讨论或改革，但尚停留在研讨或早期阶段，相关问题依然存在较多矛盾，尚不足以预防或解决裁决不一致的风险。

例如，2001—2002年陷入金融危机的阿根廷到目前为止仍面临着世界上最多的仲裁索赔请求，而且政府拒绝支付对其不利的判决。阿根廷政府认为，其被指控违反双边投资条约规定义务的案件有48起，大多数案件都与阿根廷因为金融危机而采取的措施有关。阿根

---

[1] See *ISDS Scoping Paper*, pp. 47–48. The impact of those incentives, if any, is the subject of differing views. See *FOI Roundtable Progress Report on ISDS*, Section on arbitrator incentives, p. 16. Because of the corporate law context, the alignment of certain economic incentives for arbitrators and foreign investor interests may differ somewhat from other jurisdictional decisions.

廷政府认为"它采取的所谓损害外国投资的措施对于维护公共秩序和安全是必要的"[1]。而且在同样针对阿根廷政府提起的 CMS 案、LG&E 案、Enron 案和 Sempra 案的裁决中，阿根廷政府的抗辩理由受到了不同仲裁庭不同的，甚至相互矛盾的处理。

国际投资仲裁机制本就是"个案裁判"的方式，裁决不一致的风险较大，如果允许股东基于间接损失独立提出索赔，则这种风险可能会更大。与国内法院体系相比，国际投资仲裁机制是相对分散以及不协调的。每个提起间接损失仲裁请求的股东都有权选择自己案件仲裁庭的组成。而且，股东通常可以根据不同的条约提出仲裁请求，以便适用不同的法律。正如部分学者所指出的那样，支持股东独立仲裁请求的可受理性"将进一步增加仲裁裁决不一致的可能性"[2]。例如，在捷克共和国政府为被申请人的两起案件中，即 Lauder 案和 CME 案（两案的基本逻辑关系请参见图 3），美国国民罗纳德·劳德（Ronald Lauder）对一家捷克公司（CNTS）进行投资而且是最终受益者，该投资又是通过一家中间公司 CME 持有的。Lauder 于 1999 年 8 月提起了第一项投资仲裁请求。2000 年年初，CME 提起了第二项投资仲裁诉讼，而且根据不同的投资条约申请通过另一个仲裁庭审理其独立的案件，捷克共和国拒绝了两案申请人提出的合并程序请求。

这两个投资仲裁案件源于相同的法律事实，实质上涉及相同的索赔诉求。然而，如 Susan Franck 所指出的那样，"两个仲裁庭除了在少数几个问题上得出了一致的结论（Lauder 和 CME 是受害者）之外，在与征收、公平公正待遇、充分保护投资安全

---

[1] See Federico Godoy, "State of Necessity and Non-Precluded Measures—Implications of the Sempra and Enron Annulment Decisions", International Bar Association Arbitration News, Volume 16 No. 1, March 2011, p. 167.

[2] See Valasek & Patrick Dumberry, "Developments in the Legal Standing of Shareholders and Holding Corporations in Investor-State Disputes", ICSID Review-Foreign Investment Law Journal, 2011, p. 73.

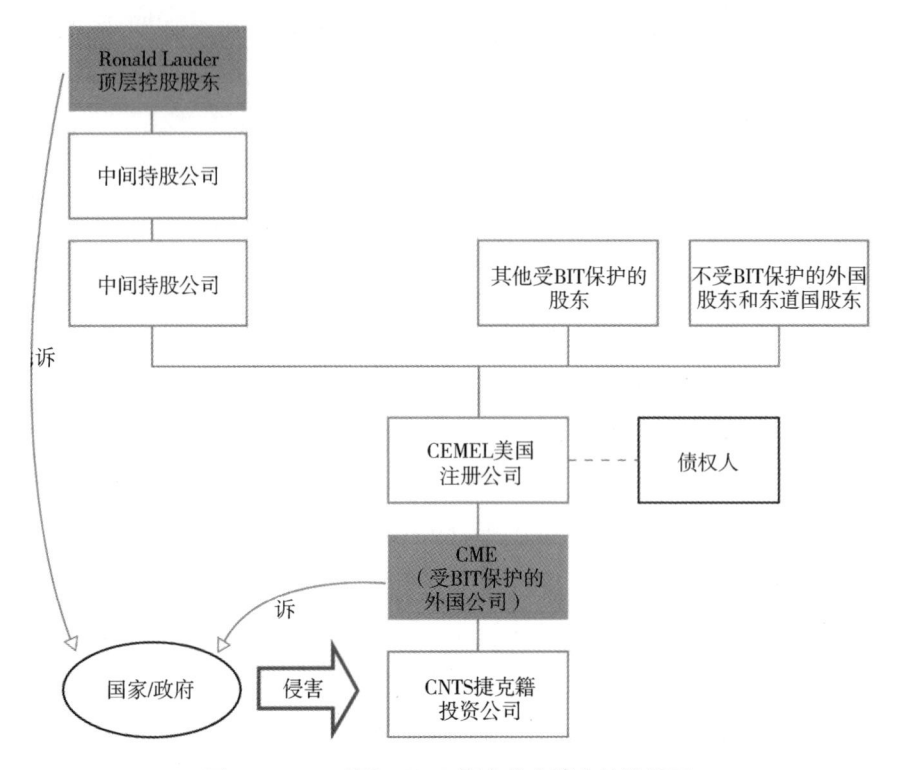

图 3　Lauder 案和 CME 案中的申请人持股关系

以及遵守国际法规定的最低义务等有关问题上得出了截然相反的结论"①。

而且这两个案件的仲裁庭对案件事实也有不同的看法。CME 案的损害赔偿金为 269,814,000 美元,大致相当于捷克共和国的年度卫生预算经费。Lauder 案未裁决任何经济性的损害赔偿责任。② Lauder 案和 CME 案遭到的普遍批判是其实际上是同一股东在"一个

---

① See Susan D. Franck,"The Legitimacy Crisis in Investment Treaty Arbitration: Privatizing Public International Law through Inconsistent Decisions", *Fordham Law Review*, Volume 73, 2017, p. 156.

② See James Crawford,"Ten Investment Arbitration Awards That Shook the World: Introduction and Overview", *International Dispute Resolution*, Volume 4 No. 1, May 2010, p. 92.

苹果上咬了两口"。① 裁决不一致的风险主要由被申请国家承担,因为一个案件可强制执行的胜诉裁决足以使股东获得全额补偿,所以另一个案件的裁决结果如何,实际上也并不会对股东造成损失。Lauder 案和 CME 案对同一法律争议得出不一致的仲裁裁决,而且两项裁决在十天内先后发布,进一步凸显了股东独立仲裁中突出的裁决不一致问题以及不同仲裁庭之间的"争夺"。

第三节 对公司债权人的影响

一 债权人面临的风险

国际投资仲裁机制允许股东间接仲裁可能会损害公司债权人利益,除非被请求国家被迫重复支付损害赔偿。② 在本书第二章分析过的受国内法管辖的案件中,英国 Johnson 案中苗礼治勋爵(Lord Millett)强调"为保护公司债权人的利益,需要将公司恢复到股东索赔被排除在外的条件下"③。美国 Gaubert 案同样强调了对股东索赔的限制如何保护公司的债权人利益,如果普通股东被允许直接和独立地起诉赔偿其股份价值的间接损失,那么将允许这些股东以牺牲对公司享有更高经济利益的其他人,例如债权人的利益为代价,超越公司结构并优先选择自己的利益。④ 德国和荷兰最高法院还指出,"非间接损失"原则可以保护公司债权人的利益,⑤ 公司法和金

---

① See Zachary Douglas, *The International Law of Investment Claims*, Cambridge University Press, 2009, p. 309.

② See Reinier Kraakman and others, *The Anatomy of Corporate Law: A Comparative and Functional Approach*, Oxford Scholarship Online, March 2017, p. 2.

③ See Johnson v. Gore Wood & Co., UK Court of Appeal, 2002, p. 62.

④ See United States v. Gaubert, 499 U. S. 315, 111 Supreme Court 1267, 1991.

⑤ See German Supreme Civil Court, 20 March 1995, BGHZ 129, 136, 166; Hoge Raad, Dutch Supreme Civil Court, 2 December 1994, NJ 1995, para. 288.

融法同样将"债权人保护"视为限制股东占有公司资产的核心原因，尤其是限制股东间接索赔。①

在国际条约层面，NAFTA 也明确规定，为保护债权人利益，损害赔偿应当支付给公司而不是股东。② 阿根廷政府也在其所遭受的投资仲裁案例中提出，股东提出的间接损失仲裁请求会对债权人的利益保护带来风险。然而，投资仲裁实践中很少关注债权人利益的问题。③

无论在国内法还是国际法层面，公司债权人的利益都应当具有优先于公司股东利益的地位。目前的股东独立仲裁尤其是间接仲裁实践中，并没有关心或者处理两者之间的关系，这也就会导致公司债权人面临着索赔实际不能的风险。

二 债权人基于间接损失请求仲裁

国际投资与国内投资一样，通常涉及债务和股权融资，当债务人公司遭受重大损害时，债权人一样会遭受间接损失。④ 尤其是当投资公司的财务由于政府的不当行为出现问题时，股东间接仲裁对债权人而言亦会增加其债权的索赔困难。在国内法"非间接损失"原则下，只有公司才能提出索赔，而公司获得的赔偿款将间接使债权人和股东受益。因此，国内法的"非间接损失"原则有助于避免在受害者之间分配间接损失损害赔偿的冲突。

---

① See John Armour, Gerard Hertig and Hideki Kanda, *Transactions with Creditors*, *The Anatomy of Corporate Law* (2nd edition), Oxford Scholarship Online, 2009, p. 115.

② See GAMI v. Mexico, UNCITRAL, Submission of the United States (non-disputingparty), 30 June 2003, para. 17.

③ See David Gaukrodger, *Investment Treaties as Corporate Law: Shareholder Claims and Issues of Consistency. A Preliminary Framework for Policy Analysis*, OECD Working Papers on International Investment 2013/03, p. 45.

④ See David Gaukrodger, *Investment Treaties as Corporate Law: Shareholder Claims and Issues of Consistency. A Preliminary Framework for Policy Analysis*, OECD Working Papers on International Investment 2013/03, p. 45.

正如本书第一章就已经分析过的，政府行为对投资带来的损害包括直接侵害和间接损失，这两者之间有着根本区别。当损失是间接性的时候，遭受间接损失的主体的索赔是一种重复索赔的形式。公司的利益本身包括了投资者和债权人的利益，如果公司以自己的名义提起诉讼并获得了全部的损害赔偿款项，则应当排除企业利益的相关主体基于个人间接利益的损失要求索赔的企图。为避免重复赔偿，法院应当将赔偿金额的偿付限制在直接受到损害的当事方，或尝试根据利益攸关方的意愿来分配赔偿款项。

而且，一般国内法还会规定公司的债权人对间接损失索赔的限制条件。公司的债权人不能基于自己的间接损失，对直接损害公司利益的第三方提起索赔请求。[1] 相反，国内法中只有公司自己可以提出索赔。

如果按照国际投资仲裁实践中允许股东间接仲裁的规则，那么也应当允许公司债权人可以根据间接损失提起仲裁请求。依据支持间接仲裁请求的理由之一，即投资条约中将股份投资纳入了受保护的范围。那么参考投资条约的规定，公司债权人的合同权利也应当得到条约保护。例如英国和俄罗斯双边投资条约第1条第1款规定，投资的定义包括"公司或商业实体的股份、股票、债券以及任何形式的参股"[2]。如此一来，则会加剧间接损失索赔带来的一系列风险，包括无止境的索赔链、重复赔偿、不一致裁决以及对没有提起间接损失仲裁请求的利益攸关方的损害等问题。尤其是对东道国政府而言，会导致应诉费用大幅增加，裁决不一致的风险进一步增加。而且一旦败诉，各国政府将面临更严峻的重复赔偿风险。

另外，如果国际投资仲裁机制仅仅允许了公司股东的间接仲裁

---

[1] See Rita Cheung, "The No Reflective Loss Principle: A View from Hong Kong", *International Company and Commercial Law Review*, Volume 20 Issue 7, 2009, pp. 223-229.

[2] See UK-Russia BIT, Art.1 (a) definition of investment includes "shares in and stock, bonds and debentures of, and any form of participation in, a company or business enterprise."

请求，而不支持公司的债权人通过国际投资仲裁机制索赔，这种区别对待可能会进一步影响国际投资的持续发展。综上而言，股东独立投资仲裁请求，尤其是间接仲裁，不仅在股东与公司之间引发了较多法律问题与经济问题，在公司与债权人、股东与债权人之间同样会引发类似问题。所以，从保护更广泛利益攸关方主体的法律权利与经济利益而言，间接仲裁带来的风险需要以更广泛的视角展开研究并相对应地提出综合性、系统性的应对建议。

第四节　公平性与效率问题

一　国内外股东的差别待遇

国际投资法体系对国内外公司及股东的待遇差别主要表现之一就是投资争议的救济方式。尽管这种差别待遇不是完全由股东独立仲裁制度造成的，但是允许股东独立仲裁尤其是股东间接仲裁则会进一步扩大这种差别待遇，引起更多关于投资仲裁机制公平性的争议。

对于公司主体而言，国内公司在很大程度上受限于国内法中的非金钱救济方式，而外国公司可以同时享有国内法规定的救济方式和投资条约仲裁的方式来获得损害赔偿。[①] 对于"股东"主体而言，国际投资仲裁制度中外国股东与国内股东之间的差别待遇比"公司"主体更为明显。根据一般的国内法规定，由于只有公司才能提起诉讼，法院可以不考虑具体的案情和诉因而直接驳回股东的起诉。相比之下，外国股东可以利用条约保护，基于遭受的间接损失提起投资仲裁请求。当然，对于股东而言，国际投资仲裁机制也需要区分是否存在有效的投资保护条约。因此，也并非所有的股东都能受到

[①] See David Gaukrodger & Kathryn Gordon, *Investor-State Dispute Settlement*, *A Scoping Paper for the Investment Policy Community*, ISDS Scoping Paper, pp. 25-27.

投资条约保护。

同时，股份的交易比公司的交易更容易，股份所有权即股东的权利也因此更容易变化。① 根据有关统计，由于外国持股比例的增加，英国和比利时一半的上市公司、法国和德国40%以上的上市公司以及西班牙和意大利30%以上的上市公司拥有大量的外国股东。② 国际投资的典型方式之一就是通过当地公司进行，那么有关投资者至少享有三种不同的救济方式，而且这些不同的救济方式并不具有排他性，可以同时使用。第一，可以通过该当地公司的国内法程序获得救济；第二，当该公司属于外国控制时，公司也可以获得条约保护，提起投资仲裁请求；第三，投资者以自己的名义对投资东道国提起条约仲裁请求。有时，投资者会首先在当地法院获得救济，然后再通过其投资结构的其他身份向某一个国际投资争议解决机构寻求进一步的索赔。③ 然而，东道国的国内投资者并没有这样的选择权，即使他们与外国投资者实际上在同一企业持股。

有一种假设认为，国内法院往往对外国投资者持有偏见，但对国内投资者没有。国际投资法可以弥补这一问题以及许多国家法律和政治环境中的其他缺陷。④ 当然，这种假设的"偏见"有时的确存在。一般而言，国内法对私人投资的保护往往不如国际投资法，但是从诉诸国际仲裁庭的经济成本而言，这一机制主要是比当地法院的救济方式更有利于保护"富裕的投资者"。不仅国内投资者很难

---

① See Christoph van der Elst, "Shareholder Rights and the Importance of Foreign Shareholders", Tilburg Law and Economics Center (TILEC) Law and Economics Discussion Paper, No. 2010-008, Feburary 2010, pp. 5-6.

② See Christoph van der Elst, "Shareholder Rights and the Importance of Foreign Shareholders", Tilburg Law and Economics Center (TILEC) Law and Economics Discussion Paper, No. 2010-008, Feburary 2010, p. 7.

③ See Gus Van Harten, *Investment Treaty Arbitration and Public Law*, Oxford Scholarship Online, January 2009, pp. 113-115.

④ See Susan Rose Ackerman & Jennifer L. Tobin, *Do BITs Benefit Developing Countries? The Future of Investment Arbitration*, Oxford University Press, 2009, pp. 131, 134 &135.

受到国际投资法的保护；对于资本不足的外国投资者而言，在投资争议发生时大多也难以真正获得国际投资法的保护。

同时，另外一点关于国内外股东待遇的差别在于投资仲裁案件并非全部是公开的；即使是公开的，也没有提供解决这些投资争议的全部信息。但是，在国内法程序中，政府一方是能够更轻易获得提起相关司法程序当事方公司的信息，从而能够更好地应对有关诉求。

而且，即使不考虑国内外股东的差别待遇，仅仅从国际投资法层面的外国股东投资者的角度来看，具有相同股份经济利益的非仲裁请求当事方也可能无法得到救济。如果股东独立提出仲裁请求并胜诉，那么只有该股东才能得到损害赔偿金。对于其他股东而言，包括那些拥有同等或者更多股份并同样因为东道国政府行为间接遭受损失的股东，却无法得到救济。更进一步，在目前的国际投资仲裁制度下以及具体的投资条约规定中，几乎均没有规定"集体诉讼"（class action）或类似的索赔方式，所以其他非仲裁请求当事方也无法通过此类制度获得救济。这不仅对其他股东是不公平的，而且浪费了司法资源。小股东如果想要获得赔偿救济，就必须提交自己的索赔请求，而且除非有不可抗的或者完全自愿的合并程序，否则每项索赔都必须单独提起仲裁请求。

对于"公平性"问题而言，尽管这不是国际投资仲裁机制以及股东独立仲裁所特有的问题，但也的确是股东独立仲裁可能加剧的普遍问题。从另一个角度来看，该问题可以分为两个大的方面，一方面是对投资东道国的不公平性，另一方面是对部分没有或者无法独立提出仲裁请求的股东的不公平性。

对于投资东道国而言，由于大多数投资仲裁索赔都是针对发展中国家政府提出的，所以发展中国家往往更容易受到有关问题的影响。[①] 国际投资条约为外国投资者提供了仲裁索赔的国际法层面的机

[①] See Gus Van Harten, *Investment Treaty Arbitration and Public Law*, Oxford Scholarship Online, January 2009, p.3. 但是这一点并不是说发展中国家没有从国际投资法体系中获益。

会，但是这些机会往往被拒绝赋予东道国的国内投资者。而与此同时，外国投资者还可能会通过他们所投资的当地公司提起国内诉讼的方式来获得赔偿。但是这些外国投资者，对于自己的母国政府实际上并不享有这样的权利。也就是说外国投资者至少在上述各方面享有了一定的"特权"。而且，目前主要的投资输出国政府相较于投资输入国而言，面临着更少的条约仲裁案件，也能更好地应对有关案件。①

对于部分股东而言，由于一般只有那些积极的、知情的和有经济能力的股东才可能在遭受间接损失的情况下独立请求仲裁进而获得赔偿，许多小股东则被排除在国际投资仲裁的救济之外。这一点尤为重要，因为部分投资者在其投资受到东道国政府损害时无法追索，则可能加剧导致股东之间利益保护的不平等和不公平，而且投资条约仲裁机制更倾向于向规模更大、更富有、资源更广的少部分股东敞开大门。

二 对公司法与公司治理的扭曲

前文已经对公司法有关问题进行了更为详细的分析，此处仅做进一步小结，强调股东独立仲裁请求尤其是间接仲裁与一般的公司法原则和规则之间的交互关系。现代商业公司作为标准形式的法人一般可以获得法律规定的两种类型的资产保护。第一是保护其股份持有人即股东的个人资产不受公司债权人的影响，即强调对公司股东的保护；第二是保护公司的资产不受股东个人的债权人的影响，即强调对公司实体的保护。② 公司内部的这种资产分割创造了债权人与公司之间签订合同的可期待效力。从公司债权人的角度来看，股

---

① See Gus Van Harten, *Investment Treaty Arbitration and Public Law*, Oxford Scholarship Online, January 2009, p. 4.

② See Henry Hansmann & Richard Squire, *External and Internal Asset Partitioning: Corporations and Their Subsidiaries*, Oxford Handbook of Corporate Law and Governance, 2018.

东投资公司是为了从资本增值或股息中受益,在公司解散后对其资产只享有"剩余追索权"。在大多数债权人和股东都不知情或者未能实际适用的情况下,国际投资仲裁实践中管辖股东独立提出的间接仲裁请求,实质上"扭曲"了国内公司法和破产法的法律框架。①

国际投资仲裁实践通过支持包括间接仲裁在内的股东独立仲裁,在公司权利保护之外"创造"了一个单独的、特殊的利益攸关方类别,即受条约保护的股东,而且其权利优先于公司及其管理层、债权人和其他利益相关者的权利。② 受条约保护的股东以公司遭受侵害或损失从而遭受间接损失为由,以自己的名义独立提起投资仲裁请求,可将他们的债权优先于债权人和公司所有其他利益攸关方的权益,这种做法对公司治理,尤其是陷入财务困境的公司来说尤其危险。

而且,股东间接仲裁请求也增加了公司与东道国达成和解的难度,因为该和解协议不会消除股东独立提起仲裁请求的所谓"权利"。③ 因此,股东的间接损失仲裁索赔"扭曲"了国内的公司法和公司治理,以及公司内部运行的架构和规则。随着国际投资仲裁案件数量持续增长,④ 国际投资法对国内公司法和公司治理的影响也将随之增加,在这种情况下,上述问题是应当而且可以纠正的,并且必须与国际投资法领域特有的政策考量因素相平衡,以真正可持续地保护和促进贸易和投资的自由化。

---

① See Vera Korzun, "Shareholder Claims for Reflective Loss: How International Investment Law Changes Corporate Law and Governance", *University of Pennsylvania Journal of International Law*, Volume 40 Issue 1, 2018, p. 192.

② See Vera Korzun, "Shareholder Claims for Reflective Loss: How International Investment Law Changes Corporate Law and Governance", *University of Pennsylvania Journal of International Law*, Volume 40 Issue 1, 2018, p. 196.

③ See David Gaukrodger, *Investment Treaties as Corporate Law: Shareholder Claims and Issues of Consistency*, OECD Working Papers on International Investment 2013/03, p. 34.

④ See United Nations Conference on Trade and Development (UNCTAD), *World Investment Report* 2018, p. iv.

三 影响国际投资效率

股东独立仲裁还有可能影响国际投资的效率问题。国际投资仲裁机制等救济方式理论上可以鼓励投资者进行国际投资，促进国际投资的流动。但是，通过这种法律制度的优势来吸引国际投资，尤其是股东间接仲裁实践，有可能导致市场的扭曲，并将资本推向经济上可能不太理想的地区或领域。而且，即使投资者进行国际投资时既考虑了法律制度因素，又符合经济利益的需要，仍然有可能在未来受到东道国政策或行为的影响。

当然，这并不是说国际投资中不需要国际法上的争议解决机制，国际投资争议解决机制带来的益处在此也无须赘述。只是因为国际投资仲裁机制的效率问题本就受到诟病，而无休止的股东独立仲裁请求只会加剧这一问题。而且在争议解决期间，国际投资一般也是已经受到损害或者处于停滞的状态，对国际投资、投资者和东道国等多方面都会产生负面影响。尽管国际投资的效率问题并不是股东独立仲裁请求所特有的，但是仲裁实践对股东独立仲裁请求的认可极大可能会导致这一问题日趋严重，这一点从南美国家对国际投资仲裁机制较低的接受程度，以及其有关国内法规定中可见一斑。

第五节 股东独立仲裁请求的风险应对

前文述及的股东独立仲裁请求引发的主要法律风险，较多是紧密联系、互相影响的，例如无休止的索赔链和重复赔偿之间的相互作用，以及进而导致的公平性与效率等问题。加之前文各部分论述中均从理论和实践层面对有关法理问题和具体的法律问题有所论述，此处就风险应对的论述将结合有关的法律风险问题合并论述，包括通过国内法或国内公司制度入手，通过公司"自治性"方案规制有关问题；通过既判力原则、禁反言原则等程序性法律原则或规则的调整与完善以减少有关风险；通过国际投资条约的规定及有关制度入手，提出投资仲裁机制层面的应对方案；以及在一般国际法层面可能的规制方式与完善路径。

一 自治性的规制

各国学者和仲裁实务从业者为应对上述法律风险，在国际条约、投资仲裁实践、国内民事诉讼规则等层面提出过一些解决方案，以期解决股东独立仲裁尤其是间接仲裁引发的具体问题。就目前来看，这些具体方案在个别案件中可以起到一定的作用，但是几乎未涉及其中的核心法律冲突和法理学问题，有关法律争议仍然未得到解决，更多的是在技术与经济价值层面的平衡。造成这一现象的原因主要在于国内法，尤其是规范公司内部关系的公司法，对于股东提出的间接损失司法索赔几乎是完全否定的。旨在限制股东在国际投资仲裁机制中提出仲裁请求的国内法规定与国家根据投资保护条约对股东承担的国际法义务直接矛盾。而此时，国内法的规定是否可以直接被国家承担的国际法义务（暂且认为其有该项具体义务）所取代又成了一个前提性的问题。

前文已经论述了国际法与国内法的关系，尽管条约仲裁属于国际法层面的争议解决机制，但是其根源仍来自"国家授权"。当国内法没有规定时，遵守国际法的规定更容易被接受；而当国内法已经有了明确规定而且是相反规定的情况下，直接适用国际法规定自然存在争议。

因此，在目前国内法或国际法都没有根本上的解决办法的情况下，"自治性规制"提供了间接损失仲裁的折中应对方案。该规则允许股东和公司就如何协调他们与东道国之间相互竞争的索赔、诉讼策略以及可能的和解条款达成一致的规制方案。为了避免这些问题，自治性规制方案允许股东放弃在投资仲裁机制中提交间接损失索赔的权利，但是应允许其从公司及其利益相关者获得赔偿的范围内取得相应赔偿或补偿。这有助于恢复公司内部的管理结构和控制流程，并减少由国际投资仲裁机制导致的公司结构变化。基于此，公司才更有可能被带回一国公司法规定的法律框架之内，尊重并保护国内公司法的有关法律规定。

自治性规制有助于减少或避免股东间接仲裁请求引发的风险。公司的成立一般是基于国内法尤其是公司法规定，国内公司法对于私主体之间的行为提供具体的法律约束。公司是股东、董事、债权人、供应商和员工等参与者之间的"契约纽带",[1] 而无论在哪个法域，合同约定都有着较大的自由。[2] 同样的，只要不违反国内公司法或者公司章程，一个公司的参与者本身也应该可以自由、灵活地与公司签订他们需要的协议，这也是自治性规制方案可行性的法理依据之一。

自治性规制允许私人当事人灵活运用规则，在现有法律法规的约束内调整其法律关系，尤其是法律权利关系。无论是将公司视为合同产物还是法律产物，私立秩序都为国际投资仲裁中股东间接仲裁带来的问题提供了一种相对切实可行的解决方案。公司可以在公司章程或细则等管理文件中拟定有针对性的条款，将向投资仲裁庭提出仲裁请求的权利保留给公司，排除股东基于间接损失提出的仲裁请求。通过这样的条款规定可以使股东主动放弃其根据国际投资条约提出间接仲裁请求的权利。当然，这类条款没有必要（但是依然可以选择）排除股东根据自身条约权利直接被侵犯从而提出仲裁请求的权利。因为这本身就是股东自身直接享有的条约权利遭受侵犯，与公司遭受损失从而受到了间接损失的情形不同，一般也不会引发间接仲裁带来的争议。此外，公司的管理文件中还可以规定，任何因投资东道国违反投资保护条约义务而导致的损害赔偿，须判给该公司。

这种自治性的解决方案旨在从一开始就禁止股东提出间接损失

---

[1] See Henry N. Butler, "The Contractual Theory of the Corporation", *George Mason Law Review*, 1989, pp. 99–100.

[2] 参见冯果、段丙华《公司法中的契约自由——以股权处分抑制条款为视角》，《中国社会科学》2017年第3期。

仲裁请求。一旦这一类的"弃权条款"在公司章程或细则中通过，它们就会附加在该公司的股份上，并对该公司的股东和股份持有者进行限制。

但是，这类方案在实践中同样面临着一个问题。因为就原则而言，只有当投资仲裁庭愿意将公司章程或细则等相关规定中的"弃权条款"，置于其认为赋予了股东仲裁请求权的投资条约条款之上时，这种制度才会起到实际的法律效果。知名学者Arato曾指出，"到目前为止，仲裁庭似乎在做相反的事情——僵化和形式化地优先考虑条约条款，而不是股东和公司已经达成的协议"①。从合同法的角度来看，如果我们将投资条约中"对仲裁的同意"视为一种公开的"仲裁要约"，那么当股东在提起仲裁请求时就类似于接受了这种"要约"。即使股东已经同意了弃权条款，但是或许难以影响其接受"仲裁要约"并提出其自身的独立仲裁请求。因为自治性规则应当优先考虑当事人的选择，这是"保护私法价值的公平和效率以及保护国家公共利益的最佳方式"②。

在自治性的规制中，弃权条款的执行也取决于董事会，董事会可以选择在某些情况下不执行此类条款并允许股东独立提起仲裁请求，例如在公司无法以自己的名义独立提起仲裁请求的情形下。实际上，这一解决方案是从侧面恢复了国内公司法"非间接损失"原则的规定。但相比于国内公司法直接禁止股东提起间接损失索赔，这一制度有其更加合理和先进之处。从理论上来看，该制度也是一个更为合理的解决方案。因为通常认为公司是私人合约的产物，为了公司的整体利益，修改股东与管理层之间的协议自然也是符合逻辑的。例如，国家本身也是可以通过修订投资条约等

---

① See Julian Arato, "The Logic of Contract in the World of Investment Treaties", *Willam & Mary Law Review*, Volume 58, 2016, p.351.

② See Julian Arato, "The Logic of Contract in the World of Investment Treaties", *Willam & Mary Law Review*, Volume 58, 2016, p.356.

方式以减少股东间接仲裁引发的问题；公司与其股东之间自然也有权签订类似协议与条款。但是自治性规制方案更加强调和充分利用了私立秩序自身灵活的调整方式，为解决国际投资仲裁中股东间接仲裁引发的风险与问题提供了更有效率、更具有可操作性的解决方案。更直观地观察此类方案，其核心在于直接在公司内部规定了股东和公司：（1）同意在投资仲裁中提出仲裁请求的权利一般属于公司；（2）只有公司才能就违反投资保护条约义务造成的损失获得损害赔偿。此外，还需要注意的一点是对于可能存在的公司债权人"参照"股东间接仲裁请求一般援引的依据与相关实践独立提出仲裁请求的情形，尽管目前几乎还没有公开的类似情形，同样也可以参照"自治性规制"约定公司与其债权人之间就该问题可能引发的争议。

简言之，股东间接仲裁制度为股东在与公司的谈判中提供了筹码，并允许他们对影响公司的重要问题单独做出决定。间接损失索赔还允许股东通过投资仲裁裁决获得的损害赔偿金来转移公司资产。这些权利都可能会极大地损害公司、公司债权人、未受投资条约保护的股东和公司的其他利益相关者的权益。特别是对于陷入财务困境的公司，可能造成致命的打击。在国内法、国际法以及民事诉讼程序规则缺乏可行的解决方案时，自治性规则为解决间接损失索赔问题提供了创造性的选择。它允许股东和公司就放弃股东在投资仲裁中提请间接损失索赔的问题达成一致，从而使公司治理回归到国内公司法的法律框架。

二 程序性法律原则的再调整

程序性法律的有关原则与规则为解决股东间接损失的仲裁请求可能引发的法律风险或问题提供了另一种解决方案。有观点认为既判力原则（doctrines of *res judicata*，请求的排除）或间接禁反言原则（*collateral estoppel*，争点的排除）似乎可以防止公司及其股东各自独立提出平行或无止境的索赔。① 既判力原则是一种肯定的抗辩，即禁止同一当事人就同一主张（claim），或者基于相同情形或一系列相关情形引起的任何其他主张重复提起第二次诉讼请求，而这些主张本可以但却没有在第一次诉讼中提出。因此，该原则禁止在对案件作出最终判决后，相同情形引起的同一当事人（或与原当事人有共同利益关系的当事人）提起的第二次诉讼。② 间接禁反言原则则是指"即使第二次诉讼与第一次诉讼有很大不同，也禁止第二次诉讼中的一方当事人重新提起在之前较早的诉讼中已经确立为对该方不利的争议问题"③。因此，间接禁反言原则并不能减少多重诉讼的问题，但是有助于提高涉及相同公司或股东的仲裁裁决之间的一致性。根据有关程序滥用或权利滥用等的有关规则，一个公司或者股东如果连续提起投资仲裁请求，则有可能会被驳回，特别是被认定为"滥诉（仲裁）"的案件。

无论在理论层面还是实践中，禁反言原则一般会被划分为直接禁反言和间接禁反言。"直接禁反言"（或称直接禁止反言）是指，如果当前诉讼的诉讼请求与先前诉讼的诉讼请求相同，那么先前诉讼已经裁判过的争点就被禁止在当前诉讼中再次进行争辩，即不得就相同争点再提出相反的主张和证据。"间接禁止反言"（或称间接禁止反言）是指，虽然当前诉讼的诉讼请求与先前诉讼的诉讼请求不同，但当前诉讼的争点已经被先前诉讼所裁决，那么尽管诉讼请求不同，当事人同样被禁止在以后的诉讼中就该争点提出相反的主张和证据。适用直接禁反言原则的情形要远远少于适用间接禁反言的情形，因为能够就相同的诉讼请求再次提起诉讼的情形本身就受到较多限制。由于间接禁反言在多数情形下的体现都是争点禁反言，

---

① See Vera Korzun, "Shareholder Claims for Reflective Loss: How International Investment Law Changes Corporate Law and Governance", *University of Pennsylvania Journal of International Law*, Volume 40 Issue 1, 2018, pp. 244-245.

② See *Black's Law Dictionary* (10th edition), 2014, p. 1504.

③ See *Black's Law Dictionary* (10th edition), 2014, p. 318.

因此在学术研究中也可以将间接禁反言原则称为争点禁反言原则。

部分学者和仲裁实践认为，为解决这些同类型仲裁案件（successive arbitration）所带来的问题，仲裁庭可以寻求援引适用既判力原则和间接禁反言原则。① 目前的投资仲裁庭在实践中基本上一致认为既判力原则构成一般法律原则和国际法规则。因此，他们在仲裁案件中需要适用国际法规则的情况下通常也会援引既判力原则。同样，部分仲裁庭也会援引适用间接禁反言原则，以防止在随后的投资仲裁请求中重新提起相同的争点。例如，在依据美国—格林纳达双边投资条约提起的第二起 RSM v. Grenada 仲裁案中，本案的仲裁庭认为，根据间接禁反言的理论，申请人不能就先前仲裁案件中已经解决的关于当事人权利与义务的事实和法律结论重新提起仲裁。因此，本案的仲裁庭尊重了第一起根据当事人之间的基础合同而提起的 ICSID 仲裁案件的结论。②

然而，实践中既判力原则在投资仲裁案件中的适用存在一定的难度，因为一般认为既判力原则发挥作用必须满足"三重因素一致"的标准（triple identity test），即在两起仲裁案件中，当事人、仲裁请求和理由（或称诉因，指当事人的请求所依赖的法律论据）这三重因素必须相同。③

---

① See RSM Prod. Corp. et al. v. Grenada, ICSID Case No. ARB/10/6, Award, 10 December 2010. Describing the respondent's reliance on notable commentators from common-law jurisdictions supporting the view that successive proceedings should be dismissed even where the requirements of *res judicata* may not have been met... particularly... if the successive proceedings are vexatious.

② See RSM Prod. Corp. et al. v. Grenada, ICSID Case No. ARB/10/6, Award, 10 December 2010. Shareholders may undertake litigation to pursue or defend rights belonging to the corporation. However, ... if they wish to claim standing on the basis of their indirect interest in corporate assets, they must be subject to defences... including collateral estoppel.

③ See Gabrielle Kaufmann-Kohler, "Multiple Proceedings-New Challenges for the Settlement of Investment Disputes", Contemporary Issues in International Arbitration and Mediation-The Fordham Papers, 2015. The main difficulty with *res judicata* and lis pendens is that in general they come into play only if the so-called triple identity test is met. The triple identity test requires identity of facts, parties and causes of action.

这种有关既判力原则的严格解释规则实际限制了该原则的适用，并在客观上允许了第二次诉讼或仲裁请求。但另外，这种情形又是普遍现象，因为在仲裁庭通过文义解释或者形式要件解释的方式对相关规定进行理解适用时，一般会拒绝对相关仲裁申请人背后的法律身份继续进行深入审查，导致通常得出缺乏"当事人一致"的判断。例如，在 CME v. Czech Republic 仲裁案中被申请人辩称，鉴于在 Lauder v. Czech Republic 平行仲裁案件中的裁决，仲裁庭应重新考虑其部分裁决内容，并在相关裁判阶段适用既判力原则。[①] 然而，CME v. Czech Republic 案的仲裁庭认为"被申请人明确拒绝接受申请人关于这两个平行案件裁决的任何建议，从而已经放弃了既判力原则的适用和其抗辩权"。此外，仲裁庭还认定，既判力原则实质上在本案不适用，因为两个仲裁案件中的当事人并不相同，援引了不同的双边投资条约，也根据不同的双边投资条约提出了不同的请求主张。因此，仲裁庭无法确定在这两个仲裁案件中提交给仲裁庭的有关案件事实和情况是否相同。

部分仲裁庭提出是否可以通过适用"单一经济体"（例如"公司集体"）的概念来确立既判力原则在投资仲裁案件中的适用，但是这一概念和方式忽视了股东和公司实际上是相互独立的法律存在。例如，CME v. Czech Republic 案的仲裁庭提出了这一问题，但得出的结论是，以前的仲裁庭和法院仅仅在竞争法等特殊领域接受了这一概念，在国际仲裁领域这一概念并没有被普遍接受。

既判力原则在投资仲裁案件中的适用也会受到缔约国对其所缔结的投资保护条约进行解释的限制。例如，在 CME v. Czech Republic 案中，被申请国家捷克共和国援引了荷兰—捷克共和国签署的双边

---

① See CME Czech Republic B. V. (The Netherlands) v. Czech Republic, UNCITRAL, Final Award, 14 March 2003. The Respondent's view is that the rule of *res judicata* must be applied by the Tribunal at the Quantum Phase... The London Final Award not only was *res judicata* at the time the Partial Award was issued; it remains *res judicata* for the Quantum Phase and, therefore, cannot be ignored by the Tribunal.

投资条约,仲裁庭关于既判力原则在该案中的理解适用得到了荷兰和捷克共和国"共同立场声明"的支持。荷兰和捷克共和国在其共同立场声明中表示"Lauder v. Czech Republic 案并不能管辖 CME v. Czech Republic 案,两个仲裁案件中的仲裁请求是由不同的法律实体提出的,即使它们可能由同一经济实体控制,但也不一定是相同的索赔请求"[①]。

根据上述分析可以发现,由于不同的投资仲裁案件中,一般较难符合三重因素一致的标准,特别是在当事人身份方面,因此既判力原则实际上并未能针对国际投资仲裁机制中出现的多项或平行的仲裁程序之间的问题提供救济。为了降低严格的三重因素一致标准,国际投资仲裁机制的倡导者建议在投资仲裁程序中适用既判力原则的"宽泛概念",[②] 仲裁庭在考虑将既判力原则适用于案件的关键争点之时,理应突破传统"三重因素一致"标准的严格界限。[③] 一些仲裁庭制定并适用了不那么严格的既判力标准,然而也有较多观点认为目前还不清楚这个"放宽的标准"是如何被证明合法、合理的,以及它的确切内容是什么。本书赞同在国际投资法体系中引入"宽泛概念的既判力原则",不要求传统的"三重因素一致"的严格标准,而是采用"相关联"(related)的标准从而更好地援引适用既判力原则,以防止仲裁案件的多重索赔以及重复赔偿。

此外,在目前的仲裁实践和理论研究中,其他程序性解决方案

[①] See CME Czech Republic B. V. (The Netherlands) v. Czech Republic, UNCITRAL, Final Award, 14 March 2003. Noting that in the first stage of this arbitration, the Czech Republic "refused any coordination of Lauder v. Czech Republic and this arbitration", and "at the hearing ... declined anew to accept any of the Claimant's alternative proposals" to coordinate the arbitration.

[②] See Gabrielle Kaufmann-Kohler, "Multiple Proceedings-New Challenges for the Settlement of Investment Disputes", Contemporary Issues in International Arbitration and Mediation-The Fordham Papers, 2015.

[③] 参见傅攀峰《国际投资仲裁中既判力原则的适用标准——从形式主义走向实质主义》,《比较法研究》2016 年第 4 期。

还包括合并仲裁、当事人竞合以及非当事人的陈述等。然而，这些方案即使根据相关仲裁规则可以得到应用，在很大程度上也仅仅是有助于被申请国家一方，对于解决潜在的仲裁申请人主体之间的冲突，主要是公司和股东之间冲突，难以发挥较大的作用。从理论上讲，合并仲裁或者当事人竞合有助于被申请国家减少或免于重复赔偿的风险，并降低裁决冲突的可能性。但是，这些程序性的法律技术并没有减少股东和公司之间的权利与利益冲突，因而也不可能完全阻止股东独立提起自己的仲裁请求。① 至于非当事人提交意见书的方式，在法律技术上允许股东或公司在彼此的仲裁案件中提出自己的意见，间接地为自己的权利进行辩护，但这些意见书同样也无法排除股东或公司自行独立请求仲裁，直接为自己声称的权利进行辩护。②

而且，《ICSID 公约》及其仲裁规则或《UNCITRAL 仲裁规则》中都没有规定合并仲裁或当事人竞合，尽管这两种程序性机制在国际商会（ICC）国际仲裁院、美国仲裁协会（AAA）和斯德哥尔摩商会（SCC）仲裁院等仲裁机构的规则中越来越多地得到规定。因此，在缺乏具体规则的指引下，只有在争议当事方都同意的情形下，仲裁合并与当事人竞合才是可行的。在各方不能达成一致的情形下，仲裁庭则无法合并仲裁请求或者认为当事人应当竞合。

此外，也有学者提出过一些其他建议，例如对不同的仲裁案件选用相同的仲裁庭成员，以确保仲裁庭在公司和其股东提起的不同仲裁案件中作出的仲裁裁决具有一致性。然而，这也需要当事人的同意，而由于股东和公司的利益冲突，这一方案往往也难以

---

① See Vera Korzun, "Shareholder Claims for Reflective Loss: How International Investment Law Changes Corporate Law and Governance", *University of Pennsylvania Journal of International Law*, Volume 40 Issue 1, 2018, p. 250.

② See Vera Korzun, "Shareholder Claims for Reflective Loss: How International Investment Law Changes Corporate Law and Governance", *University of Pennsylvania Journal of International Law*, Volume 40 Issue 1, 2018, p. 250.

实现。

三　投资保护条约与仲裁规则的制度改革

正如前文所分析的，股东独立请求仲裁尤其是间接仲裁引发的法律风险在一定程度上可以说是国际投资仲裁机制所特有的，而投资保护条约中的仲裁条款与相应的仲裁规则又直接影响着国际投资仲裁机制的发展与运行。因此，有关专家学者就国际投资仲裁中涉及的投资仲裁条约与仲裁规则提出了或者已经在仲裁实践中操作了多种不同的应对方案。

（一）引入国际投资仲裁中的"股东派生仲裁制度"

通过国内法中更为成熟的派生诉讼制度（derivative claim，在中国公司法下称之为"股东代表诉讼制度"）代替股东"间接仲裁"制度理论上有助于缓解上述大多数问题。派生诉讼制度在国内法中使用时间更久、更广泛以及相对没有争议，以此取代相对较新出现和越来越有争议的股东独立仲裁制度，能够更加有效地解决股东索赔在法理上的争议，促进条约索赔的统一性、可预测性、公平性和效率性。

国际投资仲裁中的派生制度旨在禁止所有股东基于间接损失提出仲裁请求的可能性，从而消除公司及其股东分别就同一损害事实寻求不同救济的可能性。而如果公司本身未能提出索赔，则也将为股东开辟一条获得赔偿的途径。同时，派生制度在集体诉讼（class action）方面将确保由相同事实引起的所有索赔都能得到共同、一致的裁决，从而减少司法资源浪费并消除相互矛盾的结果。但是，目前的国际投资条约体系中没有规定派生制度，如果有可能修改条约，尽管《ICSID 公约》本身难以再修改，但是可以通过其仲裁规则的修改从而发挥有效作用，而且这类修改应该尽可能对没有约定 ICSID 仲裁的国际投资条约也产生一定的影响。而且在国际投资仲裁实践中，各项国际投资条约仲裁一般也都应当尊重其他仲裁机构的决定。①

同时，通过股东派生仲裁制度有助于应对无休止的索赔链。如果国际投资法体系中能够确立"股东派生仲裁制度"，那么理论上会产生两类主要的条约仲裁。第一类情形是受外国控制的当地公司向东道国提出了条约仲裁，那么根据"股东派生仲裁制度"（或称"股东代表仲裁制度"），该公司的外国股东将不能再单独寻求诉讼或仲裁救济。第二类情形是如果受外国控制的当地公司没有提起索赔，那么如果适用"股东派生仲裁制度"（或称"股东代表仲裁制度"）则会产生同时能够代表股东利益和公司利益的仲裁请求人，仲裁庭在受理和管辖此类案件时能够同时考虑到公司和股东利益，避免重复赔偿而且有效减少繁杂的索赔链。而且，股东派生仲裁制度与股东自身权利直接遭受东道国侵害（例如，东道国只没收了某一个外国投资者的股份）从而提出的直接仲裁请求也并不矛盾。在这种情况下，股东自己的"直接仲裁"请求和公司利益以及其他股东无关，依然享有条约法上的救济权利。

另外可能出现的情形是例如公司受到直接损害，但公司高管不能或不愿在国内法院或国际投资仲裁庭提出索赔，少数股东或少数股东集体可以提出派生诉讼（仲裁）的索赔，但前提是东道国政府未能为这些股东提供最低限度的保护，使其免受公司董事会的渎职或不作为之侵害。② 条约仲裁只能针对政府而不能针对其他私主体。如果公司高管由于腐败或渎职而没有提出仲裁索赔，那么股东提出的"派生仲裁"不仅可以请求仲裁庭有效解决投资争议，而且可以在得到胜诉裁决以后通过国内政府或其他途径对公司或公司高管

---

① See Charles H. Brower, "Reflections on the Road Ahead: Living with Decentralization in Investment Treaty Arbitration", *The Future of Investment Arbitration*, Oxford University Press, 2009, pp. 340-348.

② See Joseph D'Agostino, "Rescuing International Investment Arbitration: Introducing Derivative Actions, Class Actions and Compulsory Joinder", *Virginia Law Review*, Volume 98 Issue 1, 2012, p. 209.

追责。

更具体而言，假设一家外国 A 公司拥有另一家外国 B 公司 40% 的股份，而外国公司 B 拥有一家国内 C 企业 35% 的股份，则当 C 公司自行寻求救济，或者当直接股东 B 通过派生诉讼（仲裁）获得赔偿时，外国公司 A 所遭受的股份价值损失也将通过这两种方式得到补偿。另一种假设是当东道国政府的行为致使当地公司无法寻求救济获得赔偿时（例如公司解散），该公司的前股东在"派生制度"下应该仍然可以提起诉讼或仲裁请求，这样东道国就不会为了规避索赔而对当地公司采取更加不利的措施。具体到派生制度中的赔偿问题，通过派生仲裁捆绑在一起的所有股东应该有权根据他们的股份占比获得相应赔偿。这将使越来越多的在企业中持有少量股份的投资者更大比例地被纳入国际投资条约的保护范围，而又不会引发大量的股东独立仲裁所蕴含的法律风险以及股东与公司之间的矛盾冲突。

（二）应对重复赔偿的实践方案比较

国际投资仲裁实践中，部分仲裁庭对于股东间接仲裁导致的重复赔偿问题，也采取了一些"创造性"的补救措施，其中一种方法是通过政府收购仲裁申请人的股份来避免重复赔偿的风险。[1] 在这种情况下，政府需要通过购买作为仲裁申请人的股东的股份来承担损害赔偿责任，但政府同时也需要赔偿已经造成的经济损失和股份的剩余价值。例如 CMS v. Argentina 案的仲裁庭提出，如果仲裁申请人获得了所需的损害赔偿补救，则可以自愿放弃其股份。[2] 而且仲裁庭也针对案件涉及的损害赔偿进行经济价值层面的分析，并最终决定

---

[1] See David Gaukrodger, *Investment Treaties as Corporate Law: Shareholder Claims and Issues of Consistency. A Preliminary Framework for Policy Analysis*, OECD Working Papers on International Investment 2013/03, p. 35.

[2] See CMS Gas Transmission Company v. Argentina, ICSID Case No. ARB/01/8, Decision on the Argentine Republic's Request for a Continued Stay of Enforcement of the Award, 1 September 2006, p. 3, para. 9.

损害赔偿的价值，允许政府选择以仲裁庭确定的价格购买股票。

但是，这种创新性的补救措施或许已经"超出了"仲裁庭应当裁决的损害赔偿范围这一基本问题，所以对于仲裁庭在该问题上的管辖权也受到较多质疑，仲裁庭往往需要依靠一方或双方的同意程度来进行决定。同时，该措施的另一个潜在问题是政府可能需要支付大量经济成本才能获得相应的股份。即使在公司遭受侵害之后，其股票价值仍然可能很高。而且，这种做法实际上是一个将投资公司"国有化"的过程。国有化本身是国家的一项重要政治经济政策，经常引起激烈争论，仲裁庭通过个案的介入促成公司的国有化自然也会存在诸多争议。

类似的措施是可以要求"股东承诺"，即要求独立请求仲裁的股东作出承诺，如果公司也提起仲裁请求并获得损害赔偿，股东将向国家偿还重复赔偿的部分。这一措施在理论上是有助于解决重复赔偿问题的，但是目前投资仲裁庭在实践中尚未探索这一措施的具体施行和效果。因为此类措施需要赋予仲裁庭更多的权力，也需要得到股东、公司、国家和其他仲裁庭的协调与合作。在国内法体系中，"承诺"是当事人对法院的义务，是具有法律约束力的可强制执行的内容；但在国际投资法体系中，仲裁庭没有类似的权力要求股东执行有关承诺。

另一项或许有助于应对重复赔偿的措施是可以在申请人股东与被申请国家之间设立一个关于应对重复赔偿情形的"合同安排"，以及也可以在安排中纳入公司一方主体。但是这种方案的难度就在于需要取得双方的同意。而在国际投资仲裁中，被申请国家往往并不会同意仲裁请求，否则也不太可能会通过条约仲裁的方式来解决有关争议。而且，即使在个案的仲裁裁决作出后，当事方也可能申请裁决撤销。即使没有申请撤销，在裁决的执行中也存在诸多问题。因此，这一方案在时间成本和难度上也有其弊端。但是，如果能达成合意，则是一个双赢的解决方案。尤其是对于国家政府而言，可以尽可能减少未来有关案件的重复赔偿风险。

（三）建立股东独立仲裁的协调机制

尽管目前国际范围内已有较多可以管理国际投资仲裁案件的不同机构或组织，但是绝大部分案件依然是集中于少数几个国际仲裁机构。实践中，如果能够建立起股东独立仲裁的协调机制，一是可以有效应对或解决上述诸多法律风险，尤其是重复赔偿、裁决不一致、仲裁庭相互竞争等问题；二是可以减少或避免小股东因高昂的法律费用而无法提起仲裁请求的情形，对于支持股东独立仲裁尤其是间接仲裁的机构和仲裁庭而言也是更为实质性的"请求权公平"；三是有助于缓解投资东道国"困于"大量仲裁案件的情况，例如阿根廷政府面临的一系列投资仲裁案件。

而且，此类协调机制的建立对于国际投资法体系中的各方而言，均有助于节约其成本。例如对于国家而言，其可以在投资条约或投资合同中约定此类协调机制，以减少潜在的争议数量；对于公司或股东而言，潜在的重复赔偿问题是当前投资仲裁实践中的主要缺陷之一，通过有关协调机制将潜在索赔人的数量减少到一个人、一个公司或一个类别，将有效缓解这一问题。此类协调机制的形式并非固定的，其核心在于尽可能协调基于同一或相关联的损害行为提起的不同仲裁请求，尤其是缓解股东间接仲裁存在的争议与风险。目前，此类协调机制在实践中较为可行的分别是"合并机制"与"集体仲裁机制"。

一方面，投资仲裁"合并机制"对于处理平行或重复的仲裁请求以及裁决不一致问题具有一定积极作用。国际投资仲裁程序中基于同一事实的重复仲裁案件不断增加，进而导致平行程序的问题，亟须提出一些有效的解决方案。例如，在 Abaclat and others v. Argentina 案中，阿根廷发行的主权债券的所有权由 6 万多名索赔人持有，阿根廷颁布了关于其公共债务重组的立法，导致该国政府于 2001 年年底在主权债券上违约，以及基于 2005 年与其违约债券的外国持有人寻求达成和解的情况从而引起的投资仲裁索赔，申请人也超过6万人。[1]

对于这类案件,必须提出一种及时、经济、高效的纠纷解决方式以应对类似问题。较为有代表性的是 Bemardo 和 Ignacio 提出了建立投资仲裁案件的"合并机制"(consolidation mechanism)以管理股东独立仲裁案件。[2] NAFTA 中也明确规定了合并机制,提出在以下情况合并不同程序的可能性:(1)仲裁或诉讼程序高度相关,裁决相互依存;(2)合并将符合各方的最佳利益;(3)各方同意合并;(4)不同各方寻求的争议解决机制是可以合并的。[3]

"合并机制"尤其对于涉及股东间接仲裁的案件有一定积极作用。一般情况下,合并机制面临的主要问题之一是当事各方的商业资料和信息往往是保密的,因此,实践中很难合并不同的案例。然而,当涉及股东间接仲裁请求时,由于申请人一般都是同一家公司的不同股东,所以不同申请人的商业资料和信息可以通过这一家公司获得。但是,如果间接仲裁的申请人是通过多层级的、隐名的或者代持的等间接持股方式成为投资者,那么在实践中依然很难获得这些不同申请人的信息。

另一方面,可以倡导的程序性机制是类似于美国国内法中的"集体诉讼机制"(class action)。[4] 集体诉讼制度要求遭受同类性质损害的股东以一个整体的名义行使自己的权利进行索赔。而且,在国际投资仲裁机制中建立此类"程序机制"理论上也符合《ICSID

---

[1] See Abaclat and others (formerly Giovanna A. Beccara and others) v. Argentine Republic, ICSID Case No. ARB/07/5, also available at: https://investmentpolicy.unctad.org/investment-dispute-settlement/cases/284/abaclat-and-others-v-argentina.

[2] See Bemardo M. Cremades & Ignacio Madalena, "Parallel Proceedings in International Arbitration", *Arbitration International*, Volume 24, 2008, p. 507.

[3] See Bemardo M. Cremades & Ignacio Madalena, "Parallel Proceedings in International Arbitration", *Arbitration International*, Volume 24, 2008, p. 534.

[4] See Joseph D'Agostino, "Rescuing International Investment Arbitration: Introducing Derivative Actions, Class Actions and Compulsory Joinder", *Virginia Law Review*, Volume 98 Issue 1, 2012, p. 196.

公约》的规定。公约第 44 条规定，如发生任何本节或仲裁规则或双方同意的任何规则未作规定的"程序问题"，则该问题应由仲裁庭决定。① 因此，在 ICSID 中，《ICSID 公约》第 44 条或许可以作为仲裁庭引入或创设包括此类程序性机制在内的创新性程序问题解决方案的法律基础。

同时，"集体仲裁"的概念通常会使所有处于相似处境的潜在当事人成为仲裁的实际当事人，② 从而有助于减少前述部分股东基于经济成本等原因无法成为实际当事人进而无法获得救济的问题。在"集体仲裁"的机制下，如果仲裁申请人胜诉，集体内所有成员都可以按比例获得赔偿，这对于减少目前实践中通常由更活跃且有能力的少数股东提起仲裁请求，而其他不太活跃或者没有能力提起仲裁请求的股东无法获得救济的情况具有较大的积极作用。并且，获得损害赔偿的股东也应当按比例支付仲裁费用，这对于减少各自独立的仲裁成本而言也能起到积极作用。而当"集体仲裁"中申请人败诉时，可以按照公司法制度或股东间的协议分摊相关仲裁费用。但为了确保此类协调机制更合理的适用，负责提起仲裁的当事人应当通过合理的方式告知其他股东，如果其他股东同意，则应该共担风险、共获赔偿。

但是，这种方式也并非完美的，理论上和实践中依然会有部分股东基于各种原因不愿意参加有关的仲裁请求，但是又难以确保其之后不会独立提起仲裁请求。目前看来，尽管股东独立仲裁尤其是

---

① See ICSID Convention Art. 44: Any arbitration proceeding shall be conducted in accordance with the provisions of this Section and, except as the parties otherwise agree, in accordance with the Arbitration Rules in effect on the date on which the parties consented to arbitration. If any question of procedure arises which is not covered by this Section or the Arbitration Rules or any rules agreed by the parties, the Tribunal shall decide the question.

② See Joseph D'Agostino, "Rescuing International Investment Arbitration: Introducing Derivative Actions, Class Actions and Compulsory Joinder", *Virginia Law Review*, Volume 98 Issue 1, 2012, p. 212.

间接仲裁存在较多法律问题，但是直接禁止股东提出间接损失仲裁请求并不是一个实际有效的解决方案。相反，在协调各项法理问题的基础上，寻求更加多元的国际投资条约与仲裁规则的制度改革有助于解决股东基于间接损失提出仲裁请求的实际问题。

四 一般国际法的规制

基于股东独立仲裁的国际投资法属性，应对股东间接仲裁法律风险的途径应然地包括一般国际法的规制。宏观上来说，由于股东间接仲裁索赔往往是基于有关投资保护条约提出，因此理论上可以通过修订、更新条约以及在未来的条约缔结中限制或完全取消这类索赔的可能性，尽管这显然不是短期内可以实现的。

例如，国际投资法体系可以参考国内法的做法，将提起仲裁请求的权利保留给公司，而在规定层面不允许或者仲裁庭实践中不支持股东在国际投资仲裁中基于间接损失提出仲裁请求并获得金钱损害赔偿。同时，考虑到前文中论述的几项公司实际不能提出仲裁请求的情形（例如，公司已经解散），相关投资保护条约或者具体的投资合同可以授予股东在此类特殊情形下享有为了公司的利益，但是以自己的名义独立提起仲裁请求的特殊权利。但是即便如此，也依然需要平衡可能获得的损害赔偿金在公司与股东之间的再分配。例如可以规定，在此情形下有关案件的金钱损害赔偿应当明确由公司或其继受主体拥有，但是同时也应当明确股东有权在公司制度下获得相应的赔偿；或者通过仲裁程序以外的机制或者规定保障股东获得救济，但是不建议直接由提出仲裁请求的股东独立拥有可能的损害赔偿。

此外，股东间接仲裁的另一问题即"裁决不一致"也可以在一般国际法层面加以规制。尽管该问题并非专门由股东间接仲裁所引发的特定问题，但是在国际投资仲裁机制改革方案之中提出的构建"上诉机制"也有助于解决这一问题。例如欧盟的"投资法庭"方案也设立了"上诉机制"，如果这一方案能够有效推广和实践，那么理论上有助于解决国际投资仲裁裁决不一致的问题，进而有助于解决其中的股东独立仲裁裁决不一致问题。

而对于国际投资仲裁机制中的国内外股东"待遇不同"的问题，目前的国际投资法体系暂时没有很好的解决方案。国际投资仲裁机制只允许外国投资者提起仲裁请求，并受到仲裁裁决的约束。① 如果允许或要求国内投资者也可以受到国际投资条约的保护，而且可以独立提出仲裁请求（包括直接仲裁和间接仲裁），或者可以加入外国投资者提起的仲裁案件，将使得国际争议解决机构有权对国内政府与本国国民之间的投资争议进行仲裁，从而绕过了国内法院以及有关监管机构的管辖。② 这种情形带来的问题一方面是与国家司法主权相冲突；另一方面是国内投资者可能选择成本更低的国内救济方式，而如果不考虑成本因素，国内投资者又可能转向国际争议解决机构以减少在国内机构中可能遭受的不平等待遇。而且，这一问题也并非股东仲裁所独有的，其本身是一个由国际投资法体系引发的、受到主权国家认可的客观存在。

总而言之，虽然理论上可以建立一个统一的国际投资法保护体系，但这种努力迄今尚未成功。③ 围绕股东独立仲裁尤其是间接仲裁的理论争议、实践矛盾、法律冲突与相关风险等，无论是采取何种应对方式，对于是否允许和支持国际投资仲裁中的股东间接仲裁而言，核心要求在于判断间接仲裁是否为股东对其遭受的间接损失寻求救济的唯一且排他性的选择。而且，投资仲裁庭至少应当防止相

---

① See Joseph D'Agostino, "Rescuing International Investment Arbitration: Introducing Derivative Actions, Class Actions and Compulsory Joinder", *Virginia Law Review*, Volume 98 Issue 1, 2012, p. 213.

② See Andrea K. Bjorklund, "Reconciling State Sovereignty and Investor Protection in Denial of Justice Claims", *Virginia Journal of International Law*, Volume 45, pp. 809 & 815.

③ See August Reinisch, *The Issues Raised by Parallel Proceedings and Possible Solutions*, *The Backlash Against Investment Arbitration: Perceptions and Reality*, Wolters Kluwer, 2010, pp. 119-120.

关案件中重复赔偿情形的发生。结合上文对股东独立仲裁的理论研究和实践分析，以及结合上述各种应对方式的利弊和实际效果，本书认为股东独立仲裁中的直接仲裁具有法理和法律规范上的依据，实践中也较少出现争议；但是间接仲裁目前在法理和法律规范上的依据都不充分，然而实践中已经有部分投资仲裁庭选择支持股东间接仲裁，尽管尚未能有效解决其引发的法律争议与具体问题。此时，如果直接禁止股东基于间接损失独立请求仲裁即股东间接仲裁，并不是一个最佳的解决方案，现实层面也难以实现。因此，根据本书的分析研究，建议国际投资法体系在规范具体的限制条件和法律依据的前提下，允许或者认可股东在一定条件和情形下享有的独立仲裁请求权。

结论与展望

一 股东独立请求仲裁对中国的启示

国际投资仲裁机制已经是解决投资者与东道国之间投资争议的最重要机制之一，其中股东独立请求仲裁的案件也日益增加。对于股东独立请求仲裁与中国有关的法律问题，除了前文分析研究的共性问题以外，更多直接相关的特性问题可以从以下三个方面展开论述：（1）与中国国内法规定有关的问题；（2）与中外投资保护条约相关的问题；（3）与中国有关的股东独立投资仲裁案件，尤其是股东间接仲裁。对这三方面问题的现状可以总结如下。

（一）相关现状

第一，中国《公司法》（2018年修正）第20条规定，公司股东应当依法行使股东权利，而不得滥用公司法人独立地位和股东有限责任损害公司债权人的利益。[①] 根据该条款可知，我国公司法认为公司与股东的法律人格是相互独立的，第三人对公司的侵害应当由公司寻求救济。由于股东的间接损失作为股东投资的自然风险实际上包含在公司的损失之内，所以只要公司得到了救济，股东的损失也自然而然地获得了补偿。因此，中国的公司法理论同样认为股东受到间接损失不构成赋予股东独立索赔请求权的基础，这一点和其余代表性国家的国内法规定相一致。

第二，在中国对外缔结的投资保护条约方面，以2008年签署的

---

① 参见《中华人民共和国公司法》（2018年修正）第20条第1款。

《中华人民共和国政府和墨西哥合众国政府关于促进和相互保护投资的协定》（以下简称《中墨BIT》）为例，其第 13 条第 8 款规定："缔约双方承认，根据本条规定，无控制权的小投资者仅有资格就其自己作为投资者的法律利益遭受的直接损失或损害提出诉求。"① 该条款不同于以往中国对外商签的绝大部分 BITs 中有关投资仲裁的规定，而是采用了更加明确的方式和具体的约束来规范潜在的国际投资仲裁。该条款明确规定少数、非控股股东仅可以基于"法律利益的直接损失或损害"提出索赔，即股东直接仲裁；也就意味着不能基于股份经济价值遭受的间接损失提出间接索赔，即股东间接仲裁的形式之一。

同时，尽管《中墨BIT》中没有关于股东以公司名义请求仲裁的具体规定，但是其第 20 条第 2 款明确规定，如果是为企业蒙受的损失或损害将诉求提交仲裁，仲裁裁决作出的损害赔偿对象也应当是企业。② 因此，《中墨BIT》在对仲裁请求的权利要件上，实际上同样适用了与国内公司法中的"非间接损失"原则一致的规定；在损害赔偿的结果的分配上，也与国内法中的派生诉讼制度或股东代表诉讼制度相一致，肯定了只能由公司获得实际追偿后的损害赔偿。同时，《中墨BIT》也没有为缔约双方的国内公司提供国际投资仲裁的救济方式。

第三，在涉华投资仲裁案例中，2012 年 ICSID 仲裁庭作出无管辖权裁决的 The Standard Chartered Bank v. Tanzania③ 案（以下简称

---

① 参见《中华人民共和国政府和墨西哥合众国政府关于促进和相互保护投资的协定》第 13 条，仲裁：范围、资格和期限。

② 参见《中华人民共和国政府和墨西哥合众国政府关于促进和相互保护投资的协定》第 20 条第 2 款，如果是为企业蒙受的损失或损害将诉求提交仲裁：（一）判定返还原物的裁决应规定原物向该企业返还；（二）判定金钱赔偿及任何适当利息的裁决应规定向该企业支付的数额；（三）裁决应规定，本裁决的做出不损害任何人依据可适用的国内法可能享有救济的任何权利。

③ See Standard Chartered Bank v. The United Republic of Tanzania, ICSID Case No. ARB/10/12, Award, 2 November 2012.

"渣打银行案")与投资仲裁申请人依据遭受的间接损失提起仲裁请求的情形相类似，也涉及较多股东间接仲裁的法律争议。

渣打银行案是由申请人英国的渣打银行依据《英国—坦桑尼亚双边投资条约》（以下简称《英坦 BIT》）提交至 ICSID 的投资仲裁案件，被申请国家是坦桑尼亚。申请人渣打银行通过其中国香港子公司以提供贷款的方式投资了一家位于坦桑尼亚的电力公司（IPTL）。此后，该电力公司与一家坦桑尼亚政府全资拥有的国有电力公司（TANESCO）和坦桑尼亚政府签订了有关发电设施的建设和运营等一系列事项的合同（PPA）。渣打银行的投资是通过 IPTL 电力公司债务重组过程中以担保贷款的形式进行的，而这笔贷款最初是由马来西亚财团提供，后由渣打银行的中国香港子公司以自有资金购买取得。随后，两家电力公司在合同金额等方面出现了争议，导致合同违约。2010 年 5 月，渣打银行提起仲裁请求。

申请人渣打银行主张对该公司进行了投资，而且该投资遭受了损害，认为被申请国家采取的措施违反了《英坦 BIT》的规定。同时，申请人渣打银行认为，《英坦 BIT》对投资的定义并未要求"控制"，只要求对投资拥有所有权。申请人渣打银行认为根据贷款协议第 8 条的规定，一旦贷款协议项下的违约事件发生，IPTL 电力公司不再被授权行使和执行 PPA 赋予其的有关权利和救济措施。这些权利和救济措施可由作为贷款人的代理人行使。在违约事件发生后，渣打银行辩称，渣打银行香港子公司已行使了赋予其的介入权（step-in rights），IPTL 电力公司在 PPA 下的合同权利已归渣打银行香港子公司所有，而渣打银行通过与其香港子公司之间的股权关系，实际上是 IPTL 电力公司的唯一股东。

被申请国家坦桑尼亚对仲裁庭的管辖权提出异议，认为申请人不符合《英坦 BIT》的管辖权要求，因为该案中所谓的"贷款投资"并非由申请人作出或直接拥有，而是由其香港子公司实施的行为。被申请国家坦桑尼亚认为，申请人渣打银行只是拥有其香港子公司的股份所有权，但是因为申请人在香港子公司中并没有投票表决权，所以也就对子公司实施的投资行为没有任何控制权。

该案仲裁庭最终裁决认为没有管辖权，认为该案申请人渣打银行没有提供任何证据显示，其就该案中的坦桑尼亚贷款采取了根据《英坦 BIT》授予投资者地位的行动。根据《英坦 BIT》第 8 条第 1 款的规定，仲裁庭的管辖权取决于案涉的贷款是不是申请人渣打银行投资的调查结果，而申请人未能对此进行证明，通过"间接链条"拥有中国香港子公司（投资主体）并不能赋予申请人渣打银行"投资者地位"。[①] 仲裁庭认为，判断"间接链条上的主体"是否符合投资者地位时，需要判断其是否直接或通过其控制的实体参与投资活动，属于投资过程的一部分。在解释了条约文本并考虑条约目的后，仲裁庭认为，该案中申请人必须证明香港子公司的投资是按照其指示进行的，并且申请人以积极和直接的方式资助或控制了投资。而在本案中，申请人没有对香港子公司提供的贷款作出积极贡献，也没有对贷款进行控制，更没有向香港子公司发出提供该笔贷款的指示。

仲裁庭在该案中还特别指出，2010 年 9 月申请人渣打银行的香港子公司已经针对 TANESCO 提起了单独的 ICSID 仲裁程序，[②] 并且这一案件的仲裁庭最终支持了申请人根据 PPA 向 TANESCO 索赔应付给 IPTL 的款项。尽管由于两案裁决结果不一致，未出现重复赔偿等有关问题，但是其中的风险依然是显而易见的。

同时，该案仲裁庭也承认，一项投资可以是间接进行的，例如通过一个实体将投资者的款项转入东道国。这类间接投资也可能涉及有关案件申请人的投资活动，如果这些活动是在投资者的指示下进行的，或者是通过受投资者控制的实体进行的。仲裁庭在渣打银

[①] See Standard Chartered Bank v. The United Republic of Tanzania, ICSID Case No. ARB/10/12, Award, 2 November 2012, p. 53, para. 230.

[②] See Standard Chartered Bank (Hong Kong) Limited v. Tanzania Electric Supply Company Limited, ICSID Case No. ARB/10/20, Award, 12 September 2016.

行案中还提出，申请人要从条约的仲裁条款中获益，必须证明以下情形：（1）该项投资是按照申请人的指示进行的；（2）申请人为该项投资提供了资金；（3）或者申请人以"主动和直接"的方式控制了投资。而仲裁庭认为，公司或个人的"投资"不只是意味着抽象地占有或拥有某些公司股份，对于申请人"被动"拥有投资公司的股份且不享有控制权，那么即使该公司是进行投资的主体，申请人自身也不能仅通过享有股份就获得条约仲裁条款的保护。[1] 相反，在目前情况下，要使一项投资成为"投资者的"投资，就应当要求"投资者"实际进行了某种投资活动，也意味着投资仲裁请求的申请人应当对投资具有控制权，或实施了将有价值的客体从一个缔约国实际转移到另一个缔约国的行动。

（二）启示与建议

结合中国国内法有关规定、中外投资保护条约以及涉华股东独立投资仲裁案件三方面的研究分析，从我国的理论研究、法律法规以及司法实践来看，目前对于股东独立投资仲裁制度中的"直接仲裁"并不存在法律性质上的争议。一般认为，股东直接仲裁是股东直接基于有关投资条约对其股份投资明确规定的条约权利遭受侵害，从而独立提起的仲裁请求，因此一般不涉及与国内法规定是否冲突或矛盾的争议。缔约国在缔结投资条约时已经同意了这些条约权利，一旦投资条约生效，有关的投资保护规定和待遇即有法可依、于法有据。而且，例如《中墨BIT》等投资条约，不仅通过条约文本明确肯定了股东直接请求仲裁的权利，更进一步明确了直接仲裁请求中，申请人"股东"不受大小多少的限制。

但是，对于国际投资仲裁中的股东"间接仲裁"则在上述三个方面存在法律冲突与较多争议。中国《公司法》（2018年修正）并没有规定股东"间接损失"或"间接索赔"的概念，对股东诉讼制

---

[1] See Standard Chartered Bank v. The United Republic of Tanzania, ICSID Case No. ARB/10/12, Award, 2 November 2012, p. 53, paras. 230-232.

度的规定从宏观上分析仅包括"股东直接诉讼"和"股东代表诉讼"。

根据中国《公司法》（2018 年修正）的规定，"股东直接诉讼"的法定事由主要包括：（1）股东会或者股东大会、董事会的会议召集程序、表决方式违反法律、行政法规或者公司章程，或者决议内容违反公司章程；（2）查阅有关内容的请求被公司拒绝；（3）一定条件下股东与公司不能达成股权收购协议；（4）董事、高级管理人员违反法律、行政法规或者公司章程的规定，损害股东利益的，股东可以向人民法院提起诉讼；（5）一定情形下，持有公司全部股东表决权百分之十以上的股东，可以请求人民法院解散公司。[①] 有关的司法解释和实体规则中或许对股东直接诉讼还有更多的规定，不过总结而言均不存在关于"间接损失"的规定。

而对于"股东代表诉讼制度"，即《公司法》（2018 年修正）第 151 条的规定，[②] 股东可以在一定条件下以自己的名义，但必须是为了公司的利益起诉。对于股东代表诉讼制度，前文已经分析过，尽管股东是以自己的名义起诉，但仍然是为了公司的利益，如果相关案件胜诉，其判决的损害赔偿金额也属于公司。而对于股东的间接损失，只能通过对公司利益的救济而间接获得救济。因此，

---

① 参见《中华人民共和国公司法》（2018 年修正）第 22、33、74、152、182 条。
② 参见《中华人民共和国公司法》（2018 年修正）第 151 条：（1）董事、高级管理人员有本法第一百四十九条规定的情形的，有限责任公司的股东、股份有限公司连续一百八十日以上单独或者合计持有公司百分之一以上股份的股东，可以书面请求监事会或者不设监事会的有限责任公司的监事向人民法院提起诉讼；监事有本法第一百四十九条规定的情形的，前述股东可以书面请求董事会或者不设董事会的有限责任公司的执行董事向人民法院提起诉讼。（2）监事会、不设监事会的有限责任公司的监事，或者董事会、执行董事收到前款规定的股东书面请求后拒绝提起诉讼，或者自收到请求之日起三十日内未提起诉讼，或者情况紧急、不立即提起诉讼将会使公司利益受到难以弥补的损害的，前款规定的股东有权为了公司的利益以自己的名义直接向人民法院提起诉讼。（3）他人侵犯公司合法权益，给公司造成损失的，本条第一款规定的股东可以依照前两款的规定向人民法院提起诉讼。

就中国国内法的规定而言，并没有关于股东间接损失的直接或完整的救济规定。

基于此，从更广泛层面和主体的权利义务与经济利益等方面考量，中国国内法尤其是公司法，可以考虑对股东诉权有关规定进行一定的改革，通过完善关于股东间接损失的规定以进一步对接国际规则与实践。在进一步推进更高水平对外开放的时代背景下，法治营商环境建设必然是其重要内容之一。就目前的研究和实践来看，一方面，国际投资法体系和国际投资仲裁机制短期内难以就股东间接仲裁有关法律问题达成司法层面的一致，较大可能从政策角度进行考虑，在机制或实践层面对股东间接仲裁案件的受理进行一定的规制。另一方面，从中国自身的法律和政策利益以及双向投资大国的国际地位考虑，现行立法对于中小微股东的权利与利益保护存在不足，在其股东权益遭受间接损失时很难获得直接或完整的救济。完善对股东间接损失利益的救济机制与规范，有利于完善我国的公司法体系，保护中小微股东权益，树立良好的社会主义国家企业治理法治形象，推动市场经济的改革开放与吸引外资。

需要注意的是，在法律和政策层面对股东权益作出的进一步保护绝对不是无限制的扩张。相反，有关保护应当参考应对股东间接仲裁有关法律风险的研究中提出的具体限制方案，尤其是针对股东间接仲裁请求权利（间接诉权）提出的限制情形与条件，例如公司解散或者丧失了提出诉讼的能力或法律资格，以及公司主动放弃索赔的情形下有关股东的权利与利益保护等。更具体而言，包括对股东的间接权利从主体规范、适用条件、不法行为要求以及间接损失的量化赔偿等方面进行明确规定，防范平行或无止境的索赔、重复赔偿、对债权人的不利影响以及公司治理的扭曲等风险。

二 股东独立请求仲裁的机制构建

百年未有之大变局下，无论是全球化继续深入发展，还是逆全球化趋势加剧，不可避免地都会引发更多国际经济争议。正向来说，如果全球化持续发展加强合作，那么潜在争议理论上也会不断增加，存有更大的基数。负向而言，如果全球化持续遭遇调整，投资者未来需要退出投资东道国，减少经济交往，那么对于目前已存的现状基础而言，会由于退出和不合作情形的增多，导致更广泛的纠纷与争议。所以，无论从哪个层面而言，国际争议解决机制都需要得到进一步重视与利用。

国际投资仲裁制度自诞生以来，一直被描述为"混合"的制度，因为它既涉及国际公法管辖的国家之间的条约关系，又涉及私主体，而且通常是根据国内法成立的公司实体之间及其内部的法律关系。[①] 而且，国际投资仲裁请求的"诉因"也可以说是混合的，因为即使其基本依据一般是国际投资条约，但也需要适用或者结合国内法与一般国际法的规定。尤其是对于股东间接仲裁而言，这种制度与诉因的"混合"法律性质尤其突出。国际投资仲裁中股东间接仲裁请求涉及的"间接损失"不仅与案件的管辖权、可受理性、适用法以及实体问题等紧密相关，而且由于所谓"间接损失"的判断和量化实际上取决于公司所遭受的损失，其本身又受到国内法有关公司和股东规定的限制。

本书对股东独立投资仲裁请求的研究，从判断国际投资仲裁的制度规范、机制运行与实践案例中是否已经形成了"股东独立请求权"入手，厘清、区分并界定相关的概念、范围和特征，明确提出了与此有关的具体争议和批判意见。股东独立请求仲裁的核心争议在于股东"间接仲裁"，关系着国际投资法体系中的一项基本的法理与规范问题，即股东对间接损失（即公司遭受侵害或损失的间接资产反应）的"请求权地位"。根据这个基本问题，本书就股东所享有的条约权利的独立性，与作为投资公司尤其是当地公司的股东在一国国内法中享有的权利，以及两者之间的相互独立性与相互关联

[①] See Zachary Douglas, *The International Law of Investment Claims*, Cambridge University Press, 2009, p. 152.

性进行了较为深入、细化的研究。同时，进一步研究了国内法和一般国际法对股东和公司之间普遍认可的规则，尤其是两者相互独立的法律权利与有关司法索赔和救济的原则或规则。简言之，即使不论股东独立仲裁尤其是间接仲裁带来的法律风险等问题，国际投资仲裁中股东有其独立仲裁请求权的追求，但是有关的权利依据仍根源于"国家授权"，如果与国内法和一般国际法的基本原则或规则相冲突，则应当对其进行批判性的思考与针对性的改革。

"股东"在国际法中地位的复杂性一方面既来源于个人在国际法中主体地位的普遍争议性问题，另一方面也源于股东的权利、利益和主张与公司的权利、利益和主张之间的潜在重叠，以及这些权利、利益和主张所受的国内法与国际法规定与管辖的重叠、融合与矛盾。国际法院在巴塞罗那公司案和 Diallo 案中对公司权利和一般国际法或国内法规定的股东权利进行了区分，这些区分即使在国际投资法的背景下也应当得到适用。理论上，国际法可以赋予股东不在国内法中享有的新的权利，但也应当承认这些股东权利可能与公司的某些权利完全或部分重合或冲突。只有首先承认和厘清这些问题的存在，才能更好地完善有关规则并应对这些问题。

但是，部分国际投资仲裁庭在仲裁实践中不加批判地认可股东在间接仲裁中的权利地位以及条约仲裁的"独特性"，忽视了或者无法解决股东间接仲裁引发的实质性法律冲突与风险，导致股东间接仲裁的相关实践受到较多质疑。总体而言，仲裁庭支持股东间接仲裁的理由往往是认为"股份"享有作为受保护的投资的法律地位，但仅仅基于这样的"地位"，并不足以确认股东拥有哪些权利，更不能证明仲裁庭支持股东间接仲裁，放弃公司与股东之间相互独立的一般国际法和国内法原则是合理的。

无论在法律层面还是经济层面，"间接损失"最常见的形式是基于公司遭受侵害或损失从而导致股份价值降低的损失。大多数国家的法学理论或者公司法等有关法律法规，对股东间接损失索赔的观点或规定，与目前国际投资法中有关间接损失的仲裁实践所体现的观点几乎是截然相反的。如本书所论证的，大多数较完善的国内公司法制度都根据"非间接损失"原则禁止股东追索间接损失，该原则在很大程度上是基于避免重复索赔、多重诉讼和结果不一致以及对债权人和其他股东的负面影响的法律或政策考虑。

相较而言，基于保护投资者权利利益的国际投资法则更有可能允许股东提出间接仲裁请求。就目前的仲裁实践来看，根据相关国际投资条约，不仅是控股股东或大股东，甚至小股东都可能提出投资仲裁请求；不仅是直接股东，公司的间接股东也可能提起间接损失仲裁请求。因此，投资仲裁庭对股东间接仲裁请求的支持，可能导致无休止的索赔、重复赔偿、裁决不一致以及公平与效率的问题，而且可能对公司所有权结构中不同层级的相关索赔人作出相互冲突的裁决。面对这些问题，本书认为对股东独立投资仲裁尤其是间接仲裁，需要更明晰的法理阐释与法律规则加以规范，尽管国际规则的构建不可能一蹴而就，但是面对股东独立仲裁实践中具体的法律风险，还是可以从管辖权、可受理性和适用法三个方面提出切实可行的应对策略，推动构建股东独立投资仲裁有关规则。

第一，从管辖权方面而言，正如本书论证的，股东独立投资仲裁实践尚未形成习惯国际法规则。但是，国际投资条约和投资仲裁机制也的确为公司和股东提供了更广泛的程序性与实质性权利保护，所涵盖的股份投资和股东投资者范围也是十分宽泛。即使股东的"股份投资"被认定为受投资条约保护的"投资"，而且股东进行的投资与公司进行的投资也的确密切相关，但两者仍然是相互区分且不同的。目前，股东与公司之间的区别或者说相互独立性主要是在国内法层面进行的，而这种区别也应当在国际法上保持一致，除非有关投资条约直接赋予股东可以独立进行间接仲裁的权利，否则一般情形下不应有例外。

因此，管辖权方面的规则完善首先需要在国际投资法体系中进一步确认"属人管辖权"中股东投资者与公司投资者之间的区别，区分股东和公司的仲裁请求权，明确股东投资者成为仲裁申请人的依据和条件。其次，也需要进一步明确"属事管辖权"中股份"价值损失"与"权利侵害"之间的区别，如果未来国际投资法体系或者更多的投资保护条约确认将股份价值的间接损失纳入条约保护的范围并据此赋予相应的权利，则应当有更明确的理论基础、规范依据与运行条件。最后，由于股份具有较高的流转性，当其作为受投资条约保护的投资且成为股东间接仲裁的条约依据时，国际投资法体系应当加以适当限制与规范，防止"恶意"投资从而针对东道国提起仲裁请求等情况。

第二，从可受理性方面而言，国际投资法体系还没有对此形成普遍可接受的统一界定，但可以明确其不是指仲裁管辖权中"是否同意"或"同意的范围"等问题。可受理性问题的界定包括多元化的事项和法律依据，仲裁庭可以依据这些事项或依据不受理仲裁请求，或受理仲裁请求但不对案件争议的实体问题做出裁判。同时，仲裁庭作出的可受理决定也往往会涉及争议的实体问题，不过这并非必需。仲裁庭根据是否具有可受理性对仲裁请求做出决定，不仅在法理层面有其必要性与合法性，更有助于避免条约仲裁程序与其他司法或非司法救济程序的重复或冲突，对仲裁程序本身也具有更为司法经济的帮助，有助于降低裁决结果不一致的风险，保护相对人或第三人的权利与利益。各项股东独立仲裁尤其是间接仲裁之间以及与相关国内法索赔之间的实质性重叠可能引起的风险，直接影响着股东独立仲裁的可受理性。无论一起股东独立仲裁案件中的仲裁庭具体理由和决定如何，都改变不了股东间接仲裁请求与公司仲裁请求是基于同一项不法行为的事实。

因此，国际投资法体系需要首先明确股东独立仲裁案件中可受理性问题的界定，并且肯定其在投资仲裁理论和实践中的必要和重要地位。国际投资仲裁机制需要从规范层面明确一项股东独立仲裁请求是否具有可受理性的判断标准，具体而言可以考虑以下 7 项因素：（1）股东独立仲裁中请求的损害赔偿在多大程度上可能与其他的条约索赔或者非条约索赔的损害赔偿诉求一致；（2）股东和公司是否都可以有效地索赔有关损害赔偿；（3）股东或公司是否在开始投资仲裁之前已经提起了非条约索赔；（4）涉及与股东独立仲裁相同的损害赔偿的非条约索赔，是否已获得赔偿或者达成和解；（5）国际投资条约的索赔是否依赖于合同，该合同是否含有法院选择条款并且规定了与条约仲裁庭不同的管辖权；（6）投资仲裁庭是否可以采取措施，有效地处理与实质性重叠相关的风险；（7）第三人，例如公司的债权人，是否会受到股东独立仲裁请求的影响。总而言之，国际投资法体系需要更明确的权利义务规范，一方面要有助于解决目前部分股东间接仲裁实践揭示的实际问题与理论争议，另一方面也需要明确股东在特定情形下以间接独立仲裁的方式请求救济的法律资格或地位，以及相关仲裁请求的可受理性判断，而不是提供无限制且备受争议的条约仲裁保护。

第三，从适用法方面而言，由于股东间接仲裁的争议标的来源于公司资产，而公司资产及其对应的财产权利实际上受到公司国籍国法律制度的约束，因此在股东间接仲裁中，相关的国内法和国际法都必然与解决仲裁请求争议的适用法有关。目前的国际投资法体系本身并没有关于法律适用方面的明显问题，但是在投资仲裁实践中，却形成了仲裁庭往往只适用条约规定而忽略国内法相关规定与作用的现状。

因此，国际投资法体系有必要重申，投资条约中纳入了国内法的相关原则或规则并不违反国际法与国内法的适用规则，也并不代表国内法"决定"了国际法的内容。这样的错误结论往往是基于"国内法与国际法相分离"的理论，国内法与国际法本身应当是相互作用与相互促进的。在没有明显冲突的情况下，仲裁庭如果直接选择不考虑或者不适用国内法是没有充分理由甚至是不正当的，也无法实质上公平处理以国内法和国际法为混合基础的仲裁请求涉及的法律争议。更进一步而言，股东独立仲裁应当在程序法规则上明确，仲裁庭在法律适用中自然应当依据条约规定的法律选择条款进行选择和适用，但是由于仲裁请求所涉主体以及投资争议与东道国密不可分的法律关系，对案涉条约没有规定的问题也应当通过适用一般法律原则、习惯国际法规则以及国内法的相关规定加以解决。

第四，除了上述股东独立仲裁的规则构建之外，考虑到股东独立仲裁已经存在的法律问题与构建规则所需时间和司法资源等方面的矛盾，本书还提出了在完善国际投资仲裁规则之外，应对有关法律风险相对切实的建议。

其一，通过自治性的规制在公司内部防范有关问题，包括在公司章程或细则中制定"弃权条款"，允许股东和公司就如何协调他们针对东道国提起的相互竞争的索赔、诉讼策略以及可能的和解条款达成一致。其二，程序法中引入更宽泛的既判力原则。仲裁庭在判断具体案件是否应当适用既判力原则时，不要求传统的"三重因素一致"的标准，而是通过"相关联"（related）的标准防止多重索赔以及重复赔偿等风险问题。其三，探索确立国际投资法体系中的股东派生仲裁制度（股东代表仲裁制度）、仲裁案件协调机制与合并机制以及集体仲裁机制等。其四，国际投资条约层面的协调与规制，例如参照国内法的做法，将提起仲裁请求的权利保留给公司，而不允许股东在国际投资仲裁中基于间接损失提起仲裁请求并获得金钱损害赔偿。

此外，关于股东所诉求的损害赔偿的"量化"方式也需要改进，该问题同时涉及经济学等其他学科知识。目前的投资仲裁实践采取的量化方式显然存在较多问题，改进方式中的核心关切是应当考虑对股东持股公司损害赔偿的量化，应避免重复赔偿和损害第三方合法利益等问题。在损害赔偿中，尽管由于所涉及的当事主体和诉因不同，无论是否支持股东对于间接损失的仲裁请求，但在损害赔偿的量化阶段都应当考虑到不同索赔、不同主体之间的重叠。

总而言之，本书的研究较为具体且深刻，目的在于有效协调国际投资法架构，确保投资仲裁庭将在统一的架构下运行，尤其是应当采取更加于法有据的方式运行。本书的最大贡献在于：第一，承认了股东独立仲裁尤其是间接仲裁存在的理论与实践问题，提供了全面的论据，并厘清了问题产生的原因；第二，提出了从法律到政策，从理论到实践的解决方案，有助于国际投资仲裁机制的可持续发展。研究与改革股东独立投资仲裁的最终目标是确保国际投资法体系在实现国际投资保护的同时，不会损害不是其直接受益主体的合法权利与利益，从而在更广泛与更深刻的层面实现法律的公平正义，促进世界经济增长与全球可持续发展。

参考文献

一 中文著作

［德］薄克暮、［奥］芮离谷：《从双边仲裁庭、双边投资法庭到多边投资法院——投资者与国家间争端解决的机制化选择》，池漫郊译，法律出版社2020年版。

陈安主编：《国际投资法的新发展与中国双边投资条约的新实践》，复旦大学出版社2007年版。

陈安主编：《国际投资争端仲裁——"解决投资争端国际中心"机制研究》，复旦大学出版社2001年版。

陈波编著：《南亚投资法律风险与典型案例》，中国法制出版社2015年版。

龚柏华、伍穗龙主编：《涉华投资者——东道国仲裁案评述》，上海人民出版社2020年版。

韩德培主编：《国际私法》（第三版），高等教育出版社、北京大学出版社2014年版。

何芳：《国际投资法律体系中的外资管辖权研究》，法律出版社2018年版。

何其生：《比较法视野下的国际民事诉讼》，高等教育出版社2015年版。

何其生：《多元视野下的中国国际私法》，高等教育出版社2019年版。

［美］肯尼斯·J. 范德威尔德：《美国国际投资协定》，蔡从燕、朱

明新等译，法律出版社 2017 年版。

李双元、欧福永主编：《国际民商事诉讼程序研究》（第二版），武汉大学出版社 2016 年版。

梁西主编：《国际法》（第三版），武汉大学出版社 2011 年版。

卢进勇、余劲松、齐春生主编：《国际投资条约与协定新论》，人民出版社 2007 年版。

［德］鲁道夫·多尔查、［奥］克里斯托弗·朔伊尔编：《国际投资法原则》（原书第二版），祁欢、施进译，中国政法大学出版社 2014 年版。

宁红玲：《投资者——国家仲裁与国内法院相互关系研究》，法律出版社 2020 年版。

乔慧娟：《私人与国家间投资争端仲裁的法律适用问题研究》，法律出版社 2014 年版。

单文华主编：《中国对外能源投资的国际法保护——基于实证和区域的制度研究》，清华大学出版社 2014 年版。

石慧：《投资条约仲裁机制的批判与重构》，法律出版社 2008 年版。

史晓丽、祁欢：《国际投资法》，中国政法大学出版社 2009 年版。

陶立峰主编：《"一带一路"沿线国家投资仲裁案例集》，法律出版社 2019 年版。

万猛主编：《国际投资争端解决中心案例导读Ⅰ》，法律出版社 2015 年版。

王海浪：《ICSID 管辖权新问题与中国新对策研究》，厦门大学出版社 2017 年版。

肖军：《规制冲突裁决的国际投资仲裁改革研究——以管辖权问题为核心》，中国社会科学出版社 2017 年版。

肖永平：《法理学视野下的冲突法》，高等教育出版社 2008 年版。

肖永平、冯洁菡主编：《中国促进国际法治报告（2016 年）》，社会科学文献出版社 2017 年版。

肖永平、冯洁菡主编：《中国促进国际法治报告（2018～2019）》，社会科学文献出版社2019年版。

姚梅镇：《国际投资法》（第三版），武汉大学出版社2011年版。

[英]伊恩·布朗利：《国际公法原理》，曾令良、余敏友等译，法律出版社2003年版。

银红武：《中国双边投资条约的演进——以国际投资法趋同化为背景》，中国政法大学出版社2017年版。

余劲松、吴志攀主编：《国际经济法》（第三版），北京大学出版社、高等教育出版社2009年版。

余劲松主编：《国际投资法》（第四版），法律出版社2014年版。

曾华群主编：《国际经济新秩序与国际经济法新发展》，法律出版社2009年版。

张瑾：《"一带一路"投资保护的国际法研究》，社会科学文献出版社2017年版。

张庆麟主编：《国际投资法问题专论》，武汉大学出版社2007年版。

张生：《国际投资仲裁中的条约解释研究》，法律出版社2016年版。

左海聪主编：《国际经济法》（第二版），武汉大学出版社2014年版。

二 中文论文

陈安：《中外双边投资协定中的四大"安全阀"不宜贸然拆除——美、加型BITs谈判范本关键性"争端解决"条款剖析》，《国际经济法学刊》2006年第1期。

陈磊：《国际投资争议之仲裁管辖权的比较研究》，硕士学位论文，上海交通大学，2009年。

池漫郊：《简论"美国2012年BIT范本"关于仲裁管辖的规定及其对中国BIT缔约实践的潜在影响》，《国际经济法学刊》2012年第4期。

池漫郊、任清：《中国国际投资仲裁年度观察（2020）》，《北京仲裁》2020年第2期。

杜焕芳、李贤森：《国际商事仲裁当事人程序自治边界冲突与平衡》，《法学评论》2020年第2期。

杜涛：《从"海乐·西亚泽诉中国案"看投资者与国家争议解决中当地诉讼与国际仲裁的竞合问题》，《经贸法律评论》2019年第3期。

傅攀峰：《国际投资仲裁中既判力原则的适用标准——从形式主义走向实质主义》，《比较法研究》2016年第4期。

郭玉军：《论国际投资条约仲裁的正当性缺失及其矫正》，《法学家》2011年第3期。

韩秀丽：《再论卡尔沃主义的复活——投资者—国家争端解决视角》，《现代法学》2014年第1期。

何悦涵：《投资争端解决的"联合控制"机制研究——由投资争端解决机制的改革展开》，《法商研究》2020年第4期。

贺荣：《论中国司法参与国际经济规则的制定》，《国际法研究》2016年第1期。

黄进、鲁洋：《习近平法治思想的国际法治意涵》，《政法论坛》2021年第3期。

黄世席：《国际投资条约中投资的确定与东道国发展的考量》，《现代法学》2014年第5期。

梁丹妮、邱泽：《国际投资仲裁中股东行使间接求偿权问题研究》，《国际贸易法论丛》2015年第6卷。

梁咏：《中国投资者海外投资法律保障制度研究》，博士学位论文，复旦大学，2009年。

林爱民：《国际投资协定争议仲裁研究》，博士学位论文，复旦大学，2009年。

刘敬东：《构建公正合理的"一带一路"争端解决机制》，《太平洋学报》2017年第5期。

刘仁山、龚文静：《中欧投资协定谈判背景下〈外商投资法〉的解释与适用》，《学习与实践》2021年第3期。

刘笋：《论国际投资仲裁中的先例援引造法》，《政法论坛》2020年第5期。

鲁洋：《论"一带一路"国际投资争端解决机构的创建》，《国际法研究》2017年第4期。

漆彤：《论中国海外投资者对国际投资仲裁机制的利用》，《东方法学》2014年第3期。

沈伟：《论中国双边投资协定中限制性投资争端解决条款的解释和适用》，《中外法学》2012年第5期。

沈伟：《中国投资协议实体保护标准的自由化和多边化演进》，《法学研究》2015年第4期。

石慧：《中国对外签订新式双边投资条约需要注意的问题》，《湖南文理学院学报》（社会科学版）2008年第2期。

石静霞、董暖：《"一带一路"倡议下投资争端解决机制的构建》，《武大国际法评论》2018年第2期。

孙南申：《国际投资仲裁中的法律适用问题》，《国际商务研究》2019年第2期。

索妮：《国际投资仲裁中股东间接索赔权问题研究》，硕士学位论文，华东政法大学，2018年。

万鄂湘、夏晓红：《中国法院不予承认及执行某些外国仲裁裁决的原因——〈纽约公约〉相关案例分析》，《武大国际法评论》2010年第2期。

王瀚、李广辉：《论仲裁庭自裁管辖权原则》，《中国法学》2004年第2期。

王鹏：《国际投资协定的政治经济学：一项研究议程》，《人大法律评论》2018年第2期。

王稀：《国际投资仲裁中股东诉权问题研究》，《世界贸易组织动态与研究》2013年第5期。

魏艳茹：《国际投资争端解决中的股东代表仲裁条款研究》，《国际经济法学刊》2007年第4期。

肖芳：《国际投资仲裁裁决在中国的承认与执行》，《法学家》2011年第 6 期。

肖军：《〈ICSID 公约仲裁规则〉第 41（5）条的解释与适用》，《国际经济法学刊》2012 年第 3 期。

肖军：《国际投资条约中"法律上不成立之诉请"条款探析》，《上海对外经贸大学学报》2019 年第 1 期。

肖军：《建立国际投资仲裁上诉机制的可行性研究——从中美双边投资条约谈判说起》，《法商研究》2015 年第 2 期。

徐崇利：《公平与公正待遇：真义之解读》，《法商研究》2010 年第 3 期。

徐崇利：《晚近国际投资争端解决实践之评判："全球治理"理论的引入》，《法学家》2010 年第 3 期。

徐树：《国际投资仲裁庭管辖权扩张的路径、成因及应对》，《清华法学》2017 年第 3 期。

叶兴平：《北美自由贸易协定投资争端解决机制剖析》，《法商研究》2002 年第 5 期。

余劲松：《国际投资条约仲裁中投资者与东道国权益保护平衡问题研究》，《中国法学》2011 年第 2 期。

余晓琴：《ICSID 仲裁中揭开公司面纱问题研究》，硕士学位论文，西南政法大学，2016 年。

袁杜娟：《适格投资界定路径的新发展及其启示》，《法商研究》2014 年第 2 期。

张光：《论国际投资仲裁中投资者利益与公共利益的平衡》，《法律科学（西北政法大学学报）》2011 年第 1 期。

张建：《国际投资仲裁管辖权研究》，博士学位论文，中国政法大学，2018 年。

张磊：《论国际投资中对公司股东的外交保护》，《世界贸易组织动态与研究》2009 年第 9 期。

张乃根：《"一带一路"倡议下的国际经贸规则之重构》，《法学》

2016年第5期。

张庆麟:《论国际投资协定中"投资"的性质与扩大化的意义》,《法学家》2011年第6期。

张庆麟:《论晚近南北国家在国际投资法重大议题上的不同进路》,《现代法学》2020年第3期。

张小桃:《国际投资仲裁中的股东保护问题探究》,《国际商务研究》2014年第3期。

赵骏:《国际投资仲裁中"投资"定义的张力和影响》,《现代法学》2014年第3期。

赵骏:《全球治理视野下的国际法治与国内法治》,《中国社会科学》2014年第10期。

周园:《试论ICSID语境下的适格投资者》,《时代法学》2013年第4期。

周忠海:《海外投资的外交保护》,《政法论坛》2007年第3期。

竺彩华、韩剑夫:《"一带一路"沿线FTA现状与中国FTA战略》,《亚太经济》2015年第4期。

三 外文著作

August Reinisch & Christoph Schreuer, *International Protection of Investments: The Substantive Standards*, Cambridge University Press, 2020.

Campbell McLachlan, Laurence Shore, and Matthew Weiniger, *International Investment Arbitration Substantive Principles*, 2nd edition, Oxford University Press, 2017.

Charles H. Brower, *Reflections on the Road Ahead: Living with Decentralization in Investment Treaty Arbitration*, The Future of Investment Arbitration, Oxford University Press, 2009.

Christian J. Tams, *Enforcing Obligations Erga Omnes in International Law*, Cambridge University Press, 2005.

Christopher F. Dugan and others, *Investor-State Arbitration*, Oxford University Press, 2011.

Christoph Schreuer and others, *The ICSID Convention: A Commentary*, 2nd edition, Cambridge University Press, 2009.

Christoph Schreuer, *Denunciation of the ICSID Convention and Consent to Arbitration, The Backlash against Investment Arbitration: Perceptions and Reality*, Social Science Electronic Publishing, 2011.

David Gaukrodger, *Investment Treaties and Shareholder Claims: Analysis of Treaty Practice*, OECD Working Papers on International Investment 2014/03, 2014.

David Gaukrodger, *Investment Treaties and Shareholder Claims for Reflective Loss: Insights from Advanced Systems of Corporate Law*, OECD Working Papers on International Investment 2014/02, 2014.

David Gaukrodger, *Investment Treaties as Corporate Law: Shareholder Claims and Issues of Consistency: A Preliminary Framework for Policy Analysis*, OECD Working Papers on International Investment 2013/03, 2013.

David Gaukrodger & Kathryn Gordon, *Investor-State Dispute Settlement: A Scoping Paper for the Investment Policy Community*, OECD Working Papers on International Investment 2012/03, 2012.

Eilís Ferran, *Principles of Corporate Finance Law*, 2nd edition, Oxford University Press, 2014.

Florian Grisel, *The Sources of Foreign Investment Law*, in *The Foundations of International Investment Law: Bringing Theory into Practice*, Oxford University Press, 2014.

Gabrielle Kaufmann-Kohler, *Multiple Proceedings-New Challenges for the Settlement of Investment Disputes*, Contemporary Issues in International Arbitration and Mediation-The Fordham Papers, 2015.

Gary B. Born, *International Arbitration and Forum Selection Agreement:*

Drafting and Enforcing, third edition, Kluwer Law International, 2010.

Gus Van Harten, *Investment Treaty Arbitration and Public Law*, Oxford Scholarship Online, 2009.

Henry Hansmann & Richard Squire, *External and Internal Asset Partitioning: Corporations and Their Subsidiaries*, Oxford Handbook of Corporate Law and Governance, 2018.

International Monetary Fund, *Balance of Payments and International Investment Position Manual*, 6th edition, International Monetary Fund, 2009.

Jan Paulsson, *Jurisdiction and Admissibility*, Global Reflections on International Law, Commerce and Dispute Resolution: Liber Amicorum in honour of Robert Briner, Paris: ICC Publishing, 2005.

Jarrod Hepburn, *Domestic Law in International Investment Arbitration*, Oxford University Press, 2017.

John Armour, Gerard Hertig and Hideki Kanda, *Transactions with Creditors*, The Anatomy of Corporate Law, 2nd edition, Oxford Scholarship Online, 2009.

Julien Chaisse, "Greek Debt Restructuring, Abaclat v. Argentina and Investment Treaty Commitments: The Impact of International Investment Agreements on the Greek Default", *International Economic Law after the Global Crisis—A Tale of Fragmented Discipine*, Cambridge University Press, 2015.

Kolb Robert, *The International Court of Justice*, Oxford: Hart Publishing, 2013.

Lukas Vanhonnaeker, *Shareholders' Claims for Reflective Loss in International Investment Law*, Cambridge University Press, 2020.

Michael Waibel, *Coordinating Adjudication Processes*, University of Cambridge Faculty of Law Research Paper No. 6/2014, 2014.

Monique Sasson, *Substantive Law in Investment Treaty Arbitration*, Wolters Kluwer, 2010.

OECD, *The Impact of Investment Treaties on Companies, Shareholders and Creditors*, OECD Business and Finance Outlook 2006, 2006.

Ole Spiermann, *Investment Arbitration: Applicable Law, International Investment Law: A Handbook*, Oxford: Nomos – C. H. Beck – Hart, 2015.

Protopsaltis M. Panayotis, *Shareholders' Injury and Compensation in Investor–State Arbitration, Permutations of Responsibility in International Law*, Brill/Nijhoff Press, 2019.

R. Dolzer & A. von Walter, *Fair and Equitable Treatment: Lines of Jurisprudence on Customary Law, Investment Treaty Law*, Oxford Handbook of International Investment Law, Current Issues II, 2007.

R. Dolzer, "The Notion of Investment in Recent Practice", in *Law in the Service of Human Dignify: Essays in Honour of Florentino Feliciano*, Cnmbridge Uniersity Press, 2009.

Robin Hollington, *Shareholders' Rights*, 6th edition, Sweet and Maxwell, 2010.

Rudolf Dolzer and Christoph Schreuer, *Principles of International Investment Law*, Oxford University Press, 2012.

Salles Luiz E., *Forum Shopping in International Adjudication the Role of Preliminary Objections*, Cambridge University Press, 2014.

Shany Yuval, *Questions of Jurisdiction and Admissibility before International Courts*, Cambridge University Press, 2015.

Stephen Girvin, Sandra Frisby & Alastair Hudson, *Charlesworth's Company Law*, 18th edition, Sweet and Maxwell, 2010.

Susan Rose Ackerman & Jennifer L. Tobin, *Do BITs Benefit Developing Countries? The Future of Investment Arbitration*, Oxford University Press, 2009.

Vicuña, "*The Protection of Shareholders under International Law: Making State Responsibility More Accessible*", in *International Responsibility Today, Essay in Memory of Oscar Schachter*, Martinus Nijhoff Publishers, Netherlands, 2005.

Waibel Michael, *Investment Arbitration: Jurisdiction and Admissibility, International Investment Law: A Handbook*, Oxford: Nomos – C. H. Beck–Hart, 2015.

Wehland, Hanno, *Jurisdiction and Admissibility in Proceedings under the ICSID Convention and the ICSID Additional Facility Rules, ICSID Convention after 50 Years: Unsettled Issues*, The Hague: Kluwer Law International, 2017.

Yas Banifatemi, *The Law Applicable in Investment Treaty Arbitration, Arbitration under International Investment Agreements: A Guide to the Key Issues*, Oxford University Press, 2010.

Zachary Douglas, *The International Law of Investment Claims*, Cambridge University Press, 2009.

四 外文论文

이재우, "Regulation of Shareholder's Claims in International Investment Arbitration", *Dong-A Journal of International Business Transactions Law*, Issue 29, 2020.

Alain Pellet, "Lalive Lecture: The Case Law of the ICJ in Investment Arbitration", *ICSID Review – Foreign Investment Law Journal*, Volume 28, 2013.

Bas J. de Jong, "Shareholders' Claims for Reflective Loss: A Comparative Legal Analysis", *European Business Organization Law Review*, Volume 14, 2013.

Bemardo M. Cremades & Ignacio Madalena, "Parallel Proceedings in International Arbitration", *Arbitration International*, Volume 24,

2008.

Ben Juratowitch, "Diplomatic Protection of Shareholders", *British Yearbook of International Law*, 2011.

Charles N. Brower & Michael Ottolenghi, "Damages in Investor State Arbitration", *Transnational Dispute Management*, Volume 6, 2007.

Christoph Schreuer, "Jurisdiction and Applicable Law in Investment Treaty Arbitration", *Transnational Dispute Management*, 2014.

Christoph Schreuer, "Shareholder Protection in International Investment Law", *Transnational Dispute Management*, Volume 3, 2005.

C. Mitchell, "Shareholders' Claims for Reflective Loss", *Law Quarterly Review*, Issue 120, 2004.

Daniela Paez-Salgado, "Settlements in Investor-State Arbitration: Are Minority Shareholders Precluded from Having its Treaty Claims Adjudicated?", *Journal of International Dispute Settlement*, 2017.

Dmitry A. Pentsov, "Contractual Joint Ventures in International Investment Arbitration", *Northwestern Journal of International Law & Business*, 2018.

Dolores Bentolila, "Shareholders' Action to Claim for Indirect Damages in ICSID Arbitration", *Trade Law and Development*, Volume Ⅱ, 2010.

Eda Cosar Demirkol, "Admissibility of Claims for Reflective Loss Raised by the Shareholders in Local Companies in Investment Treaty Arbitration", *ICSID Review-Foreign Investment Law Journal*, Volume 30 No. 2, 2015.

Eilís Ferran, "Litigation by Shareholders and Reflective Loss", *The Cambridge Law Journal*, Volume 60, 2001.

Emmanuel Gaillard, "Abuse of Process in International Arbitration", *ICSID Review-Foreign Investment Law Journal*, Volume 32, 2017.

FaroukYala, "The Notion of 'Investment' in ICSID Case Law: A

Drifting Jurisdictional Requirement? Some 'Un-conventional' Thoughts on Salini", *Journal of International Arbitration*, Volume 22, 2005.

Francesco Francioni, "Access to Justice, Denial of Justice and International Investment Law", *European Journal of International Law*, Volume 20, Issue 3, 2009.

Gabriel Bottini, "Indirect Claims under the ICSID Convention", *University of Pennsylvania Journal of International Law*, Volume 29 Issue 3, 2007.

Gabriel Bottini, The Admissibility of Shareholder Claims: Standing, Cause of Action, and Damages, University of Cambridge, Dissertation for the degree of Doctor of Philosophy, 2017.

Gretta L. Walters, "Fitting a Square Peg into a Round Hole: Do *Res judicata* Challenges in International Arbitration Constitute Jurisdictional or Admissibility Problems?", *Journal of International Arbitration*, Volume 29, 2012.

James Crawford, "Ten Investment Arbitration Awards That Shook the World: Introduction and Overview", *International Dispute Resolution*, Volume, 4, No. 1, 2010.

James Crawford, "The ILC's Articles of Diplomatic Protection", *South African Yearbook International Law*, Volume 31, 2006.

Jan Paulsson & Zachary Douglas, "Indirect Expropriation in Investment Treaty Arbitrations", *Arbitration Foreign Investment Disputes*, Volume 19, the Hagne: Kluwer Law International, 2004.

Jimmy Skjold, "'Missing Links' in Investment Arbitration: Quantification of Damages to Foreign Shareholders", *The Journal of World Investment & Trade*, Volume 14, 2013.

John Lee, "Resolving Concerns of Treaty Shopping in International Investment Arbitration", *Journal of International Dispute Settlement*, Volume 6, Issue 2, Oxford University Press, 2015.

Joseph D'Agostino, "Rescuing International Investment Arbitration: Introducing Derivative Actions, Class Actions and Compulsory Joinder", *Virginia Law Review*, Volume 98, Issue 1, 2012.

Joshua B. Simmons, "Valuation in Investor-State Arbitration: Toward A More Exact Science", *Berkeley Journal of International Law*, Volume 30, 2012.

Joyce Lee Suet Lin, "Barring Recovery For Diminution in Value of Shares on the Reflective Loss Principle", *Cambridge Law Journal*, Volume 66 Issue 3, 2007.

Jürgen Kurtz, "The Paradoxical Treatment of the ILC Articles on State Responsibility in Investor-State Arbitration", *ICSID Review-Foreign Investment Law Journal*, Volume 25, 2010.

Julian Arato, "The Logic of Contract in the World of Investment Treaties", *Willam & Mary Law Review*, Volume 58, 2016.

Julian Davis Mortenson, "The Meaning of Investment: ICSID's Travaux and the Domain of International Investment Law", *Harvard International Law Journal*, Volume 51, 2010.

Julien Chaisse and Lisa Zhuoyue Li, "Shareholder Protection Reloaded: Redesigning the Matrix of Shareholder Claims for Reflective Loss", *Stanford Journal of International Law*, Volume 52, Issue 1, 2016.

Kate Parlett, "Claims under Customary International Law in ICSID Arbitration", *ICSID Review - Foreign Investmen Law Journal*, Volume 31, 2016.

Margie-Lys Jaime, "Relying upon Parties' International in Treaty-based Investor State Dispute Settlement: Filling the Gaps in International Investment Agreement", *Georgetown Journal of International Law*, Volume 46, Issue 1, 2014.

Monique Sasson, "Substantive Law in Investment Treaty Arbitration: The

Unsettled Relationship between International Law and Municipal Law, 2nd edition", *International Arbitration Law Library*, Volume 21, *Kluwer Law International*, 2017.

Patrick Dumberry, "Are BITs Representing the 'New' Customary International Law in International Investment Law?", *Penn State International Law Review*, Volume 28, Issue 4, 2010.

Patrick Dumberry, "The Legal Standing of Shareholders before Arbitral Tribunals: Has Any Rule of Customary International Law Crystallised?", *Michigan State International Law Review*, Volume 3, Issue 18, 2010.

Rita Cheung, "The No Reflective Loss Principle: A View from Hong Kong", *International Company and Commercial Law Review*, Volume 20, Issue 7, 2009.

Sergey Ripinsky & Kevin Williams, "Damages in International Investment Law", *British Institute of International and Comparative Law*, 2015.

Silvia Marchili, "Right of Foreign Shareholders Rights under BITs and ICSID Convention", *British Yearbook of International Law*, 2009.

Stanimir Alexandrov, "The 'Baby Boom' of Treaty-Based Arbitrations and the Jurisdiction of ICSID Tribunals: Shareholders as 'Investors' and Jurisdiction Ratione Temporis", *The Law and Practice of International Courts and Tribunals*, Volume 4, Issue 19, 2005.

Stephan Schill, "Whither Fragmentation? On the Literature and Sociology of International Investment Law", *European Journal of International Law*, Volume 22, 2011.

Stephen Jagusch & Nicole Duclos, "Compensation for the Breach of Relative Standards of Treaty Protection", *The Journal of World Investment & Trade*, Volume 10, Issue 4, 2009.

Stephen M. Schwebel, "The United States 2004 Model Bilateral Investment Treaty: An Exercise in the Regressive Development of International Law", *Transnational Dispute Management*, Volume 2, 2006.

Susan D. Franck, "The Legitimacy Crisis in Investment Treaty Arbitration: Privatizing Public International Law through Inconsistent Decisions", *Fordham Law Review*, Volume 73, 2017.

Tania Voon, "Legal Responses to Corporate Manoeuvring in International Investment Arbitration", *Journal of International Dispute Settlement*, Volume 5, 2014.

Valasek & Patrick Dumberry, "Developments in the Legal Standing of Shareholders and Holding Corporations in Investor-State Disputes", *ICSID Review-Foreign Investment Law Journal*, 2011.

Vera Korzun, "Shareholder Claims for Reflective Loss: How International Investment Law Changes Corporate Law and Governance", *University of Pennsylvania Journal of International Law*, Volume 40, Issue 1, 2018.

Victor Joffe & James Mather, "The Vanishing Exception Part One: How Rare Are Exceptions to the No Reflective Loss Principle", *New Law Journal*, 2008.

索 引

B

BIT 15, 25, 30, 33, 34, 36, 38, 39, 45, 46, 48—50, 52, 53, 56, 112, 113, 116, 117, 121, 122, 128, 129, 131, 137, 167, 196, 197, 203, 228, 237, 264—267

C

程序法 63, 69, 274, 275

重复赔偿 4, 8, 19, 43, 64, 69, 96, 97, 99—102, 114, 124, 126, 149, 163—166, 181, 183, 188, 192, 217, 222, 223, 226—229, 237, 243, 251, 252, 254—257, 262, 266, 269, 272, 275

D

东道国 1, 3, 4, 6, 7, 9, 10, 12, 14, 17—20, 24, 26, 32, 36, 37, 40—42, 44, 46—52, 55, 57, 61, 68, 69, 101, 104, 106—111, 113—115, 117, 118, 120, 121, 124—126, 131—134, 136, 140, 141, 160—163, 168—172, 174, 176—186, 188—191, 194, 198, 200—210, 212, 216—220, 223—225, 237, 239—245, 254, 255, 257, 263, 266, 270, 273—275

独立索赔 4, 6, 22, 50, 71, 73, 75, 77—79, 81, 83—85, 87, 89, 91, 93, 95—97, 99—101, 103, 227, 228, 263

独立仲裁 9, 68, 71, 103, 110, 111, 119, 126, 140—143, 175, 189, 191, 211,

217，229，235，236，238，
240，242—244，253，255，
257—262，271—275

多数股东 33，39，40，46，
114，160，221

多数股份 11，37—40，140，
190

F

法律确信 17，136，138，139

法律适用 4，29，60，163，
193，195—199，201，203—
207，209—213，215，217，
274

法人资格 59，94，101，143，
173，176，180，183，184，
189，191，213，214

"非间接损失"原则 6，7，17，
53，54，59，71—73，75—
79，81，84，96，98，99，
101，102，126，175，221，
225，235，236，246，
264，272

复审 5，153，158，159

G

公司 1—8，10，12—17，19—
21，30—36，38—62，64—
83，85—101，104—119，
121，123—130，132—138，
140—142，160—191，193，
195，202，211—216，218—
231，233，235—248，250，
252—258，260，263—275

公司法 1，4，6—8，14，20，
37，39，43—45，52，54，
59，60，72—75，77—79，
86，90，96，97，100，102，
109，125，171，173，175，
184，185，189，191，221，
235，241，242，244—247，
253，259，263，264，267—
269，271，272

公司权利 2，3，43，85，89，
90，93，115，116，118，
165，170，172，178，180，
186，215，242，271

公司损失 8，44，53，67，69，
72，83，101，123，185

公司治理 4，5，8，53，78，
95，135，149，221，241，
242，247，269

股东 1—22，24—27，29—32，
35—103，105—119，121—
145，147，149，151—153，
155，157，159—195，197，
199，201—203，205，207，
209，211—265，267—276

索　引

股东代表诉讼　44，57，74，98，102，114，185，186，189，191，253，264，268

股东代表仲裁　18，254，275

股东独立请求　1，2，4—6，8—10，12—14，16—18，20—22，24—72，74，76，78，80，82，84，86，88，90，92，94，96，98，100，102—104，106，108，110，112，114，116，118，120，122，124，126，128，130，132，134，136，138，140，142，144，146，148，150，152，154，156，158，160，162，164，166，168，170，172，174，176，178，180，182，184，186，188，190，192，194，196，198，200，202，204，206，208，210，212，214，216，218，220，222，224，226，228，230，232，234，236，238，240，242，244，246，248，250，252—254，256，258，260，262—264，266，268—270，272，274，276

股东权利　2，3，7，9，14，16，18，20，21，43，58，59，68，69，80，85，88—92，95，111，118，127，129，140，141，165，169，171，172，180，185，186，189，214—216，226，228，263，271

股东损失　22，53，62，64，67—70，125

股份投资　19，31，32，35，36，47，56，71，106，110，111，117，134，140，160，219，223，237，267，272

固有权力　153，155，188，212

管辖权　4—6，10，11，13，16，23，24，28，33，36，39—41，45，46，48，54，55，60，93，103—105，107—109，111，113—117，119—121，123—131，133，135—137，139—141，143—160，162，163，166—170，181，187—189，194—196，198，199，202—204，207，210，211，216，222，228，256，264—266，270，272—274

国际法院　3，8，13—15，20，54，56，57，63，71，84—87，90—95，101，103，

135，137，147，148，150，151，153，155，157，172，174，176，177，183—185，187，193，194，211，213—216，271

国际投资 1—7，9—11，13，14，16—18，24，26—31，35，36，38，39，41—44，46，50，52，57，60，66，68，69，71，90，102，103，106，107，109，110，113，114，119，123，124，126，135，136，141，145，148，150，151，162，163，174，175，183，185，187，189，190，193—195，198，200，201，208，211，214，216，219，236，238—240，242，243，251，254，256，257，260—262，269—276

国际投资条约 3，9，13—19，26，27，29—32，52，54，56，58，62，65，86，107，108，119，121，123—125，135，137，138，140，141，143，152，153，155，176，179，188，190，191，194—198，201，203，204，206—212，215—218，223，226，240，244，245，253，255，260，261，270，272，274，275

国际投资争议 25，64，195，201，239，243

国际投资仲裁 1—6，8—72，74，76，78，80，82，84，86，88，90，92，94，96，98，100—104，106，108—114，116，118—120，122—124，126，128，130，132，134—146，148—158，160，162，164，166，168，170，172，174，176，178，180—188，190—192，194，196，198，200，202，204—208，210—212，214，216，219—224，226，228—238，240—248，250—258，260—264，266—276

国家实践 17，93，137，181，182

国内法 2—9，13，16，20，22，25，26，29—31，41，43，44，53，54，56—58，60—62，68，71—73，78，84—90，92—97，99—103，107，111，113—116，123，125，126，129，132，135，

索 引 297

140，150，159，161—166，
171，173—176，178，179，
181—183，185—217，219—
221，226—231，233，235—
240，243—245，247，253，
254，256，258，260，261，
263，264，267，269—275

H

合并 18，94，142，155，174，
218，221，228，233，240，
243，252，257，258，275
混合 2，195，198，216，217，
270，274

I

ICSID 3，5，6，9—13，17—
19，21，25，28，30—33，
36—51，55，56，60，64，
66，68，71，94，95，103—
118，120，124—135，138，
146—148，150，152—156，
158，159，161，167—170，
175—181，190，194—197，
199—204，207—210，212，
216，219，224，226，228，
229，233，249，252，253，
255，258，259，264—267

J

集体诉讼 74，75，240，253，
258
集体仲裁 257，259，275
既判力 35，142，243，247—
251，275
价值损失 57，59，73，76—
78，80—83，119，126，
180，255，273
间接股东 8，37，46—52，56，
69，111，113，114，124，
218，219，272
间接损失 1—4，7—9，12，
14，17，19，21，31，35，
41，43，52—55，58—62，
68—82，84—87，95—102，
104，106—109，116，123—
127，134，135，140，141，
143，149，162，164，165，
168，169，173—181，183，
184，186—192，216，218，
220，222，224，225，227—
229，232，233，235—238，
241，242，244—247，253，
260—265，267—273，275
间接仲裁 2，9，12，18，19，
41，54，55，57—60，62，
64，68，70，71，101，103，

111, 126, 127, 138, 140, 143—145, 149, 162, 163, 165, 166, 168, 170, 171, 175, 176, 178, 180, 181, 186, 188—191, 193, 203, 211, 213, 216, 217, 220, 229, 235—238, 241—245, 247, 253, 255, 257—265, 267, 269—275

交易 17, 32, 60—62, 65, 66, 139, 160, 173, 219, 239

禁反言 243, 247—249

经济利益 28, 53, 57, 58, 99, 105, 111, 126, 134—136, 139, 172, 173, 177, 179, 203, 235, 238, 240, 243, 269

竞合 252

拒绝司法 181—183, 186, 189, 191

P

派生 18, 74, 78, 79, 84, 98, 100, 102, 185, 253—255, 264, 275

Q

弃权条款 18, 246, 275

请求权 3, 7, 14, 17, 20—22, 58, 71, 77, 87, 95—97, 103, 117, 118, 160, 162, 173, 257, 263, 270

权利侵害 74, 118, 273

S

三重因素一致 249, 251, 275

上诉 5, 73, 75—77, 80, 92, 222, 232, 260

少数股东 38—40, 45—47, 49, 58, 64, 128, 141, 218, 221, 254, 259

少数股份 11, 25, 37, 38, 40, 140, 142, 190

实体待遇 26, 130

实体问题 6, 128, 143—146, 148, 149, 151—156, 158, 187, 188, 194, 195, 198, 199, 203—205, 207, 217, 270, 273

诉因 30, 35, 77, 78, 96, 98—100, 102, 115, 123, 125, 128, 166, 173, 190, 195, 216, 238, 249, 270, 275

属人管辖权 106, 112, 143, 150, 160, 163, 169, 272

属时管辖权 150, 158

属事管辖权 106, 119, 143, 150, 160, 169, 188, 273

索赔链 4, 18, 49, 161, 218, 225, 237, 243, 254

T

条约保护 11, 24, 27, 35—37, 40, 42, 47, 48, 50, 52, 53, 55, 68, 69, 71, 110, 112, 113, 116, 119, 123, 125, 128, 130, 134, 135, 140, 163, 165, 169, 175, 177, 189—191, 220, 237—239, 242, 247, 272, 273

条约挑选 53, 223—225

投资者 1—3, 6, 7, 9, 12—14, 17—19, 21, 24—27, 29, 32—48, 50—52, 54—58, 64, 68, 69, 71, 72, 86, 90, 95, 104, 106—108, 110—115, 119—122, 125, 126, 128, 130—133, 135—137, 140, 141, 143, 144, 149, 152, 160, 162, 163, 167—169, 171—173, 176—181, 183, 186, 187, 189—191, 194, 197, 201, 203, 204, 206—208, 212, 218, 221, 223, 224, 226, 227, 232, 237, 239—241, 243, 254, 255, 258, 261, 263, 264, 266, 267, 270, 272

X

习惯国际法规则 3, 5, 16, 17, 58, 84, 85, 135, 136, 138, 140, 216, 217, 272, 275

协调机制 225, 257, 259, 275

Y

一般国际法 5, 17, 41, 54, 63, 71, 72, 84—86, 102, 103, 134, 155, 162, 175, 176, 185, 187, 190, 193—196, 205, 206, 211, 215—217, 244, 260, 270, 271

意思自治 156, 157

预期利益 66, 201, 206

Z

债权人 2, 4, 8, 17, 19, 50, 62, 69, 72, 73, 76, 88, 92, 97, 101, 135, 149, 171—173, 226, 232, 235—238, 241, 242, 245, 247,

263，269，272，274

直接股东 37，46，47，69，111，124，255，272

直接侵害 1，8，12，40，41，43，52—54，68，69，72，85，101，107，108，132，169，181，237

直接仲裁 1，2，12，54，55，57，68，103，111，171，189，191，254，261，262，264，267

仲裁请求 2—5，9，11，16，18，20—22，24，31，34，35，37，39—41，43，44，47—52，54—62，68，69，71，95，103—109，111，113—119，121，123—127，129—133，135，137，139—141，143—173，175—177，179—191，193，195—197，199，201，203，205，207—209，211—233，235—262，264，265，267，269—275

仲裁庭 2，3，8，10，11，13，15，16，18—20，22—24，28，32—34，36—41，44—51，54—56，58，60，62—70，90，93，95，104—110，112—114，116，117，119，120，123—130，132—136，139，141，143—161，163—170，174，175，177—180，186—190，193—199，201—213，215—217，219，221—228，232—235，239，245，246，249—252，254—257，259—262，264—267，271—275

自治性 5，243—247，275

后　　记

　　本书是我人生的第一部独著,也是我学术生涯一个特殊的原点。2021年,我从武汉大学国际法研究所博士毕业后有幸入职中国政法大学国际法学院,后又有幸获2022年国家社科基金优秀博士论文出版项目资助,于是便有了本书。感谢我的母校、工作单位和社科办,以及在这个过程中给予我帮助、肯定与批评的师友。

　　我对该问题的关注最早是在2015年,彼时已有相关国际案例,但是鲜有对其专门研究的论著;2021年博士论文完稿前,国际上已有少量相关论著,仅就我的研究来看,其主要集中于制度性的风险分析与应对,对更深层的法理与规范问题,尤其是对国内法与国际法交叉问题的分析研究总体较少。本书尝试在法理、规范与制度中探究问题的根源、得出清晰的结论、提出系统性的应对建议,在自然主义与工具主义中寻求平衡该问题的道与术。当然,具体写得如何,留待读者评判。

　　由于本人的工作安排需要,本书多次调整出版进度,特别感谢中国社会科学出版社编辑老师郭如玥女士的理解与支持。由于本书是在2021年完稿的博士论文基础上修订而成,现在来看一定还有许多不完善或最新的内容未能详尽。祈读者批评指正,不胜感激!

　　起草后记时,我想感谢很多人,也翻看了博士学位论文中的致谢,决定索性就将其大体保留在后记之中,作为一个交代。

　　2017年,我正式成为恩师黄进先生的学生,深感荣幸的同时也倍感"压力"。起初是出于对老师的敬仰以及同门的优秀，担心自己忝列门墙。然平心而论，老师从未主动给过我什么压力，更多的是关心与指导、信任与支持。幸运的是，这些年一直伴在老师和师母刘红老师左右，真切地感受到老师对教书育人的殷殷之情、对国际法学发展的高屋建瓴、对祖国建设的拳拳之心。如果问我何谓"大家"？我想老师便是最好的回答。

2014 年至今，我十分有幸得到肖永平先生的指导、帮助与信任。这十多年里，我发自内心地看到肖老师智慧的光芒，感受到法律的魅力，体会到知识的力量；也深深地认识到自己的才疏学浅。这样一位腹载五车的老师，和喻术红老师的爱情故事却是大家津津乐道的佳话，充满了浪漫主义的色彩。一位多么严格又宽厚、理性又浪漫、智慧又风趣的老师！

这十多年里，漆彤老师是第一位手把手地指导我写国际投资法学术论文的老师，至今受用并心存感激。漆老师不仅对我的科研关怀备至，也时常关心我的生活和职业规划；不仅会用自己的亲身经历来帮助我考虑一些问题，还会毫不吝惜地鼓励我、肯定我，在面对未来人生道路上的艰难险阻之时，我相信这会是我的"锦囊"。何其生老师是第一位指导我深入学习国际仲裁的老师，也曾是我的校内指导老师。何老师治学之专业与严谨一直影响着我，也督促着我更加重视学术研究的规范性。何老师对学生一直都关爱有加，犹记得 2017 年年底，我在罗马工作期间高烧一周有余，恰逢何老师因公赴海牙谈判，十分关心我的身体情况。我相信，这份师生间的温暖与关心会一直传承在我的职业生涯之中。邓朝晖老师是我在国际法所的第一位"白月光"，也可以说是我们很多学生的"师母"。邓老师是那般性格鲜明却又难以描述，她似乎有所有问题的答案，专业学术问题除外。邓老师关心着国际法所的发展，更关心着国际法所每一位学生和校友的发展。这十多年里，邓老师对我特别关心与照拂，豁达的性情与志趣也影响着我的人生态度。我相信，有邓老师的地方就会有欢声笑语，我也希望能一直与这份欢乐、幸福和安稳为伴。

2021年，我正式入职中国政法大学，感谢法大的接纳。工作以来，得到孔庆江老师、顾永强老师、刘力老师、张玲老师、霍政欣老师、孔得建老师等诸位师友莫大的照顾与支持；李欣宇书记与李居迁院长领导的国际法学院、覃华平老师带领的国际私法所大家庭都给予了我诸多帮助。还有我在中宣部锻炼期间，承蒙周爱兵老师、杨颖老师、申亚杰老师以及各位领导、同事、朋友的指导与关心，对我的学术研究与实践工作产生了深远的影响。还要感谢我所请教学习过、难以一一言及的师长学友，以及我的学生们，我在教学科研工作中的前进一定离不开你们。

抛开时间与空间的界限，我还想特别感激与缅怀韩德培先生、梁西先生、曾令良先生、徐宏大使、郭玉军老师和徐祥老师。尽管我本人未曾有幸直接得到韩先生和梁先生的教导，但是我相信每一位学习国际法的后辈都对两位先生怀有崇高的敬意。国际法所的师生也对郭老师和徐老师深怀思念。2014—2016年，我曾有幸聆听过曾先生的授课，也有幸协助先生处理过一些工作，先生对我的鼓励与肯定让我对自己更有信心。至今，我依然记得先生走时的光景，依然记得和先生最后一次的交谈，彼时的自己只能力所能及地为先生处理一些身后事。先生学贯东西、桃李天下，作为晚辈的我继续在国际法领域耕耘，或许也是自己报答先生的一种方式。2017—2018年，由于中国—亚非法协国际法项目等活动，我也有幸与徐大使有过一些接触。徐大使在大家心中一直是一位非常杰出的学者型外交官员，学习徐大使的讲话和文章总能得到许多启发。不仅如此，徐大使对学生们也是关怀有加。记得在中国加入HCCH三十周年大会时，当时我负责协助与各国代表沟通与会安排，会后徐大使调侃我道："你刚才说得挺好啊，还以为是native speaker。"我深知自己绝没有达到这个程度，但是徐大使的鼓励却让我倍感踏实。当时我就在想，这该是一位多么温润、多么关心和爱护后辈、多么高山景行的前辈啊！

我还想特别感谢石静霞老师，2019年3月在联合国纽约总部参会时遇到了石老师，受到了老师的照顾与启发。回国后石老师也多次提供宝贵的学习机会，我也一直心存感激。还想感谢黄惠康大使、黄解放老师、冯果老师、聂建强老师、张辉老师、刘瑛老师、冯洁菡老师、张庆麟老师、黄德明老师、黄志雄老师、宋连斌老师、肖军老师、乔雄斌老师、梁雯雯老师和甘勇老师对我的鼓励、指导与提携。还想特别感谢刘仁山老师、余敏友老师、杜焕芳老师、欧福永老师出席指导我们的博士学位论文答辩，提出的宝贵意见。

感谢 George A. Bermann 在哥伦比亚大学对我研究的指导，感谢 Roy S. Lee 和宋冬老师在纽约和联合国对我的照顾，感谢 José Antonio Moreno Rodríguez 和 Santiago Villalpando 对我的关心和提供的宝贵建议。感谢 Ignacio Tirado，Frédérique Mestre 和 Laura N. Tikanvaara 以及 UNIDORIT 各位前辈同事对我工作的指导和生活的关心。感谢 Anna Joubin-Bret，Athita Komindr 以及 UNCITRAL 各位前辈、同事对我工作的肯定与提供的宝贵机会。

1994年到2025年，而立已过，还想特别感谢我的父母家人。记得在我小时候，家父家母最常教育我的两句谚语：谦虚使人进步，骄傲使人落后；滴水之恩，当涌泉相报。平实却终身受用。感谢父母一直以来的爱，让我坚强、勇敢、善良。恩师曾经说过，大学老师或许是最幸福的职业之一。我想，这份幸福的前提是父母家人永远的支持，是恩师无私的引领栽培，感谢我的父母和恩师！

感恩从来都不是一道选择题，人和事都会留在心中。我知道自己是十分幸运的，一篇后记难以言尽。自序数语，聊表寸心，希望自己始终不愧于人、不愧于心！

最后，我谨向培养我的武汉大学国际法的先贤们致以最崇高的敬意，他们是周鲠生先生、王世杰先生、燕树棠先生、梅汝璈先生、王铁崖先生、李浩培先生、韩德培先生、姚梅镇先生、黄炳坤先生、赵理海先生、李谋盛先生、梁西先生、曾令良先生。我相信历史是需要记忆的，人类文明因此才得以延续。

祝福祖国！祝福我们这颗蔚蓝星球和浩瀚宇宙！

李建坤

2025 年 5 月 12 日于北京